Maurice PERROD

F.-X. MOÏSE

ÉVÊQUE DU JURA

1742-1813

PARIS

ALPHONSE PICARD & FILS

82, Rue Bonaparte, 82

—

1905

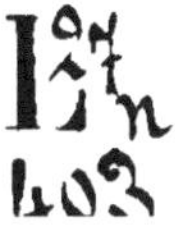

Maurice PERROD

F.-X. MOÏSE

ÉVÊQUE DU JURA

1742-1813

PARIS

ALPHONSE PICARD & FILS

82, Rue Bonaparte, 82

—

1905

AVANT-PROPOS

La Bibliographie des travaux concernant la vie de
F.-X. Moïse tient en peu de lignes.

L'*Annuaire du Département du Jura pour l'année*
1844 renferme (pages 473-475), sur le personnage, une
courte notice signée P. T. C. et Ch. Weiss. Les *Mémoires de la Société d'Emulation du Jura* ont, en
1888, reproduit (pages 265-277), avec une Introduction
de L. Duparchy, celle écrite jadis sur lui par son ami
dom Grappin pour un journal religieux. L'*Armo-
rial des Evêques de Saint-Claude*, etc., par l'abbé
René Garraud (1), lui consacre une page.

Incidemment, quelques écrivains ont parlé de l'Evêque du Jura : D. Monnier, dans les *Annales semi-
contemporaines* (2) ; Sauzay, dans l'*Histoire de la
persécution révolutionnaire dans le Doubs* (3) ; le
chanoine Chamouton, dans l'*Histoire de la persécution
révolutionnaire dans le Jura* (4) ; Sommier, dans
l'*Histoire de la Révolution dans le Jura* (5) ; dom
Benoit, dans l'*Histoire de la Terre et de l'Abbaye de
Saint-Claude* (6). Ce sont les plus importants ; je les

(1) Brochure in-4o., Citeaux, 1888.
(2) Annuaire du Département du Jura ; années 1846 à 1857.
(3) Besançon, Turbergue, 1867, 10 volumes in-16.
(4) Lons-le-Saunier, C. Martin, 1894, 1 volume in-8o.
(5) Paris, Dumoulin, 1846, 1 volume in-8o.
(6) Montreuil-sur-Mer, 1892, 2 volumes grand in-8o.

ai mis à contribution, ainsi que d'autres dont l'énumération serait longue et inutile.

J'ai consulté les *Archives de l'Evêché de Saint-Claude* ; le *Manuscrit de l'abbé Jantet*, à la Bibliothèque de la ville de Dole et dont je dois la connaissance à M. Feuvrier ; les *Archives* surtout *du département du Jura*, si obligeamment ouvertes à ma curiosité par leur conservateur M. Libois : j'y ai trouvé notamment la *Correspondance* de Moïse avec le Procureur-Syndic et avec le Directoire du Département ; aux *Archives Nationales*, le fonds des *Affaires ecclésiastiques* ; les *Archives de Besançon* et de *Salins* ; etc.

Je ne pourrais me taire sans ingratitude sur le précieux autant que dévoué concours qu'ont bien voulu me prêter M. Klein, de Morteau, de la parenté de Moïse ; M. l'abbé Barthod, curé-doyen de Morteau ; M. l'abbé Boichard, curé des Gras, et M. l'abbé Vernerey, originaire de cette paroisse.

Ce m'est un devoir enfin d'offrir mes remerciements à Messieurs Jules et Léon Gauthier, le premier archiviste de la Côte-d'Or, le second aux Archives Nationales ; à M. Gazier, Bibliothécaire de la Ville, à Besançon ; j'en devrais aussi au savant abbé Perrix si la mort ne l'avait prématurément enlevé avant l'achèvement de ce travail auquel il avait bien voulu s'intéresser.

Quant à la Bibliographie, peu importante, des œuvres de l'Evêque constitutionnel, elle n'a jamais été faite complètement et sera fournie au cours de l'ouvrage.

I. Enfance et jeunesse de Moïse ; son professorat au Collège royal de Dole.

Le Val des Gras s'ouvre sur celui de Morteau, dans les hautes montagnes du Doubs, tout à côté de la frontière suisse. La route neuve qui conduit de l'un à l'autre s'élève en pente douce, au milieu des prairies, depuis les bords du fleuve, dont l'eau, à cet endroit, dormante, presque *morte*, a fourni le nom du pays ; elle traverse le ruisseau de la Grand'Combe et s'engage entre les rochers, parmi les sapins, au long d'une source avec laquelle elle traverse une sorte de couloir étroit, long, sauvage, sombre et froid, puis elle débouche brusquement sur la vallée, en pleine lumière, en pleine vie.

Tant bien que mal, ensuite, quelques maisons s'alignent de chaque côté du chemin et prennent toute la place ; les autres ont dû grimper les pentes ; le presbytère, la maison d'école en sont : ils dominent ainsi le gros du village. Plus loin, plus haut, çà et là, dans chaque pli ou sur chaque arrêt de la montée faisant terrasse, d'autres habitations se réunissent à deux, trois ou quatre pour former un hameau souvent très éloigné des autres. Plus haut encore, c'est la forêt, la sapinière ; les arbres tous pareils et serrés, font une ligne sombre, presque noire qui tranche sur le vert clair des pâturages en été, sur la neige en hiver, et sur le ciel par tous les temps.

Qu'elles soient du village ou des hameaux, les maisons sont semblables : larges, carrées avec rarement un étage ; elles abritent, sous le même toit à deux grandes pentes, l'habitation proprement dite, l'étable et les greniers ; à peine à l'entour un jardin tout petit, à cause de la rigueur du climat, mais des fleurs à toutes les fenêtres. Il n'y a pas encore bien longtemps que ces maisons étaient uniformément couvertes et garnies, sur leur face tournée au nord, avec des tuileaux de bois noircis et fendillés par la pluie, qu'on appelait des *bardeaux* ; qu'elles dressaient invariablement, à la place des tuyaux de tôle de maintenant, au-dessus de leur faîte, une large cheminée carrée en planches : le *tué*, fermé d'un couvercle à bascule qu'on manœuvrait de l'intérieur à l'aide d'une perche. Cette cheminée était tout simplement le plafond de bois de la cuisine qui allait ainsi percer le toit en se rétrécissant comme une pyramide tronquée. Au dedans, on suspendait à une poutre transversale la crémaillère, sur les côtés noirs de suie, les quartiers de lard et de *brésil* ou viande séchée ; on brûlait les *bourrées* directement sous la marmite et la cuisine s'emplissait de la clarté des branches de sapin, de leur chaleur et souvent aussi de leur âcre fumée. La chambre du poêle, cloisonnée de bois, s'ouvrait à côté, où logeait toute la famille. C'est aussi devant les fenêtres larges et claires de cette pièce, chauffée l'hiver par un gros fourneau de faïence jamais éteint durant six mois, que sont aujourd'hui installés les établis, les étaux, où durant toute la saison mauvaise père, mère, et jusqu'aux enfants travaillent à la fabrication de diverses pièces d'horlogerie. Mais, vers le milieu du XVIIIe siècle, cette industrie commençait à peine au Locle avec Daniel-Jean Richard (1). La popu-

---

(1) Daniel-Jean RICHARD (1665-1741), forgeron à la Sagne, ayant eu, par hasard, entre les mains une montre de Nuremberg, eut l'idée d'en fabriquer d'autres, il y réussit et vint s'établir au Locle. En 1680, un anglais de passage, content de son travail lui procura de l'ouvrage ; RICHARD agrandit son atelier, forma des élèves et en 1766, 25 ans après sa mort, on comptait plus de 700 horlogers dans la région. C'est l'origine de la grande industrie jurassienne.

lation des Gras s'occupait seulement d'agriculture, de l'élève du bétail, surtout de la fabrication des fromages.

Loin du centre du village, du côté opposé à l'église, beaucoup plus haut qu'elle, sous la crête du Larmont, à deux pas de la frontière suisse, c'est le hameau du Rozet auprès d'une source, un des plus petits de tous ceux de la paroisse.

François-Xavier Moïse y est né le 12 Décembre 1742 (1).

Sa maison paternelle existe encore, semblable à toutes les autres, habitée, il n'y a pas cinquante ans, par ses petits neveux, des paysans, demi-savants, qu'on trouve qualifiés de chirurgiens dans certains actes, de vétérinaires dans d'autres, et qui étaient une sorte de *rebouteurs*, soignant les bêtes et les gens, craints un peu comme des sorciers, courant les chemins de préférence à l'heure où les autres dorment, et surnommés à cause de cela : les *boutéléneux*, ce qui veut dire littéralement : qui se mettent en route à la nuit.

Dom Grappin, dont il sera question plus tard, qui a laissé une biographie de son ami Moïse (2), avance que la famille de celui-ci était originaire de Cornouaille, et que le père de François-Xavier, zélé catholique, « étoit venu, lors de l'expulsion des Stuarts, se fixer au Rozet, où il avoit acquis un domaine considérable. Il y vécut en patriarche, et ne songea qu'à former ses enfants à l'amour du travail et l'exercice des vertus chrétiennes... »

Mais les plus anciens registres de baptêmes de la paroisse des Gras, qui remontent à l'année 1642, men-

(1) Au XVIIIme siècle et avant, on écrit indifféremment *Moïse* ou *Moyse*. Depuis, cette dernière orthographe a prévalu entièrement. L'Évêque du Jura a toujours écrit son nom par un *i* avec tréma. Je suivrai cette coutume dans tout le cours de cet ouvrage.

(2) *Mémoires de la Société d'Émulation du Jura*, année 1888.

tionnent déjà quantité de Moïse qui sont obligés de se
distinguer les uns des autres par des surnoms ou par
l'adjonction du nom de la femme à celui de son mari, et
qui sont si peu parents entre eux qu'à cette époque, où
l'on appliquait dans leur plus stricte rigueur les lois
canoniques, ils peuvent se marier ensemble sans dispense (1).

Si cette question avait une grande importance, c'est
là surtout que nous manquerait l'auto-biographie qu'avait
dit-on, rédigée en latin, et laissée incomplète, l'ancien
évêque pendant ses dernières années et qui s'est perdue
depuis (2).

François-Xavier fut baptisé le jour même de sa naissance, dans la vieille église des Gras, construite au
XVIme siècle, réparée et embellie en 1774, à peine changée
depuis ce temps (3).

Dom Grappin nous dit que ses premiers pas « dans
la carrière de l'étude lui méritèrent des éloges » sans
nous apprendre ni où, ni de la part de qui. Est-ce aux
Gras, chez l'instituteur ou chez le curé ? est- au collège
de Morteau ? est-ce à Besançon déjà ?

Quoiqu'il en soit, François-Xavier entra assez jeune
au Séminaire de cette ville. On aurait alors remarqué

(1) Archives communales des Gras. — Moïse appartient à la
famille des Moïse-Philibert. Le nom de Moïse est encore très
répandu dans les environs bien qu'il ait à peu près disparu du
pays lui-même.

(2) M. Louis Klein, de Morteau, m'a affirmé l'avoir eue jadis
entre les mains ; elle passa par héritage, avec d'autres papiers,
dans celles d'une de ses cousines, aussi parente de Moïse : elle
s'est égarée ensuite sans qu'on l'ait jamais retrouvée.

(3) « François-Xavier, fils de George Moyse-Philibert et de
Claudine Bonzon est né et a été baptisé le douze décembre mil
sept cens quarente deux. Le parrain est Pierre-François Valan-
gin qui a signé, et la marraine Françoise Garnache-Berthod,
illetérée ; présents : Joseph-Alexis Roussel, François-Xavier
Roussel-Galle. » Archives communales des Gras.

chez lui, une grande obstination d'esprit. L'abbé
Pochard, un des directeurs, aurait dit : « s'il arrive
que l'Eglise soit affligée d'une hérésie dans nos temps,
Moïse y succombera ». Peut-être ne convient-il de voir
là qu'un de ces mots prétendus historiques, facilement
trouvés et répandus après l'événement. Ses anciens
condisciples lui reconnaissaient d'ailleurs une grande
droiture et ont rendu hommage à son orthodoxie primitive : « Oh ! si on lui avait prédit, lorsque nous con-
courrions ensemble, écrit l'un d'eux, les maux qui tom-
beraient sur la France et qu'il serait un des instruments
que le Seigneur emploierait dans sa colère ! » (1).

Sous-diacre au mois de Septembre 1765, diacre et
prêtre, à quelques jours d'intervalle, en Mars 1766 (2),
il fut d'abord, mais peu de temps, vicaire dans la montagne, sans que j'aie pu découvrir en quelle paroisse.
Lui-même fera allusion à cette époque de sa vie, mais
sans préciser aucunement, dans son discours de remerciements aux électeurs du Jura qui l'ont choisi pour
évêque, et aux électeurs du Doubs, en 1797. Cela ne
l'empêcha pas, dans tous les cas, de continuer ses études
théologiques, ce qui me fait supposer qu'il ne fut pas longtemps éloigné de Besançon et occupé d'un ministère
paroissial.

Le 2 Février 1770, il obtint le bonnet de Docteur en
théologie à l'Université de Besançon. Il eut pour exami-
nateurs, après le professeur et doyen Jean-Baptiste
Bullet dont il devait bientôt briguer la chaire devenue

(1) *Histoire de la Terre et de l'Abbaye de Saint-Claude*,
tome II, page 865. Dom BENOIT ne dit pas de qui il tient ce détail.

(2) Lettre de M. BOILLON, curé de Rochejean, citée par le chanoine CHAMOUTON : *Histoire de la Persécution révolutionnaire
dans le Jura*, page 30.

(3) ARCHIVES DÉPARTEMENTALES DU DOUBS : *Fonds du Séminaire
de Besançon* : G. 909.

vacante, le neveu de celui-ci, Georges Bullet, moins connu que son oncle, et l'abbé Louis-Paul-Hyacinthe Babey, directeur du Séminaire, qu'il retrouvera tous deux plus tard, le premier auprès de l'Évêque Seguin, dans l'Église constitutionnelle, et le second au moment du Concordat, avec lui, parmi les hauts dignitaires du diocèse nouveau. « Après avoir fait une enquête suffisante sur la foi et l'orthodoxie du candidat, disent-ils dans le diplôme, suivant la formule consacrée, et l'avoir fait prêter en nos mains, le serment selon le texte du S. Pape Pie IV..., nous l'avons installé dans la chaire doctorale..., nous avons placé sur sa tête le bonnet de docteur, nous l'avons ceint de la ceinture de soye... » (1).

Il devait à cette époque déjà avoir été distingué par Jean-Baptiste Bullet qui l'associait, dit-on, à ses travaux. On raconte que le futur évêque du Jura a collaboré à plusieurs ouvrages du savant bisontin, notamment aux *Réponses critiques à plusieurs difficultés proposées par les nouveaux incrédules sur divers endroits des Livres saints ;* même on lui en attribue le quatrième volume tout entier. Les trois premiers ont été imprimés à Paris, chez Berton, en 1773. Moïse publia le dernier, à Paris également, en 1783 ; ce volume, soit seul, soit avec les autres a été souvent réimprimé depuis, plusieurs fois sans le nom de l'auteur. Des libraires de Besançon ont, en 1819, donné une édition complète des *Réponses critiques* ; ils les attribuent entièrement à Bullet, ne voulant pas alors citer le nom de Moïse, par crainte de nuire à la vente de l'ouvrage. Quelques-uns aussi avancent que le prélat aurait continué et laissé la fin de cette œuvre apologétique en deux manuscrits

(1) L'original du diplôme est conservé aux Fins, près de Morteau, dans la famille de Moïse.

importants qui n'auraient pas été livrés au public et auraient peu de chances de l'être désormais : je n'ai rien trouvé qui infirme ou confirme cette tradition.

Il concourut, dit dom Grappin, « âgé seulement de vingt-sept ans... avec tant de distinction pour une chaire de théologie vacante à l'Université de Besançon, qu'il réunit tous les suffrages pour être présenté en premier ordre au Souverain, à qui seul il appartenoit de nommer à cette chaire. Ce fut aussi à l'unanimité des voix qu'il fut nommé, en 1776, le second des trois concurrents qui avoient parlé avec le plus de succès. » C'était, cette fois, pour la succession de son maitre et ami J.-B. Bullet, mort au mois de Septembre de l'année précédente (1).

(1) Les principaux ouvrages de J.-B. BULLET, outre les *Réponses critiques*, sont les suivants ; si F.-X. Moïse n'a pas collaboré à tous et quand même il n'aurait collaboré à aucun, il s'est du moins très sûrement inspiré d'eux :

De apostolicâ ecclesiæ gallicanæ origine dissertatio, in quâ probatur apostolos et nominatim sanctum Philippum evangelium in Galliis predicasse. Vesuntione, Daclin, 1752 ; 1 vol. in-12.

Mémoire sur la langue celtique, contenant l'histoire de cette langue, et un dictionnaire celtique. Besançon, Daclin, 1754, 1759, 1760 ; 3 vol. in-folio.

Dissertation sur différents sujets de l'histoire de France. Besançon, Charnet, in-8°, 1759.

Histoire de l'établissement du christianisme, tirée des seuls auteurs Juifs et Païens. Besançon, Fantet, 1764, 1 vol. in-4°.

L'existence de Dieu, démontrée par les merveilles de la nature, Paris, Valade, 1768, 2 vol. in-12.

Recherches historiques sur les cartes à jouer (?).

La bibliothèque de Besançon garde parmi ses manuscrits, sous le n° 268 : Réponses critiques à plusieurs questions proposées par les incrédules modernes sur divers endroits des Livres saints. par l'abbé Moïse. — incomplet de plusieurs feuillets ; seconde moitié du XVIIIme siècle ; papier, 90 feuillets, 223 sur 178 millim. Cahiers non reliés. C'est le quatrième volume de cet ouvrage, dont il est parlé plus haut.

L'heureux élu fut un autre franc-comtois : Joseph-Jacques Mathieu, né à Esserval-Tartre, en 1736.

On a souvent eu l'air de reprocher à Moïse ce double échec, tant il est vrai qu'on a toujours tort de ne pas réussir ! Dom Grappin a voulu, lui, l'en justifier. « M. Moïse, dit-il, n'obtint de chaire ni à l'un ni à l'autre concours, malgré les applaudissements et les vœux du public. Il falloit des appuis auprès du Prince et il n'avoit pensé à s'en ménager aucun ; mais il ne fut pas perdu pour l'enseignement de la science sacrée qui lui étoit si familière. Après des preuves si solennelles de son instruction profonde, à son premier concours, en 1770, M. le Cardinal de Choiseul l'avoit nommé à la chaire de théologie au Collège de Dole, où M. Moïse donna, jusqu'à la Révolution, des traités lumineux et solides qu'il eut le bon esprit de purger de toutes les questions inutiles de la scolastique... ».

On raconte même que le succès de son enseignement fut si considérable qu'un grand nombre d'élèves désertèrent l'Université de Besançon pour venir entendre à Dole le professeur qu'on ne voulait pas leur donner chez eux (1).

Le Collège royal de Dole était un établissement ancien et renommé (2).

Les Jésuites l'avaient fondé en 1582, pourvu d'une chaire de théologie dix ans plus tard, incorporé à l'Université franc-comtoise qui avait son siège dans la ville, sous le nom de Collège de l'Arc qu'il porte encore, après bien des vicissitudes, et qu'il doit à un passage jeté d'une rue à l'autre pour unir deux de ses services. Il était célèbre à l'égal du Collège de la Flèche et l'on

(1) *Annuaire du Jura*, 1844: page 473.

(2) Voir : FÉVRIER. *le Collège de l'Arc, à Dole*. (Dole, P. Chaligne. 1887, in-16). L'auteur donne, planche VI, un plan très curieux de ce Collège, en 1788.

connait le distique fameux de l'énigmatique et prudent Dabo :

« Arcum Dola dedit Patribus ; dedit alma Sagittam
« Gallia ; quis funem, quem meruere, dabit ? »

« DABO (1) ».

En 1691, l'Université de Dole fut transférée à Besançon et les deux chaires de théologie, (on en avait ajouté une à celle créée primitivement), lui furent agrégées. Puis, les Jésuites quittèrent la ville dans les premiers jours d'Avril 1765, pour obéir à l'édit de Novembre 1764 qui supprimait leur Compagnie dans toute l'étendue du Royaume, et le Collège fut réorganisé sous les auspices et le contrôle du Conseil de la ville.

Les nouveaux professeurs, pris dans le clergé séculier de la province, s'installèrent le mieux qu'ils purent dans les locaux délaissés par les Révérends Pères. L'église commencée vers la fin du XVIme siècle était belle ; le portique monumental, aujourd'hui délabré, dans toute sa vénusté première ; le parterre, longé d'arcades voûtées sur ses côtés, et que les professeurs traversaient pour aller de leur appartement à leur classes, plein de la fraicheur et du murmure de la fontaine désormais tarie. Mais, l'administration générale de la maison était peu régulière.

Dans la cour, « le puits, aujourd'hui comblé, était devenu public par autorisation du Lieutenant général, et chaque jour, pendant les classes, les servantes et les soldats y causaient du scandale. Les chambres des professeurs étaient dans un état lamentable... ; quelques-uns de ces messieurs n'avaient plus de chaise où l'on put s'asseoir... ». Les revenus mal gérés étaient

(1) Distique trouvé dans le cahier d'un élève inconnu du Collège de l'Arc.

insuffisants pour subvenir à toutes les charges; les
professeurs attendaient pendant des mois leurs émoluments ; « afin de vivre, ils étaient souvent obligés
d'avoir recours à la bourse de Rollet, le domestique de
la communauté, lequel, comme les valets de Molière
savait morigéner ses maîtres à l'occasion... », témoin
la scène qu'il fit au Principal un jour que celui-ci,
pressé d'une invitation à dîner en ville, se confia aux
soins de son barbier, pour être frisé et accomodé,
« publiquement dans la salle, au milieu des écoliers qui
composaient » (1).

Moïse avait comme collègues, dans cet étrange milieu,
des hommes, ainsi que lui d'une réelle valeur : Jantet,
professeur de philosophie et de mathématiques, auquel
Bonaparte, qui l'avait connu, offrit plus tard un siège à
l'Institut (2) ; Requet, député du Clergé aux Etats
généraux de 1789 et qui finit sa carrière comme Jantet,
en qualité de professeur au Lycée de Besançon ;
Rouhier, le maître du poëte Gilbert, fin lettré lui-même,
plus tard bibliothécaire de la ville de Dole (3) ; Caillier,
également député aux Etats généraux (4) ; d'autres
encore, moins connus, mais également recommandables pour leurs talents.

L'historien du Collège de l'Arc nous a tracé un
dessin assez vif de la vie journalière qu'on y menait à
l'époque.

« Il est huit heures et demie du matin, professeurs

(1) FEUVRIER, *Op. cit. ; passim.*

(2) D. MONNIER, *Les Jurassiens recommandables.* Lons-le-
Saunier, 1828, in-8°.

(3) Et aussi de Rouget de l'Isle, si l'on en croit PERRIN : *Notice
historique sur les villes et principaux bourgs du département du
Jura ;* page 132.

(4) DUSILLET, *Discours aux élèves de l'Ecole secondaire.*
Dole, 1816.

et régents viennent de dire leurs messes dans la chapelle. La cloche du campanile, au-dessus de l'entrée,
près de l'Arc, sonne à toute volée. Des rues adjacen-
tes, débouchent les écoliers, les riches et les nobles...
accompagnés de jeunes abbés, leurs précepteurs ; les
étrangers, de leurs maîtres de pension... ; d'autres
enfin en troupes bruyantes, leurs livres ficelés sous le
bras,

« Lævo suspensi loculos tabulamque (1) ».

« La cloche se tait ; élèves et maîtres pénètrent dans
les classes, celles d'aujourd'hui. Le mobilier y est réduit à sa plus simple expression : pour le professeur
une chaire où l'on accède par un escalier ; pour les disciples, des bancs. Pas de table, ni de poële, ni de cheminée... En philosophie et en théologie les élèves sont
mis aux prises et argumentent en latin... Pendant la
classe, un personnage redouté, le correcteur, se tient
à l'entrée de la cour, sous le portail, à la disposition du
Préfet et des maîtres. C'est avec le fouet qu'il est chargé
de réprimer la paresse et l'indiscipline...
« A l'issue de la classe, les précepteurs et les maîtres de pension s'emparent de leurs pupilles. Ceux qui
sont venus de loin, avec un morceau de pain sec dans
leur poche pour leur diner, vont errer en mangeant par
les rues et les faubourgs.
« A midi, les membres de la communauté se trouvent réunis au réfectoire. Les repas de ces Messieurs
sont d'une grande frugalité : l'apparition de poulets est
un évènement. Si parfois le fermier d'Auxange (2) apporte un lièvre, on invite les amis pour le civet. Il y a
presque chaque jour des convives étrangers à la table

(1) HORACE, Satire VI ; livre 1er.
(2) Petit village des environs de Dole.

des professeurs... Ces fréquentes invitations amènent des dîners ou des soupers au dehors ; aussi les convives sont-ils rarement au complet. Les repas sont très gais ; les plaisanteries n'y sont pas rares, assaisonnées quelquefois de sel gaulois. Avant de se lever de table, on discute les petites affaires d'ordre et de police intérieure ; les discussions deviennent parfois orageuses, mais sans jamais troubler la concorde qui règne dans la communauté.

« A deux heures, classe du soir. Les plus zélés parmi les professeurs et les régents ne se contentent pas des deux séances réglementaires... Après le souper qui ne diffère en rien du dîner, avant de regagner leurs chambres situées dans les étages supérieurs du grand bâtiment du milieu, messieurs les abbés vont, soit veiller en ville, soit, si la température le permet, se promener sous les maronniers de la cour. Les veilleurs ne sont pas toujours, loin de là, rentrés au couvre-feu...

« Les mercredis et samedis, veilles des congés, ceux qui ont l'humeur vagabonde, prennent la clef des champs après la classe du soir... Certains sont casaniers... Moïse et Jantet travaillent à leurs ouvrages...

« Lorsqu'approche la fin de l'année scolaire, au mois de Juillet, on se préoccupe des prix à distribuer... Dans les classes de philosophie et de théologie, on fait concourir les élèves oralement... En même temps, mais sans que ces épreuves entrent en ligne de compte pour les prix..., dans la grande salle du théâtre,... les théologiens argumentent à qui mieux... Le clergé régulier et séculier y assiste et propose des objections que le soutenant doit réfuter...

« Un public nombreux et de choix se presse aux thèses et aux exercices du Collège Royal. A la sortie, la classe qui a *paru*, offre des rafraîchissements aux dames, dans la salle des prières ; la jeunesse dorée de

Dole vient se joindre à l'assistance, et la fête se termine par des danses, au grand scandale du Principal qui, à lui seul, n'ose pas s'y opposer...

« Vers la fin d'Août a lieu la distribution des Prix... Presque tous les professeurs paient de leurs deniers quelques ouvrages aux enfants les plus pauvres et les plus méritants... Après la cérémonie, maîtres et élèves rentrent dans leurs familles, et le Collège est désert jusqu'à la Saint-Remy (1er Octobre) (1). »

Le Journal manuscrit de l'abbé Jantet, professeur de philosophie au Collège, a fourni les traits de la peinture qui précède. Il nous donne encore, sur Moïse, quelques détails surpris et notés au jour le jour, au courant d'une plume alerte, sans souci d'une publication future, et par conséquent sans prétention littéraire (2).

C'est ainsi qu'il nous raconte la liaison étroite de son auteur avec le futur évêque du Jura, et qu'il met souvent ce dernier en scène.

Moïse était, en même temps que professeur, aumônier des dames Tiercelines, dont le couvent avait été établi à Dole au commencement du siècle précédent et subissait, après un temps de prospérité, une sorte de décadence. Les vastes bâtiments ne renfermaient plus en dernier lieu qu'une quinzaine de religieuses dont Françoise Perrenot fut la dernière supérieure. Le réfectoire était orné d'une merveilleuse tapisserie des Gobelins représentant la vie de Sainte Elisabeth ; l'église, réparée en 1750, avait un chœur meublé de trente-six stalles en bois sculpté très belles. Moïse allait y dire la messe, célébrer les autres offices, confesser les sœurs. Ses confrères aimaient à le plaisanter, innocemment

(1) FEUVRIER, *op. cit.*, page 102 et sq.

(2) No 287 *bis* des *Manuscrits* de la Bibliothèque de Dole.

d'ailleurs, sur les délicatesses dont le prévenaient ou l'entouraient ses filles spirituelles : *les petits soins, les attentions fines*, et le reste. Un jour, le 29 Décembre 1778, pour être précis, le régisseur des biens du Collège était à Dole pour quelque affaire et dînait à la maison. Les professeurs avaient à se plaindre de lui, paraît-il ; aussi le reçurent-ils froidement. Vers la fin du repas, « comme nous étions au caffé, dit notre manuscrit, l'un de nos messieurs s'est avisé de plaisanter l'abbé Moïse en lui remontrant qu'il prenoit trop de sucre et que les dames Tiercelines, dont il est directeur, le perdroient infailliblement en l'accoutumant aux douceurs et aux sucreries. L'abbé Moïse a répondu avec beaucoup de fermeté que ni les Tiercelines, ni qui que ce soit au monde ne viendroit à bout de le perdre... Le régisseur Besson [étonné de cette *sortie*] a lancé sur lui un regard foudroyant (1). »

L'abbé aimait ses fonctions accessoires d'aumônier ; elles le mettaient autant, peut-être, que son savoir et sa chaire de théologie, en relations avec les familles les plus considérables de la région. Et, quoiqu'on en put avoir autour de lui, il gardait sa liberté avec un soin jaloux et en usait fréquemment. « Mme Laurent, de Besançon, parente de M. Martenet, avocat du Roi, vient de faire les vœux de sa profession religieuse chez les Dames Tiercelines de cette ville. L'abbé Moïse est allé dîner chez M. Martenet avec les parents de la nouvelle religieuse... » Or, ce M. Martenet, avocat du Roi, était l'ami avéré des Pères bénédictins de Dole, alors en grande rivalité avec les professeurs du Collège dont ils convoitaient ouvertement la succession non ouverte. Le Principal, l'abbé Battandier, écrivit au Régisseur Besson une lettre « où il exposa l'attentat

(1) Manuscrit Jantet, page 38.

horrible de l'abbé Moïse qui s'est hazardé jusqu'à manger à la table d'un partisan des Bénédictins ». « J'ai appris, poursuit Jantet, avec assez de philosophie, que les dames Tiercelines avoient fait hier les frais du diner chez Monsieur l'avocat du Roi. Quand celui-ci auroit fait les frais du festin, je n'oserois pas condamner l'abbé Moïse d'avoir pris un repas avec lui, car cet homme là, malgré ses systèmes, est assez bon chrétien ; j'absous donc à plus forte raison notre professeur de théologie qui n'a guère profité que des assiettes de M. Martenet (1) ».

Ce gros événement est du 10 Janvier 1779 et la réflexion de Jantet du lendemain : la nuit porte conseil.

Le 27 Avril 1780, l'abbé Moïse a prêché la profession de Madame de Charmoille. « S'il faut en croire l'abbé Edard (2), notre professeur de théologie a fait honneur au Collège de Dole par le sermon qu'il a prononcé. Il a diné aux Tiercelines avec trois de nos messieurs qui avoient assisté à la cérémonie. Il a reçu, au Collège, la visite de Madame de Charmoille, mère de la jeune professe, de Mademoiselle Huot, sa tante, et de Mademoiselle de Chaunette, sa sœur (3) ».

L'abbé Moïse était très lié avec la famille de Broissia, une des plus importantes du pays. Le 12 Janvier 1779, Jantet rapporte que, « depuis quelques jours, l'abbé Moïse ne va plus coucher chez M. le Marquis de Broissia. J'ai oublié de noter que ce professeur y avoit couché assez régulièrement pendant l'espace d'environ un mois, à raison de la maladie de M. le Marquis » (4). Le 8 Septembre 1780, pendant les vacances, Moïse fait à Besançon, un voyage « dans la voiture de

(1) Manuscrit Jantet, pages 46 et 47.
(2) Préfet des Etudes au Collège de l'Arc.
(3) Manuscrit Jantet, page 167.
(4) *Ibidem*, page 48.

Madame de Broissia (1) ». A différentes reprises, Jantet signale qu'il a dîné chez Madame de Bersaillin, chez Monsieur de Dortans, etc.

En somme, il était très goûté de la haute société doloise. Il fréquentait aussi quelque peu chez les Minimes, dont le couvent était situé au faubourg de la Bedugue, hors de la ville, sur la rive gauche du Doubs, et qui, à toutes les époques de son existence, a compté parmi ses religieux des hommes de savoir (2).

Sa réputation de théologien était bien établie ; je dirais volontiers qu'il aimait à la confirmer et à en jouir. L'abbé Jantet nous fournira, sur ce sujet, une ou deux anecdotes encore.

Le 28 juin 1780, « l'abbé Moïse a fait soutenir aujourd'hui des thèses sur le Pentatheuque. L'on a trouvé ses positions très instructives, et malgré les éloges qu'on en a fait, je ne serois pas surpris qu'il ne se fut trouvé personne à Dole en état de les apprécier. M. de Sauvage étoit connu dans toute l'Europe et l'on ne parloit pas de lui à Montpellier. M. Nicole égaloit déjà les plus célèbres théologiens de son siècle, et l'on s'en doutoit si peu dans son pays qu'on le refusa comme ignorant dans un examen public. Je pourrois ajouter bien des raisons qui me portent à penser qu'effectivement, malgré les applaudissements donnés au programme de notre professeur, on n'en n'a pas senti toute la beauté. Mais, l'ami lecteur m'en dispensera volontiers ; j'aime mieux le mettre à son aise en lui apprenant que c'est une erreur de penser que le texte hébreu fixe la datte du déluge 8 ou 900 ans plus tard

(1) Manuscrit Jantet, page 278.
(2) Notamment les PP. Nicolas Fau et Jean Lallemandet ; ce dernier, professeur à Vienne, a publié vers le milieu du 17me siècle des traités de Philosophie et de Théologie, estimés en leur temps.

que la version des Septantes. L'abbé Moïse fait voir
très simplement que les Septantes s'accordent sur ce
point chronologique avec le texte hébraïque, ainsi
qu'avec le samaritain. Moyennant cette conciliation,
les Chinois ont pu devenir assés grands pour observer
la conjonction des quatre ou cinq planettes 2449 ans
avant l'ère chrétienne : car il aura dû s'écouler plus de
1300 ans du déluge à ce tems là (1) ».

Le même jour encore, « l'abbé Moïse, en sortant
de l'Acte qu'il a fait soutenir, a reçu une lettre fort
flatteuse d'un des censeurs de son ouvrage sur l'Ecriture Sainte. Cela me fait craindre que notre professeur
ne devienne quelque jour trop savant sans que notre
communauté s'en doute (2). »

Et un mois après, « l'abbé Moïse a fait soutenir...
des secondes thèses sur le reste de son traité de l'Ecriture sainte, ou du moins sur une bonne partie de ce
qu'il n'avoit point inséré dans les premières. » Et le
lendemain : « il faut ajouter un mot sur les thèses que
l'abbé Moïse fit soutenir hier. Le jeune homme qui devoit paroître alla prier le professeur Esteveny (3) d'ouvrir son Acte en lui proposant quelques difficultés sur
la proposition suivante : *Ecclesia catholica docens
cœlestibus a Christo diplomatibus instructa et ab ipso
ad nos usque constanter perseverans, usu continuo,
Pontificum et Patrum voce variisque conciliorum defi-
nitionibus suum jure tradidit canonem, quo omnes li-
bros, tum proto-canonicos, tum deutero-canonicos, seu
Sacram Scripturam venerandos proposuit.* L'écolier
fut surpris d'entendre dire au professeur Esteveny
qu'il ne voyoit pas qu'on put proposer de difficultés

(1) Manuscrit Jantet, page 221.

(2) *Ibidem*, page 222.

(3) Professeur de théologie qui occupait la seconde chaire de
cette Faculté au Collège.

sur une pareille proposition et plusieurs de nos messieurs furent bien plus surpris d'entendre un avis si modeste sortir de la bouche du savant professeur de théologie... » Le jeune soutenant s'adressa alors à l'abbé Mermot (1) qui trouva des objections à lui poser. Son Acte lui fit honneur » bien que l'abbé Moïse prétende « qu'il n'a pas fait sentir toute la force des preuves qu'il alléguoit. Mais indépendamment que ces preuves paroissoient encore assés concluantes, où sont les jeunes gens qui ont assés d'étendue d'esprit et de jugement pour mettre dans le plus beau jour une foule de dissertations plus savantes les unes que les autres, car, toutes les preuves de l'abbé Moïse nous ont paru être des dissertations fort instructives (2) ».

Puis, dans un autre genre, à la date du 4 février 1779, « la retraite des écoliers va son train par la grâce de Dieu. Le matin, M. l'abbé Vinon (3) leur a fait une instruction sur le Jugement, après dîner l'abbé Jantet a fait une conférence sur la contrition, et le soir l'abbé Moïse a cherché à les épouvanter par la peinture des peines éternelles (4) ».

Et, pour en finir avec le manuscrit de l'abbé Jantet, nous lui prendrons, datée du 16 février 1780, cette dernière et trop brève mention qui nous révèle une crise de la santé de Moïse : « L'abbé Moïse est toujours en convalescence et dans un état d'épuisement qui fait craindre qu'il ne soit pas hors d'affaire ».

Aux émoluments affectés à ses fonctions de professeur et qui n'étaient pas considérables, tantôt 600, tantôt 800 livres annuelles avec le vivre et le couvert,

(1) Professeur d'humanités au Collège.
(2) Manuscrit Jantet, page 222.
(3) Professeur de philosophie au Collège.
(4) Manuscrit Jantet, page 242.

il joignait peut-être une petite indemnité donnée par
les Tiercelines à qui il servait d'aumônier.

Il était aussi, suivant la coutume de l'époque, titulaire de plusieurs chapellenies. De l'une, depuis le 21
Mars 1786 : la Chapelle de Notre-Dame de Pitié, dite
des Bernard, autrefois érigée à Bans, puis transférée
à Souvans et rapportant 78 livres (1) ; il la tenait
sans doute d'une famille de Dole qui en avait la collation. D'une autre, depuis le 6 juillet 1787, érigée en
l'église paroissiale de Saint-Pierre de Besançon, sous le
titre de *Notre-Dame de Tabula* (2). Celle-ci lui don-
nait « aux entrées du chœur de ladite église un droit
pareil à celui que donne aux familiers les autres chapelles de la même église mais duquel il n'a jamais fait
usage, par ce que ses fonctions l'attachoient... au
Collège de Dole (3) ». Elle aurait dû lui rapporter par
an trente-trois livres, six sous, huit deniers, payables
moitié par M. Gouliand, de Pupillin, et moité par M.
l'avocat Boissard, de Pontarlier, sous caution solidaire
de la maison de l'Oratoire de Poligny. Mais je ne crois
pas qu'il en ait jamais rien tiré. Quand, en 1791, il
voulut faire valoir ce titre bénéficial pour obtenir une
pension civile, ce fut sans succès. Les Boissard déclarèrent ne rien savoir à ce sujet et se refuser à tout.
Moïse réclama, écrivit un mémoire, menaça d'un procès, etc., mais en vain. Depuis le 22 Septembre 1789,
enfin, il était chapelain de Sainte-Marguerite, en l'église
paroissiale de Scey, et de Saint-Eloi et Sainte-Foi, en
l'église de Villayer, toutes deux du district d'Ornans
(Doubs), l'une vacante, quand il l'eut, depuis cent cin-

(1) Bans et Souvans, communes du canton de Montbarrey
(Jura).

(2) Archives départementales du Jura ; Série L, en cours de
classement.

(3) Papiers de la famille Klein, de Morteau.

quante ans, et l'autre depuis cent ; l'une et l'autre sans aucun revenu (1).

Malgré tout cela, nous savons en somme peu de chose de l'enfance, de la jeunesse de Moïse, et même des vingt-et-un ans qu'il passa à Dole comme professeur. Existence régulière, monotone même, sans grands événements, écoulée toute entière dans le travail, les devoirs professionnels, quelques relations mondaines, et qu'il est facile d'imaginer à peu près faute de mieux.

Il eut été surtout intéressant de connaître ses idées à cette époque ; de savoir si et quelle lente évolution elles ont subi ; pourquoi Moïse a été l'un des premiers à Dole parmi ceux qui accueillirent avec enthousiasme la Révolution.

On dit bien que de n'avoir pas été nommé à une chaire de l'Université de Besançon, en 1770, lors de son premier concours, l'avait aigri et jeté vers les idées nouvelles. C'est une affirmation sans preuves. Dom Grappin déclare qu'il avait eu « le bon goût de purger son cours des subtilités scolastiques », ce n'est pas suffisant comme détail ; on aimerait plus et mieux (2).

(1) Archives départementales du Jura, *ut supra.*

(2) *Annuaire du Jura pour 1844 ;* Richard, *Histoire des diocèses de Besançon et de Saint-Claude,* tome II ; *Mémoires de la Société d'Emulation du Jura,* 1888 ; *op. cit.*

« Moïse avait nourri un vif mécontentement contre l'Eglise orthodoxe ; professeur à Dole, il ne négligeait rien pour propager parmi ses élèves les idées les plus avancées, se moquant en leur présence des indulgences et des pratiques de piété... Les Capucins surtout excitaient sa colère ; il racontait souvent qu'il avait lu dans un bréviaire ces versets : « V. *Sanctus Franciscus est in cœlo. —* R. *Quis dubitat de hoc ?* », et il les chantait par dérision, ajoutant le commencement de l'antienne qui suivait : « *Totus mundus !* ». M. Loye, alors professeur et depuis vicaire général, cherchait à détruire le mal qu'il faisait, et souvent, au sortir de la classe, il disait à ses élèves : « Quelles impiétés Moïse vous a-t-il débitées aujourd'hui ? » Ces détails sont donnés

Sa famille garde un cours incomplet de théologie, trois volumes manuscrits in-4°, tout entier de sa main ; ce sont les thèses traditionnelles, teintées de ce jansénisme mitigé dont était imbue une bonne part du clergé français de l'époque ; à peine y est-il fait plus usage que dans d'autres des preuves scripturaires ou patristiques ; et la partie la plus intéressante, celle qui nous eut été d'un plus grand secours : les traités de l'Eglise et de la Grâce, manque complètement (1).

D'autre part, on a retrouvé dans les papiers de l'abbé Renel, ancien élève du Collège de Dole, mis à mort pendant la Révolution, des cahiers de théologie qui sont précisément le cours de Moïse recueilli au jour le jour par un de ses élèves, peut-être Renel lui-même, ou peut-être l'abbé de Montrond qui a laissé de curieux Mémoires inédits sur son temps. Mais ce sont des cahiers d'étudiant dont on ne peut tirer aucune déduction sérieuse (2).

Il faut se résigner à ne pas savoir et se contenter de juger Moïse comme théologien d'après ses seuls mandements épiscopaux qui, heureusement, nous restent et que nous citerons avec abondance, et surtout d'après ses discours synodaux et conciliaires.

par M. Chamouton, dans son *Histoire de la persécution révolutionnaire dans le Jura*, page 329, mais sans références.

(1) Papiers de la famille Klein.

(2) L'abbé de Branges, mort récemment (1903), avait réuni les éléments d'une biographie de Renel. Peut-être celle-ci sera-t-elle publiée un jour ainsi que les mémoires de l'abbé de Montrond.

II. Election de Moïse à l'évêché du Jura.

Le diocèse de Saint-Claude, qui comprend aujour-
d'hui tout le département du Jura, était autrefois beaucoup moins étendu. Il avait été érigé à l'époque de la
sécularisation de la célèbre Abbaye de Saint-Claude,
en 1742, et composé de la terre de ce nom — 26 grandes paroisses — et de quelques paroisses appartenant
aux diocèses voisins de Lyon et de Besançon. Il
disparut lors du Concordat et ne fut rétabli et agrandi
qu'en 1817 ; même alors, il attendit un nouvel évêque
jusqu'en 1823. Dole et toute la partie nord du diocèse
actuel ont, avant la Révolution et jusqu'à cette dernière
époque, fait partie du diocèse de Besançon (1).

Le premier titulaire du siège, en 1742, avait été
M. Méallet de Fargues. A sa mort, arrivée le 17 mars
1785, il fut remplacé par M. Jean-Baptiste de Chabot,
qui fut sacré le 2 août et prit possession de sa cathédrale le 6 septembre de la même année. Il avait
quarante-cinq ans, était originaire d'une famille considérable du Poitou, avait été chanoine de Saint-
Hilaire de Poitiers et, en dernier lieu, vicaire général
du cardinal de la Rochefoucauld, archevêque de Rouen.

Sa biographie, qui ne peut avoir de place ici, n'a
jamais été faite. C'était un prélat d'une haute piété,

(1) Pour ce qui concerne le diocèse de Saint-Claude, voir :
RICHARD, *Histoire des diocèses de Besançon et de Saint-Claude*,
tous deux déjà cités, et dom BENOIT, *Histoire de la Terre et de
l'Abbaye de Saint-Claude*.

mais un peu janséniste ; il partageait les idées de ceux qui rêvaient d'un retour de l'Eglise à certaines coutumes et en général à l'esprit de ses origines. Il amena avec lui, en venant à Saint-Claude, un dominicain bien connu : le P. Lambert ; on prétend même qu'il lui confia le soin d'écrire pour lui ses mandements (1). Si ce n'était pas un grand génie, c'était du moins une âme remplie de bonne volonté, sentant qu'il y avait des réformes à faire dans l'ancien régime et tout décidé à y contribuer pour sa part.

D'autres à sa place auraient peut-être trouvé que le cadeau que le roi lui faisait en le nommant à Saint-Claude n'était pas des plus grands : le siège était récent, la juridiction peu étendue, le pays à la frontière, loin de Paris, le climat rude, et la population pauvre.

M. de Chabot y apporta un esprit et des dispositions toutes pastorales. Dans son premier mandement, il déclara que le contrat d'alliance avec son Eglise était définitif et il s'éleva avec force, ainsi que contre un scandale, contre les translations d'évêques d'un siège à un autre : *pratique inconnue à la primitive Eglise.* La chose fit du bruit, souleva les protestations de quelques-uns de ses collègues qui le dénoncèrent à Rome en qualité de janséniste et l'obligèrent à se défendre auprès du Souverain Pontife.

Quatre ans plus tard, le 28 Septembre 1789, en communiquant à son clergé, la lettre du Roi à tous les Evêques de France, datée du 3 du même mois, pour leur demander des prières publiques, il l'accompagnait des réflexions suivantes : « L'ordre ancien, quelque vicieux qu'il puisse être, au moins dans quelques-unes de ses parties, ne doit point être interverti avant qu'une réforme salutaire en ait corrigé les vices, avant qu'une

(1) RICHARD, *op. cit.*, tome II. page 434.

main bienfaisante ait posé les fondements du bonheur public sur les bases immuables de la justice. Il ne sauroit l'être en effet qu'en ébranlant les bases de la société et en nous ôtant jusqu'à l'espoir des remèdes que préparent aux maux de l'Etat les soins paternels du monarque, réunis aux lumières et aux travaux de l'Assemblée nationale » (1).

Sou Mandement du 1er juin 1790 est aussi particulièrement important en ce qui touche les rapports du clergé et de la politique. Le Prélat, dit Sicard, y fait bon marché du rôle exercé jusqu'alors sur ce point par l'Eglise (2) : « Renonçons donc une bonne fois et sans regret aux affaires de ce monde ; laissons aux morts le soin d'ensevelir les morts. Abandonnons sans regret et sans réserve, aux enfants du siècle, la gloire de constituer ou d'administrer les empires, de distribuer et de balancer les pouvoirs, de réformer les lois et d'en faire de nouvelles, de rétablir ou d'améliorer les finances, de créer des tribunaux, d'organiser les armées. Au milieu de ces bruyantes et orageuses discussions, quelle figure peut faire le paisible ministre des autels ? S'il ne connoit rien à toutes ces matières, ou s'il n'a là-dessus que des notions vagues et insuffisantes, de quoi peut servir son opinion à la chose publique ? Il occupe inutilement la place d'un autre. Il parle au hasard, s'il consulte l'amour propre. Il se dévoue à un éternel silence, s'il conserve quelque modestie. Il n'a de choix qu'entre la témérité qui peut nuire et la nullité qui

(1) Cette lettre est datée du château de Moutonne, près Orgelet que l'Evêque de Saint-Claude avait loué aux Lezay-Marnésia, comme maison de campagne, et où il passait plusieurs mois chaque année. L'exemplaire qui est aux archives de l'Evêché de Saint-Claude est incomplet de la fin.

(2) L'abbé Sicard, *l'Ancien clergé de France*, tome II, page 249, et sq.

avilit ; il ne peut être que l'instrument passif du parti
qui domine, ou l'inutile appui du parti qui résiste. Il
perd, à entendre des débats étrangers à son état, à ses
études, à son goût, un temps précieux destiné à de plus
nobles usages. Il se consume d'ennui, sans que la patrie
puisse lui savoir gré de sa triste patience, parcequ'elle
n'en recueille aucun fruit. Si, pour ne pas se perdre
dans la foule des esprits vulgaires, et faire un personnage
dans des assemblées civiles et politiques, il étudie et
approfondit les questions profanes et séculières ; s'il se
met en état d'y briller par la nouveauté de ses plans,
par la hardiesse de ses idées ; s'il y acquiert la réputation
d'un habile administrateur, s'il peut le disputer au
publicain en science financière, il en est bien moins
estimable encore aux yeux de tout homme sensé. Son
vain savoir en ce genre est pour lui, quoi qu'il en dise,
un vrai sujet de honte ; lui-même en rougiroit s'il
n'avoit pas perdu, avec l'esprit de son état, le goût des
choses solides et le discernement du véritable mérite.
Les moins sévères voient bien qu'il n'a pu se livrer à
ces études profanes qu'au préjudice de ses plus importants devoirs. On ne l'estime point parce qu'il sait ou
croit savoir, comme tant d'autres, administrer les
affaires de ce monde, mais on le méprise parce qu'il
n'entend rien à celles de Dieu. Il ne possède ni l'éminente science des Ecritures, ni le grand art de ramener
les pécheurs de leurs égarements, de faire entrer les
âmes dans les voies de la justice et de les affermir...
En nous renfermant tous, tant que nous sommes, dans
la sphère de nos fonctions, en ne nous mêlant plus avec
les enfants du siècle dans des assemblées où l'on ne
traite que les affaires de la terre ; en prenant pour notre
unique partage le soin de régler les consciences, de
sanctifier les âmes, nous gagnerons d'abord une consi-

dération et une confiance absolument nécessaires au succès de notre ministère ; de plus, nous éteindrons dans leur source des jalousies et des rivalités toujours funestes à la religion. C'est l'unique moyen aujourd'hui d'apaiser la tempête qui nous agite, de désabuser les plus prévenus, de calmer les plus violens et les plus emportés, de mettre fin à nos périls, de ramener une concorde dont l'église et la patrie ont un si pressant besoin. Dès que nous aurons, par une conduite franche et soutenue, convaincu les plus défians qu'ils n'ont plus à craindre de notre part, ni opposition ni concurrence dans les affaires temporelles, tout changera autour de nous. Où est l'ennemi assez aveugle et assez féroce pour refuser cet hommage à des hommes qui, uniquement occupés à dispenser à leurs semblables les biens du ciel, ne prétendent plus rien à ceux de la terre... Nous sommes citoyens, enfans de la patrie, avant d'être ministres des autels. Ce second titre ne sauroit effacer le premier ni nous affranchir des devoirs qu'il nous impose. En ne nous mêlant plus de la chose publique, nous n'en désirerons pas moins ardemment qu'elle soit florissante et heureuse. Nous n'administrerons plus les affaires de l'Etat, mais jour et nuit nous lèverons les mains au ciel, pour obtenir à ceux qui sont chargés de ce pénible soin, l'esprit de sagesse, de conseil et de force... Nous serons plus utiles à la patrie par nos prières, par la sainteté de nos exemples, par l'ascendant de notre ministère sur les mœurs publiques, que par nos discussions et nos débats dans des assemblées politiques. Ce n'est donc point le patriotisme que nous cherchons à engourdir et à décrier dans l'esprit des des ecclésiastiques, à Dieu ne plaise ! Ce sont les inquiétudes de la vanité, ce sont les intrigues de l'ambition, c'est la soif d'une déplorable célébrité, c'est la fureur

de se produire dans le monde et de s'y signaler par
des talens et des qualités frivoles... » (1).

Il fallait, dit Sicard, citer tout entière cette page
presque véhémente, écrite dans un style auquel ne nous
ont point habitués les mandements épiscopaux de
l'ancien régime. Il était difficile de jeter par dessus bord
avec plus de désinvolture, toutes les anciennes prérogatives politiques et administratives de l'Eglise de
France... (2). M. de Chabot a été l'un des premiers
parmi les évêques, d'abord un peu ahuris au milieu de
l'effondrement de leur situation séculaire, à reprendre
possession de soi-même et à entrevoir, à travers la
fumée des décombres, les lignes d'une Eglise nouvelle.

Mais il devait aller plus loin encore et donner une
satisfaction plus directe aux réformateurs laïcs de
l'Eglise, qui allaient devenir les promoteurs de la
Constitution civile du Clergé. Son même Mandement
de 1790 convoquait le clergé diocésain à un Synode ; et
par une hardiesse que Sicard qualifie d'*étonnante*, les
membres du Synode étaient appelés à *délibérer*, c'est-
à-dire à donner leur *vote* et leur *avis* : « Notre dessein
en vous rassemblant autour de nous, disait l'évêque,
n'est pas de vous intimer des lois... Une pareille
méthode ne pourroit se concilier avec nos principes.
Nous la croyons également contraire à l'idée que l'antiquité nous donne des assemblées synodales... Vous
délibérerez avec nous. Ce que nous proposerons... ne
deviendra une loi du diocèse, qu'autant qu'il sera muni
du suffrage et du consentement de tout le presbytère.
Nous applaudissons de tout notre cœur à cette règle de
droit : *quod ommes tangit, debet ab omnibus appro-*

(1) *Mandement et Instruction pastorale de Mgr l'évêque de
Saint-Claude, adressée à son clergé*, 1er juin 1790 ; 203 pages
in-8° ; pages 43-47, 49.

(2) Sicard, *op. cit.*, tome II, pages 251-253.

bari.... Remplis de l'esprit du divin maitre, qui a si solennellement promis de se trouver au milieu de ceux qui sont réunis en son nom ; instruits par la mutuelle communication des lumières de tout le presbytère ; animés par la vue de ces vénérables pasteurs, dont les exemples sont des leçons et des encouragements ; armés de lois qui ne laisseront aucun prétexte aux murmures et à la désobéissance, parce qu'elles seront l'ouvrage de tous, nous sortirons de l'assemblée synodale comme d'un autre cénacle, brûlant d'un nouveau zèle pour la gloire de Jésus-Christ et les intérêts de son Eglise » (1).

Cette même Instruction pastorale était datée, ainsi que le font remarquer les *Nouvelles ecclésiastiques*, organe du parti janséniste en France, « non de son palais, comme c'est la coutume, mais de sa maison épiscopale », et elles ajoutent, avec une satisfaction non déguisée : « L'on a été édifié de cet acte de modestie glorieux pour M. de Chabot, si distingué par sa naissance (2). « Maintes fois d'ailleurs elles avaient fait l'éloge de ce prélat, de sa simplicité, de son amour des pauvres, de son zèle pour restaurer l'ancienne discipline, surtout en ce qui concernait les curés et les synodes (3).

Malgré son libéralisme, M. de Chabot eut des difficultés avec la municipalité de Lons-le-Saunier. Dans la séance du 21 Août 1789, on lut une lettre du prélat, datée du 13, dans laquelle il affirmait avoir donné la plénitude de leurs droits civils aux habitants du Mont-Jura et renoncé à sa « haute justice, l'une des plus

(1) *Mandement et Instruction pastorale de Mgr l'Evêque de St-Claude, jam. cit.*, pages 196-199. L'abbé BARRUEL, dans le *Journal ecclésiastique*, rappela vertement à l'évêque que donner aux curés dans un synode voix délibérative, c'est s'écarter de la vraie tradition canonique.

(2) *Nouvelles ecclésiastiques*, 1790, pages 116 et sq.

(3) *Ibidem*, 1785, page 201 ; 1790, pages 149, 160, 176, 185.

importantes du royaume ». Comme on prétendait qu'il n'avait fait ces concessions qu'après les décrets du 4 août, les officiers municipaux de Saint-Claude écrivirent, (voir le *Moniteur* du 24 mars 1790), pour citer ces paroles de M. de Chabot, consignées dans le procès-verbal des élections de 1789, au baillage d'Aval : « La mainmorte est mise avec raison au nombre des abus qui pèsent le plus sur les paisibles et estimables habitans des campagnes. Les terres de mon évêché, encore indivises avec mon Chapitre, sont affligées de ce fléau. J'ai souvent regretté de ne pouvoir les détruire ; mais j'unis de bon cœur mes supplications à celles que mes vassaux adressent à S. M. pour qu'il lui ploise d'affranchir gratuitement les personnes et leurs biens ». Ces précédents valurent à M. de Chabot l'indulgence du Comité de la Constituante dans ses démêlés avec la municipalité de Lons-le-Saunier. « Celui, disait le Comité, qui le premier a donné l'exemple du sacrifice des droits féodaux... » (1).

Cela n'empêcha pas non plus que, placé en face des exigences révolutionnaires, après avoir temporisé plutôt que tergiversé, l'évêque préféra l'exil à la soumission et se réfugia en Suisse d'abord, au comté de Nice ensuite. Il en revint à la paix, nommé à l'évêché de Mende, qu'il quitta trois ans plus tard pour se retirer au Chapitre de St-Denis et mourir à Paris en 1819, après avoir refusé, à cause de son grand âge, l'archevêché d'Auch que Louis XVIII voulait lui imposer.

Son départ, précipité par suite de circonstances dont le détail n'appartient pas à ce récit, eut lieu le 10 Février 1791, à deux heures du matin, par des chemins détournés, pleins de neige. Il y avait un peu plus de cinq ans que le même prélat, par un beau jour d'au-

---

(1) SICARD, *op. cit.*, tome II, pages 405-406.

tonne, prenait possession de sa cathédrale, au milieu d'un clergé empressé, parmi les acclamations populaires et le chant des cloches...

L' « Évêché du Jura » était légalement vacant depuis le 23 Janvier, terme de rigueur pour la prestation du serment impliquant l'acceptation intégrale de la Constitution civile du Clergé, avec toutes ses conséquences. M. de Chabot n'avait pu le prêter; il en avait informé dans des termes dignes et touchants, le Directoire de Saint-Claude où sa lettre avait éveillé de dernières et d'impuissantes sympathies ; puis, il avait rendu compte de sa gestion financière, et quitté le Diocèse.

En rapportant ces détails, je n'ai pas prétendu faire le portrait du dernier évêque de Saint-Claude avant la Révolution. Il devrait avoir déjà sa biographie, étudiée et écrite avec impartialité. C'est une réparation que l'avenir lui donnera. Mais il m'a paru nécessaire de rappeler quelques traits de sa vie et quelques-uns de ses actes, oubliés ou mal connus, choisis du reste parmi tous les autres parce qu'ils vont à cette étude spéciale et qu'ils aideront à mieux connaître le temps et le milieu où Moïse va paraître et vivre.

La carrière politique de Moïse remonte un peu plus haut que le commencement de l'année 1791.

Sans rien savoir de la part qu'il a pu y prendre, nous le voyons assister, le 6 Avril 1789, à l'Assemblée baillagère de Dole où se trouvaient aussi les représentants des districts de Quingey et d'Ornans. Tous étaient réunis conformément au décret du Conseil d'État, en date du 19 Février précédent, pour élire des représentants aux États généraux dont la tenue venait d'être décidée.

Il y avait là cent vingt-et-un membres du clergé tant séculier que régulier, ayant à donner 198 suffrages.

— 35 —

Moïse y était pour le compte du premier clergé, qui
l'avait délégué, et pour celui des Tiercelines de Dole,
dont il était l'aumônier. Callier, préfet des Etudes au
Collège et son ami, y représentait les Ursulines.
Requet, un autre professeur, y assistait à titre de
député du clergé séculier. Venaient ensuite ceux de la
Noblesse et du Tiers-Etat. Il s'agissait de choisir un
représentant pour chacun des deux premiers ordres et
deux pour le dernier. L'abbé Guillot, curé d'Orchamps-
Vennes (Doubs), fut élu par le clergé ; le comte de
Dortans, par la noblesse ; le Tiers porta ses suffrages
sur les citoyens Grenot et Regnaut d'Épercy (1).

Nous savons encore que Moïse assista à la Fête de
la Fédération de Dole. Nous trouvons ensuite sa signature au bas du procès-verbal de prestation de serment
des Ecclésiastiques de Dole, le 16 Janvier 1791. On lit
à la suite des noms du clergé paroissial :

« Nous soussignés, prêtres du Collège de Dole,
reconnoissons ledit procès-verbal conforme à la vérité
en tout ce qui nous concerne .

> « CALLIER ; F.-X. MOÏSE, professeur de théo-
> logie ; VAUTHERIN, professeur de théologie ;
> REQUET ; JANTET ; VYNON ; ABBEY ; MARLET;
> LAPORTE ; LIMASSET ; GOUGET » (2).

Dom Grappin affirme que Moïse fut « l'un des plus
ardens défenseurs de la Constitution civile du clergé »,
à laquelle il venait de jurer fidélité, « que cependant il
ne regardoit pas comme un chef-d'œuvre, mais qu'il
jugeoit propre, telle qu'elle étoit, à guérir les playes
faites à l'Église par l'Ultramontanisme et les fausses

(1) PUFFENEY, *Histoire de Dole*. Besançon, Marion, in-8° 1882,
page 296.
(2) ARCHIVES COMMUNALES DE DOLE : Registre des délibérations
du Conseil ; D., I, 5.

décrétales... Il sçeut faire à la vérité et à la paix de l'État le sacrifice de quelques amis qui ne partageoient point ses opinions, sans qu'il perdît l'estime de la partie saine de ceux-ci et sans qu'ils perdissent la sienne. Il les plaignoit, sachant que l'intrigue substitua quelquefois aux Décrets de l'Assemblée nationale de faux Décrets que l'on faisoit circuler pour rendre odieux le serment et ceux qui l'avoient prêté » (1).

(1) Dom Grappin, *op. cit.* Et le même auteur ajoute : « M. Moïse et M. Labet, directeur du Séminaire de Besançon, homme distingué par ses connoissances en théologie et révéré pour ses vertus, avoient l'un pour l'autre l'estime et l'attachement qu'ils méritoient tous les deux, sans être toutefois d'accord sur les affaires ecclésiastiques de France ? M. Moïse avoit été son élève. « Comment avez-vous pu rompre avec Rome ? lui dit M. Labet. — A Dieu ne plaise que j'aye mérité ce reproche. — Quoi ! Vous prétendez être dans la communion du Souverain-Pontife, tandis que la Constitution civile du clergé que vous avez adoptée vous défend *de reconnoître en aucun cas, et sous quelque prétexte que ce soit, l'autorité d'un évêque ordinaire ou métropolitain dont le siège seroit établi sous la domination d'une puissance étrangère !* — Ce que vous citez fait vraiment partie de l'article 4, titre 1er de la Constitution civile du clergé ; mais la fin de ce même article doit vous rassurer pleinement sur ma foi : *le tout sans préjudice de l'unité de foi et de communion qui sera entretenue avec le Chef visible de l'Eglise universelle.* — Oh ! Monsieur, ce que vous dites n'est pas dans la Constitution. — Il y est en toutes lettres et, dès demain, je vous en apporterai un exemplaire que vous ne pourrez suspecter. » En effet, M. Moïse fit voir, le lendemain, à son ancien professeur l'exemplaire authentique envoyé par l'Assemblée nationale à la municipalité de Besançon, et M. Labet, très étonné d'y trouver une preuve aussi complète de l'orthodoxie des prêtres dits constitutionnels, avoua qu'il n'avoit lu dans aucun des exemplaires qu'on lui avoit communiqué, l'article 4 tel qu'il étoit rédigé dans celui qu'il avoit sous les yeux.

« Ce dialogue, imprimé il y a vingt-cinq ans, donna lieu à la lettre suivante de M. Moïse à l'Evêque de Vesoul : « La relation contenue dans les *Annales de la Religion*, n'est pas mon fait

C'est-à-dire que Moïse se brouilla avec ses amis de la haute société doloise qu'il cessa de fréquenter, et que pour se justifier à leurs yeux, au moins en partie, et peut-être même aux siens, il essaya de croire aussi long-temps qu'il put aux bonnes intentions des réformateurs laïcs de la religion.

Le 13 Novembre 1730, par une pétition, il réclama de la nation un traitement se montant à la somme de cent onze livres six sols huit deniers : « le sieur Fran-çois-Xavier Moïse, prêtre, et depuis 20 ans professeur de théologie au Collège royal de Dole en Franche-Comté, aiant déjà exécuté le Décret de l'Assemblée nationale du 13 Novembre 1789 et celui du 5 Février de la présente année... », alléguait les chapelles sup-primées dont il avait été le titulaire.

Comme le sieur Boissard, un des collateurs prétendus de celle de Besançon, déclara qu'il ne connaissait pas cette fondation et que l'autre, le sieur Gouliand, ne

Celui qui l'a envoyée au rédacteur, n'a pas tout dit, mais il n'a dit que la vérité. Nous parlâmes très longtemps avec la plus grande cordialité. Il se plaignît beaucoup des *jeunes étourdis* qui venoient de Suisse pour troubler la France. Il les traita d'*ignares* qui faisoient et débitoient des sottises, qui se mêloient de mille choses qui ne regardent pas la religion, et qui se con-duisoient de manière à la détruire, soit en débitant des hérésies, soit..., il ajouta : Je ne comprends pas comment le Conseil de Fribourg envoie de pareils étourdis, de pareils ignorants qui perdent tout, mais peut-être s'envoyent-ils eux-mêmes. Au reste, je ne les vois pas : ils m'abandonnent, etc. Nous continuâmes la conversation en convenant l'un et l'autre qu'au lieu de se diviser et de déchirer le troupeau de J.-C., il faudroit se réunir pour combattre l'impiété qui profite de nos divisions et pour rétablir la maison de Dieu ».

Ces lignes montrent au moins avec quelle ardeur Dom Grappin défend l'orthodoxie de son ami et cherche à établir sa bonne foi.

répondit même pas, et que l'un et l'autre n'avaient jamais rien payé, le Directoire du département, le 28 Juin 1790, réduisit à la somme de 78 livres la pension à lui accorder (1).

La loi sur l'élection des évêques par le peuple est du 26 Décembre 1790. Elle reçut sa première application dans le Jura le 6 Février suivant.

Le terrain était plus préparé qu'on ne le croit généralement. Le 14 Mai 1790, l'Assemblée électorale du Jura avait remercié l'Assemblée nationale des réformes qu'elle venait de faire ; et cette adresse était signée notamment du chanoine Bonvallot et de l'abbé Champion, curé de Vosbles, l'un des premiers dans le clergé du Jura à suivre le mouvement nouveau. Quelques jours avant, le 7, elle avait envoyé à la même Assemblée nationale une protestation rédigée par Champion contre ceux de ses membres et en particulier contre les prêtres qui repoussaient les Décrets sur les biens du clergé. Avec le curé de Vosbles, avaient signé trente prêtres environ du Diocèse et dix-sept autres leur avaient envoyé leur adhésion. Un certain nombre de curés, de vicaires et surtout de chanoines ainsi que de professeurs des différents collèges de la région, avec pas mal de religieux, principalement des Bénédictins et des Oratoriens, avaient prêté le serment ; il faut dire aussi que beaucoup le rétractèrent plus tard ; mais il est indéniable qu'il y a eu dans tout le Jura un mouvement favorable aux réformes. Gillet, le procureur-syndic de Saint-Claude, écrivant à son ami M. Germain, exagérait sans aucun doute, mais pas complètement : « ...Nos campagnes, lui mandait-il, d'après les procès-verbaux que j'ai reçus, fournissent plus de prêtres soumis que de rebelles à la loi, et ce qu'il y a de singulier, c'est

(1) Archives départementales du Jura, Série L, en cours de classement.

que les plus anciens et ceux qui ont le plus de réputation dans la science théologique ont tous prêté le serment sans restriction et les jeunes gens, qui sans doute
sont plus susceptibles d'être exaltés, se sont laissés
séduire par les ruses de leurs supérieurs fanatiques » (1).

L'Assemblée électorale du Jura se réunit à Lons-le-
Saunier, le 6 Février 1791, dans l'église de St-Désiré,
à l'issue de la messe paroissiale à laquelle les électeurs
avaient assisté. Pierre Ebrard, avocat au Parlement,
du temps qu'il y avait un Parlement, alors procureur-
syndic du Jura et Président des Amis de la Constitution, déclara la séance ouverte et prononça un premier
discours dont l'impression fut aussitôt votée. C'était un
franc-maçon, orléaniste, plutôt modéré d'opinion, qui
s'était lancé dans le mouvement, comme tant d'autres
de ceux qu'on a appelés depuis les Girondins, et qui
ne tarda pas, ainsi qu'eux, à être dépassé par de plus
violents et de plus audacieux. En 1793, il donna secrè-
tement asile chez lui au Marquis de Dreux-Brézé (2),
venu là tout proche de la frontière pour surveiller les
mouvements que les émigrés devaient opérer en Suisse,
en Savoie et dans le sud-est de la France. Ebrard fut
déclaré suspect au mois d'Avril 1793, enfermé, et rendu
à la liberté et à la vie par la réaction thermidorienne.

L'église paroissiale de St-Désiré présentait alors un
autre aspect qu'aujourd'hui. Construite au XIme siècle,

(1) ARCHIVES DÉPARTEMENTALES DU JURA. Gillet était un des plus
violents révolutionnaires.

Il eut à traiter diverses affaires avec M. de Chabot, se montra
exigeant, dur et injuste pour lui. Il le dénonça même plusieurs
fois aux diverses autorités municipales et départementales. On
ne peut pas prendre toutes ses paroles pour l'expression de la
vérité totale.

(2) C'est à ce Marquis de Dreux-Brézé, grand-maître des
cérémonies, qu'aurait été adressée la parole désormais historique
de Mirabeau : « Allez dire à votre Maître.... ».

plusieurs fois réparée depuis, elle était romane dans son ensemble. Ses lourds pilliers ronds et octogones, sans chapitaux et sans socles soutenaient une voûte régulière dont on a supprimé depuis plusieurs travées, sous le prétexte absurde d'agrandir la place sur laquelle s'ouvrait le porche, ce qui a enlevé à l'édifice beaucoup de son caractère. Elle n'était pas revêtue tout à l'intérieur de ces peintures dont la couleur et les lignes sans art lui ôtent toute harmonie. Mais c'était la même nef, le même chœur plus récent que le reste de l'édifice, et, dans ce chœur, les mêmes boiseries qu'on venait d'y placer. Les Bénédictins la desservaient; elle joignait leur couvent, tout récemment restauré et agrandi, dont un des religieux, dom Molard, avait officié solennellement à la première fête de la Fédération célébrée sur la place Cléricée, la place principale de Lons-le-Saunier.

Le discours d'Ebrard fini, Poucheux, doyen d'âge, et quatre autres, les plus vieux de l'assistance, formèrent le bureau provisoire. Les membres de toute l'Assemblée prêtèrent serment en levant la main tandis que le Président prononçait la formule, et tous le répétèrent encore en allant voter, cette formule étant écrite au devant du « vase » destiné à recevoir les bulletins que chaque électeur avait écrit « ou fait écrire ».

Marie-Denis Vaucher, avocat et procureur du roi à la Réformation des Salines, poète de société, dit Désiré Monnier, maire de Lons-le-Saunier depuis le 2 Février 1790, fut élu président par 215 voix sur 326 votants; Dalloz, juge du district de Saint-Claude, secrétaire, par 285 voix; et scrutateurs: François Lazare Babey, d'Orgelet, par 150 voix; Georges-Simon Vaulchier, du Deschaux, par 152; J.-B. Perruche, de Salins, par 229; et l'Assemblée se sépara à plus de dix heures du soir, remettant au lendemain la suite de ses travaux.

Le 7 Février, à huit heures du matin, dans le même local et avec les mêmes formalités, 191 électeurs sur 345 réunis, donnèrent leurs suffrages à l'abbé Guillot, curé d'Orchamps-Vennes et député à la Constituante (1).

L'évêque-élu du Jura a été très diversement jugé. M. de Montrond, vicaire d'Arlay, qui avait assisté à l'Assemblée baillagère de Dole, dix-huit mois auparavant, où Guillot avait été élu aux Etats-Généraux, dit de lui : « Il avoit plus de réputation que de fonds ». Puis, il ajoute : « Il revint dans sa cure après la première Assemblée ; mais son vicaire, qui n'avoit point fait le serment, avoit instruit ses paroissiens qui refusèrent d'assister à ses offices. Il mourut peu de temps après, comme de mort subite. Un instant avant sa mort, il demanda une plume et du papier ; mais il ne put écrire que quelques lettres indéchiffrables. On a cru qu'il avoit voulu écrire la rétractation de son serment » (2). M. Bergier, dans une lettre intime, l'apprécie de cette façon: « C'est un rustre grossier et insociable, qui n'a répondu à mes procédés honnêtes et obligeants que par une indifférence et un oubli impardonnables » (3).

D'autre part, le chanoine Chamouton écrit : « M. Guillot fit une rétractation solennelle de son premier serment et fut chassé de sa cure » (4).

Dans tous les cas, l'ancien député à la Constituante s'était retiré à Besançon, où il mourut tout à fait oublié, vers 1796.

(1) ARCHIVES NATIONALES, F¹⁹, 435 : Affaires ecclésiastiques du département du Jura ; procès-verbal de l'élection de l'évêque du Jura.

(2) *Mémoires* inédits cités plus haut.

(3) Désiré MONNIER, *Annales semi-contemporaines*, Mai, 1791.

(4) *Op. cit.*, page 29, en note. L'auteur cite comme référence : *Lettre d'un curé du Jura à ses paroissiens*, 1791.

Déjà vieux, fatigué sans doute de la politique, peut-être découragé, il refusa d'accepter l'élection qui venait d'être faite, et qu'il apprit à Paris, le 17 Février. J'ai eu toute ma vie, écrivit-il au Président de l'Assemblée électorale, « une répugnance insurmontable » pour l'épiscopat. « C'est ce que j'eus autrefois l'honneur de répondre à M. de Marnézia, abbé de Bellevaux, évêque d'Evreux, lorsqu'il vouloit faire quelque chose de moy... Si ma répugnance étoit telle lorsque j'étois jeune, il ait aisé de juger, M. le Président, qu'elle est aujourd'hui tout à fait insurmontable, puisque je suis dans un âge où l'on n'éprouve que des foibloisses, des infirmités, dans un âge où le citoyen est dispensé d'accepter aucun emploi public ; dans un âge où l'on doit se considérer comme des victimes qui ont déjà reçu l'aspersion, prêtes à être immolées et à descendre dans le tombeau » (1).

Les administrateurs du département insistèrent auprès de lui : la patrie et la religion, disaient-ils, attendaient de sa part cet acte de dévouement. « Notre choix est fait ; on nous en applaudit. Les méchants triompheront, les bons se décourageront ; méditez les suites ».

Guillot persévéra dans son refus ; une nouvelle consultation de l'Assemblée électorale était nécessaire. Elle eut lieu le 27 Mars suivant dans la même église de Saint-Désiré et avec le même cérémonial que la première.

A celle-ci s'était imposé l'abbé Guillot, de par son titre de député et sa situation politique. Pourquoi et et comment Moïse fut-il accepté de la seconde ? La chose n'est pas facile à décider. Sans doute, le professeur de Dole avait de la réputation ; il s'était aussi mêlé au mouvement révolutionnaire auquel, l'un des premiers, il

(1) Archives départementales du Jura, Série L.

avait donné son adhésion. Mais il n'appartenait pas originairement au diocèse du Jura et il n'avait pu avoir avec les prêtres et les laïcs de Saint-Claude que peu de rapports. A défaut d'une hypothèse meilleure je risquerais volontiers celle-ci : Moïse était très lié, d'une ancienne amitié, avec Ebrard, le procureur syndic du département ; nous les verrons, durant les années qui vont suivre, entretenir la plus fréquente et la plus cordiale des correspondances. Ne pourrait-on pas alors supposer qu'Ebrard, homme actif, intelligent, influent -de par sa position administrative, qui avait au fond la haute main sur l'Assemblée électorale, employa toutes ses ressources au succès de la candidature de son ami, voulant ainsi servir à la fois ses sentiments et sa politique ?

Quoiqu'il en soit, il ouvrit la séance le 27 Mars au matin (1), après la messe paroissiale à laquelle les électeurs avaient assisté. Il annonça le refus de l'abbé Guillot, dit qu'il faudrait lui nommer un remplaçant et élire aussi un président, un accusateur public et un greffier du Tribunal criminel, en exécution de la loi du 25 Février dernier.

Il insista cependant sur le premier choix à faire : « Par un abus trop longtemps conservé, dit-il, la dignité de l'épiscopat fut soumise à des nominations arbitraires, auxquelles le peuple, d'où dérive toute puissance, n'avoit aucune part. La naissance et la fortune étoient des titres nécessaires pour y prétendre ; la faveur, l'ambition et l'intrigue étoient les seuls moyens d'y parvenir ;

(1) Détail curieux à noter : Le 20 Mars, une troupe de comédiens avait demandé la permission de séjourner à Lons-le-Saunier. Le Procureur de la commune la leur refusa, faisant ressortir l'importunité et l'inconvenance d'un divertissement aussi profane tandis que les électeurs du Jura étaient occupés dans cette ville à l'élection d'un évêque.

et les vertus, les talens qui constituoient le vrai mérite, n'obtenoient souvent qu'une recommandation inutile. Grâce à la Constitution que vous ont donné vos représentants, ces abus ont enfin disparu, les tems de la primitive église sont ramenés et le peuple a recouvré ses droits... Ecartant toute considération humaine, vous n'appellerés à cet auguste ministère qu'un homme que ses vertus, ses lumières, son patriotisme ont rendu recommandable. Qu'il soit digne tout ensemble de la nation et des autels ! C'est le moyen de consolider la Constitution de l'Empire, en incorporant avec elle la religion sainte dont elle protège si spécialement le culte et l'exercice... »; puis, il céda la place au bureau provisoire qui fit prêter le serment d'usage à tous les électeurs.

L'Assemblée choisit pour président effectif, George-Simon Vaulchier, du Deschaux, par 183 voix sur 240 suffrages exprimés; pour secrétaire Charles-Alexandre Dalloz par 144 sur 254; pour scrutateurs, Outhier, Poupon et l'abbé Denizot, ce dernier absent, à la pluralité des voix sur 259 votants; puis, elle s'ajourna au lendemain, à 7 heures du matin.

Ce jour là, Denizot étant encore absent, on élit tout d'abord pour le remplacer Babey, d'Orgelet, par 206 voix sur 246 votants. « Mais M. Denizot étant arrivé en ce moment dans l'Assemblée, M. Babey s'est excusé d'accepter l'honneur qui lui étoit conféré ; l'Assemblée a agréé son excuse ; M. Denizot a accepté et signé ». Plusieurs autres électeurs sont arrivés aussi. 314 « ont écrit ou fait écrire sur le bureau des scrutateurs leur billet et l'ont placé dans le vase, en répétant individuellement par ces mots : *je le jure*, le serment prescrit par l'art. 4 de la loi du 28 May dernier, dont la formule en gros caractères étoit au devant du vase ».

Le président Vaulchier avait auparavant, et pour les

mieux éclairer, prononcé le discours suivant que je
rapporte en entier parce qu'il donne au tableau de cette
Assemblée électorale sa vraie couleur :

« Électeurs du Jura,

« C'est pour la seconde fois que vous êtes convoqués
pour donner un évêque au département. C'est pour la
seconde fois que vous allés exercer le plus précieux des
droits du peuple que vous représentés. Un premier choix
auquel la patrie et la religion applaudissoient de concert plaçoit à la tête de l'église du Jura un pasteur
recommandable par ses mœurs et ses vertus autant
que par ses lumières et son patriotisme ; son âge et ses
infirmités l'ont empêché d'accepter cet honneur qu'il
mérita. Il vous reste à effacer par un semblable choix
le regret qu'excite en vous le refus de cet ecclésiastique
respectable.

« Je ne rappellerai point à votre attention, Messieurs,
les qualités nécessaires à un évêque. J'oserai seulement
vous dire qu'au milieu des agitations que produit encore
la révolution, le prélat que vous choisirés doit joindre
essentiellement à l'esprit de douceur et de modération
qui peut seul consolider les fondemens de la constitution
et *accroître l'heureuse influence de la religion par
des rapports plus doux et plus intimes entre le peuple
et le pasteur*, cette fermeté de caractère que commandent les circonstances actuelles pour soutenir l'arche
sainte attaquée par le fanatisme et l'hypocrisie.

« Oui, Messieurs, c'est une triste vérité que le ministère que vous m'avés confié ne me permet pas de vous
taire : ceux que d'antiques abus avoient élevé au-dessus
du niveau auquel la constitution les ramène redoublent
en ce moment leurs coupables efforts pour tenter de la
renverser. On voit partout circuler des écrits séditieux,

incendiaires, répandus pour jeter du trouble dans les consciences, égarer les âmes faibles à qui l'on voudroit persuader que la religion est en danger tandis qu'au contraire rappelée à son institution primitive elle n'est devenue que plus belle, plus pure, plus digne de nos respectueux hommages.

« Parmi ces écrits, il en est un qui vient d'exciter tout récemment notre indignation et qui semble provoquer la sévérité de notre ministère par la perfidie des maximes qu'il renferme et par le choix du moment où l'on a affecté de le répandre. C'est une nouvelle attaque du ci-devant évêque de St-Claude, de celui que la Constitution désigna pour être le chef de cette église, qui devoit et qui pouvoit y entretenir le bonheur et la paix, et qui après l'avoir lâchement abandonnée voudroit la livrer aux troubles, aux persécutions du fanatisme sous le voile de la religion dont il ose se dire le défenseur. Dans cet ouvrage de ténèbres l'on voit percer le sentiment du désespoir dont est animé cet ancien prélat. Et plus il s'efforce de prouver que l'Église et les fidèles ne doivent jamais reconnaître l'autorité spirituelle des ministres que vous devés nommer, puis il prouve que ce remplacement devient nécessaire pour le bien de l'état et le maintien de la religion. Hier, cet écrit est tombé dans des mains patriotes qui se sont empressé de le dénoncer à la municipalité de Lons-le-Saunier, et cette municipalité attentive à tout ce qui peut intéresser le salut de la Constitution l'a aussitôt dénoncé au directoire du département qui me charge de déposer dans votre sein sa sollicitude et l'espoir qu'il fonde sur votre patriotisme.

« Ah ! sans doute ! les citoïens du Jura qui dans le cours de cette heureuse révolution se sont si glorieusement distingué par le civisme épuré dont ils firent toujours profession sauront se préserver de l'atteinte du poison funeste qu'on cherche à verser dans leur cœur.

Vous avés su vous en garantir MM. les électeurs ;
entourés du piège de la séduction, votre patriotisme a
surmonté les obstacles qu'on vous oppose ; vous avés
su écarter ces insinuations perfides, et dangereuses par
lesquels on vouloit vous détourner du plus sacré de vos
devoirs, celui d'exercer les droits dont le peuple vous a
rendu dépositaires.

« Hâtés-vous d'achever votre ouvrage. Mais pour remplir dignement sa confiance songés que vous êtes comp-
tables à vos commettans du succès de votre mission
importante, n'oubliés pas que si la religion appelle à la
tête de l'Église un pasteur modeste, vertueux, éclairé,
charitable, religieux et populaire, la patrie et la religion
ensemble exigent qu'il soit assés courageux pour resserrer le lien qui doit toujours les attacher l'un à l'autre
et rompre enfin ces manœuvres hypocrites qui ne tendent
qu'à les séparer.

« Et quand vous aurés offert à l'Église le pontife qu'elle
doit revêtir de l'autorité spirituelle, retournés dans les
lieux que vous habités, propagés-y le sentiment de
patriotisme qui vous anime, les principes dont vous
êtes pénétrés ; garantissés vos concitoïens des troubles
qu'on veut exciter, des divisions qu'on cherche à répandre. C'est ainsi que vous servirés à la fois la religion
et l'État que vous prouverés combien vous fûtes dignes
de la confiance qu'ils vous accordent. »

Moïse obtint du premier coup 241 suffrages. Il était élu.
Sans plus s'en occuper, pour le moment, on procède
au scrutin pour l'élection d'un Président du Tribunal.
« Pendant que les scrutateurs étoient occupés au dépouillement..., on a présenté pour recevoir le sacrement de
baptême, dans l'église ou l'Assemblée étoit réunie, le
fils de J.-B. Rodet, hôte public, citoyen de Lons-le-
Saunier ; sur la motion d'un électeur, l'Assemblée a

chargé le Président de tenir en son nom le nouveau né sur les fonts baptismaux ; la cérémonie a été faite avec beaucoup de solennité. »

Cela fait, on élit, après deux tours de scrutin, Brun, avocat à Dole, comme Président du Tribunal, et on s'ajourne au lendemain pour la suite des opérations.

Le 28, à 7 heures du matin toujours, on procède inutilement d'abord, au choix d'un Accusateur public. Vaucher, ancien maire de Lons-le-Saunier, arrive en tête du ballotage aux deux tours d'élection.

« En ce moment, M. Moïse, averti par deux électeurs de sa nomination à l'Évêché du Jura, a demandé à être introduit dans l'Assemblée ; admis, il s'est placé au milieu des électeurs, en face du bureau de M. le Président qui lui a adressé un discours dont l'impression a été unanimement demandée, et M. l'Évêque-élu y a répondu par un autre discours dont l'impression a été également requise ; l'Assemblée s'est réajournée à une heure après-midi ».

Elu le 27, assez tard dans la matinée, Moïse est présent à Lons-le-Saunier le 28 au matin et y prononce un discours d'une certaine importance. J'ai grand peine à croire qu'il ait été trouvé au dépourvu et surpris par l'évènement. Il n'aurait pu apprendre la nouvelle à Dole et arriver en moins de vingt-quatre heures ; il n'était pas électeur ; alors que faisait-il à Lons-le-Saunier ?

Enfin, voici son allocution et celle du Président Vaucher ; celle-ci d'abord :

« Les électeurs du Jura vous appellent à l'évêché de ce département ; en vous élevant à cette dignité, ils ont compté sur votre amour pour la religion, sur votre patriotisme, et sur vos mœurs : ils espèrent que votre attachement pour cette religion sainte excitera votre zèle pour la conserver dans toute sa pureté au milieu du troupeau qui va être confié à vos soins, que votre patriotisme appuyé sur une base aussi solide, vous fera employer tous les moyens d'instruction qui seront dans vos mains, pour persuader aux fidels qui vont être l'objet de votre sollicitude, combien sont intimes les rapports qui se trouvent entre les devoirs des chrétiens et ceux qu'exige de nous la patrie ; enfin, Monsieur, vos mœurs seront pour nous une instruction toujours subsistante et bien faite pour réprimer le vice et faire honorer la vertu.

« Telles sont, Monsieur, les grandes espérances que nous avons conçues de vous ; telle est la carrière que vous avez à parcourir : nous instruire de nos devoirs envers l'Etre suprême, de nos obligations envers la patrie, perfectionner nos mœurs par la force de vos exemples.

« Ministre d'un Dieu juste, vous apprendrez à des hommes libres qu'il n'existe point de liberté sans justice et sans la plus stricte obéissance aux lois. Ministre d'un Dieu de paix, vous les convainquerez que, sans ce bien précieux, la société est un état de tourments et de souffrances insupportables.

« Vous cultiverez surtout les qualités morales de l'excellent peuple dont vous allez être le pasteur, ces vertus douces et sociales qui distinguent d'une manière si éminente le français des autres nations, et qui sont encore plus particulièrement le partage des citoïens de ce département.

« Ces fonctions sont importantes ; elles sont sublimes ; vous ne pourrez les remplir sans de grands travaux ; vous trouverez quelques difficultés sur votre route, mais, aidé par Celui au nom duquel vous nous parlerés, par votre courage et par vos vertus, vous les surmonterez toutes avec facilité.

« Enfin, Monsieur, vous nous démontrerez que si nos augustes représentans et le meilleur de nos rois nous ont procuré la liberté, la religion, la paix et les mœurs sont seules capables de nous faire jouir de cet inestimable bienfait (1). »

A quoi Moïse répond :

« Le résultat de vos scrutins, si flatteur pour moi, si propre à exciter ma reconnoissance me pénètre d'une religieuse terreur : à quels devoirs ne craignez vous pas de me destiner ! Ils sont redoutables en eux-mêmes ; plus redoutables dans les circonstances présentes ; infiniment redoutables par rapport à moi. Né sur le sommet de vos montagnes, je consacrai les premières années de mon sacerdoce à remplir les fonctions de vicaire parmi les pieux et paisibles habitans du Jura ; le reste fut employé à l'étude de Livres saints, de la Tradition, et à converser avec les morts, dans la solitude du cabinet. Si je m'occupai des vivans, ce fut pour l'exercice de mon ministère et pour former la jeunesse destinée à vous porter un jour les consolations de la foi. Je n'ai donc pas appris l'art important de traiter avec les hommes ; moins encore ai-je acquis la science de les gouverner. A peine aurois-je osé prendre place dans le conseil de ce vénérable pasteur, de ce tendre et cher ami, honoré de vos premiers suffrages, et si digne d'honorer votre choix, si je n'avois compté sur son expérience, sur son amitié, pour me diriger, m'éclairer et me soutenir.

« Maintenant, privé de cet appui, avec quelle frayeur j'envisage le poids tout entier de l'administration spirituelle d'un vaste diocèse ! Avec quel effroi je songe au compte terrible que Jésus-Christ demandera un jour à tous ses pasteurs.

(1) Archives nationales, F^{19}, 45.
Discours adressé à M. Moïse, professeur de théologie, par M. Vaulchier, etc. Lons-le-Saunier, Delhorme, 1791, in-8.

« Mais, Messieurs, votre confiance m'appelle. Je ne pourrois m'y refuser sans susciter de nouveaux obstacles à cette Constitution régénératrice que j'ai juré de maintenir. Depuis longtemps j'ai appris à tout sacrifier à mes obligations ; sans me dissimuler les travers de tout genre, les contradictions de toutes espèces qui peuvent m'atteindre, je consens à me charger du pesant fardeau de l'épiscopat. Le secours du ciel, votre patriotisme, Messieurs, votre zèle, éclairé pour notre sainte religion, les lumières, les vertus de vos respectables pasteurs, mes frères et mes coopérateurs dans l'œuvre de Dieu, l'érudition et la prudence du conseil que je tâcherai de me choisir, les prières des fidels, votre indulgence, Messieurs, cette indulgence que j'ose réclamer, me soutiendront dans la pénible carrière où va m'engager une élection qui est votre ouvrage. »

Les opérations électorales continuèrent le soir pour le choix d'un Accusateur public qui fut Vaucher et d'un greffier, Sauria, de Poligny, lequel ne réussit à passer qu'au troisième tour de scrutin fait le lendemain 30 mars à 6 heures du matin.

Ce même jour, « le peuple et le clergé avertis par une affiche mise hier, qu'aujourd'huy se feroit la proclamation de l'évêque élu, s'étant rendus dans l'église, la cérémonie a été ouverte par une musique brillante. Le Président, après avoir fait un discours plein des sentimens les plus religieux et les plus patriotiques (1) a proclamé M. Moïse, professeur de Philosophie à Dole, évêque du Jura. L'assemblée a voté l'impression de ce discours. L'évêque élu est entré dans l'église, accompa-

____

(1) « Réunis, dit-il, il y a peu de jours, dans cette Basilique auguste, pour l'élection d'un évêque, d'un digne successeur des apôtres, nous adressâmes nos prières au souverain des cœurs, nous le conjurâmes de diriger notre choix ; il a exaucé nos vœux, grâces éternelles lui soient rendues ! »

gné des officiers municipaux de Lons-le-Saunier et d'un détachement de la garde-nationale. La messe solennelle a été célébrée par M. Denizot, curé de St-Germain, district d'Arbois, et suivie d'un *Te Deum* en grande musique. Ce fait, MM. Moïse, Brun, Vaucher et Sauria, ayant accepté, chacun en ce qui le concerne, le présent procès-verbal a été clos... » (1).

Moïse rentra à Dole probablement presque aussitôt après son élection. Le 29 mars, M. Terrier de Montciel, maire de cette ville, annonce au Conseil municipal l'élection de M. Moïse à l'évêché du Jura, dont il avait été informé la veille. Le Conseil décide d'envoyer deux de ses membres pour complimenter en son nom le nouveau Prélat, d'illuminer le soir même la mairie et les édifices municipaux et d'inviter les citoyens à en faire autant (2).

Le 1er avril, Moïse s'adresse au Pape, pour lui annoncer son élection, disant « qu'il se fait une obligation de reconnoitre la primauté d'honneur et juridiction qui lui appartient dans l'Eglise ». Il conclut ainsi : « Daignez, T. S. Père, me donner le signe de la communion que tous les évêques doivent entretenir avec le Saint-Siège ». La réponse ne se fit pas attendre : c'est le bref du 13 avril qui déclarait les constitutionnels *suspens* de toute fonction.

Le 4 avril, de Dole encore, l'évêque du Jura écrit à son ami, M. Ebrard, procureur-syndic général du Département, la lettre suivante :

(1) Archives nationales, F¹⁹, 45, *Procès-verbal de l'élection de l'évêque du Jura.*

(2) Archives de la ville de Dole, *Registre des Délibérations municipales,* D, 1, 5.

« Monsieur,

« J'ai reçu le procès-verbal (1), agrées mes remerciemens, comptés sur mon attachement inviolable, sur
ma confiance sans bornes, et soiés assuré que toute
notre vie nous n'auront plus qu'un cœur et qu'une âme
parceque toujours nous nous réunirons pour chercher le
même bien et que toujours nous combinerons, nous choi-
sirons ensemble les mêmes moïens de le procurer.
Peignés à M. Chevillard, mon aimable hôte (2), tous
les sentimens de respect, de reconnoissance, d'amitié
dont je suis pénétré pour lui et pour toute sa respectable famille. Dittes à tous ces messieurs de votre directoire combien j'ai été enchanté de les voir et combien
je suis flatté d'avoir l'occasion de faire connaissance
plus particulière avec eux.

« Je compte partir pour Paris jeudi prochain 7 du
courant. L'incertitude actuelle de l'arrivée prochaine
de M. Seguin (3), la nécessité de me faire sacrer au
plus tôt, une occasion favorable pour faire le voïage de
la capitale, les désirs de mes nouveaux diocésains et
d'autres raisons encore me décident à ne pas différer.
Je me hâterai de revenir au plus tôt pour donner des
institutions aux nouveaux curés et des pouvoirs aux
vicaires patriotes dont l'approbation est expirée. Je
sais que les curés réfractaires doivent exercer leurs
fonctions jusqu'au moment de l'institution canonique
et même de l'installation de leurs sucesseurs. Mais je
crains presque également, ou que l'esprit de parti ne
les engage à se retirer trop tôt, ou qu'ils ne restent que

(1) Celui de son élection sans doute.
(2) Notable de Lons-le-Saunier, chez qui il était descendu.
(3) L'évêque élu de Besançon, ou de la Métropole de l'Est,
comme on disait alors.

pour inculquer des principes faux et pour donner de
mauvais conseils. Je suis dans la même crainte par rapport aux vicaires antipatriotes. Je sais que les vicaires
assermentés travaillent de leur mieux, mais il y en a
une moitié dont les pouvoirs sont expirés ou vont bientôt expirer, et je suis instruit qu'on ne les leur renouvelle pas. S'ils savoient tous que la faculté de limiter
l'approbation pour le tems, le lieu et les personnes n'a
été accordée aux évêques que par l'article XI de l'édit
de Louis XIV, de l'an 1695, édit parfaitement abrogé
par les décrets de l'Assemblée nationale sanctionnés
par Louis XVI, ils verroient bien ce qu'ils ont à faire,
mais depuis longtemps on cherchoit plus à les tromper
pour les asservir qu'à les instruire solidement, plusieurs
n'oseront donc agir d'après l'approbation exigée par le
concile de Trente. Il est donc essentiel que je revienne
au plus tôt et vous serés instruit de l'instant de mon
retour.

« Cependant, Monsieur, j'ai lieu de croire que les nouveaux évêques se réunissent sagement à Paris, soit
pour tenter un objet d'utilité générale, que les circonstances paroissent commander impérieusement, soit
pour établir cette unité de vue et de plan, cette intimité,
cette correspondance qui doit tous nous faire marcher
au même but et sur la même ligne. En ce cas il pourroit être nécessaire que je restasse à Paris quelques
jours après mon sacre, mais vous pouvés être bien assuré qu'il n'y aura que des raisons de nécessité ou d'utilité majeure et générale qui puissent m'y décider. »

« Je suis avec une cordiale fraternité, Monsieur, votre concitoien.

« F. X. Moïse, prêtre (1).

« Dole, le 4 avril 1791 ».

(1) Cette lettre si curieuse et toutes celles que je citerai dans
la suite sont aux Archives du Jura : série révolutionnaire, en

Moïse fut sacré dans la chapelle de l'Oratoire, le 10 Avril, par Massieu, évêque de l'Oise, et confirmé sur le champ par Seguin, évêque de la Métropole de l'Est.

Il est inutile de rappeler qu'au point de vue ecclésiastique, cette consécration était illicite, puisqu'elle était donnée en dehors des règles canoniques ; qu'elle ne conférait aux nouveaux prélats aucun droit d'exercer une juridiction ou des pouvoirs épiscopaux quelconques ; qu'elle consommait enfin leur rupture et leur schisme d'avec l'Eglise romaine ; mais que, sous le rapport sacramentel, elle était valide. Donnée par des évêques, et suivant au moins les rites essentiels, elle leur a conféré le caractère épiscopal. On rapporte qu'à la première consécration faite par Talleyrand, M. Emery avait envoyé le Maître des Cérémonies de Saint-Sulpice, qui constata que tout se passait suivant les prescriptions du Pontifical. Et à la conclusion du Concordat, les évêques constitutionnels qui furent replacés n'en reçurent pas une nouvelle.

Quelques jours après, Moïse écrivait à Ebrard :

« Paris, le 14 avril 1791.

« Monsieur,

« Vous savés déjà que j'ai prévenu vos désirs. Je suis déjà sacré et je me propose de partir au plus tôt. Sitôt que je serai arrivé, j'aurai l'honneur de vous voir, et nous concerterons ensemble, d'après quelques nouvelles réflexions, ce qui regarde mon installation. Comme je prévois ne pouvoir pas me trouver à Saint-

cours de classement. Elles sont complètement inédites et ne paraissent pas avoir été connues d'aucun de ceux qui ont écrit sur Moïse.

Claude jeudi prochain pour la bénédiction des saintes
Huiles, j'écris par le courrier d'aujourd'hui à M. l'Evêque de Belay (1) pour le prier de faire, à cet égard, ce
qui est nécessaire pour son église et pour la mienne.

« D'après ce que vous me marqués, les remplacemens
se sont faits aussi bien qu'ils pouvoient se faire dans
les circonstances. Les résultats que vous avés la bonté
de me promettre me seront infiniment utiles ; j'y trou-
verai, ainsi que dans le tableau général des fonctionnaires que vous me proposés, un nouveau motif d'ajouter à la reconnoissance que je vous dois déjà à tant de
titres.

« Quant aux renseignemens que vous avés la bonté
de m'offrir, je crois qu'ils doivent rouler : 1° sur la
distance des lieux, sur la difficulté ou la facilité des chemins ; 2° sur le désir ou l'opposition que les peuples
peuvent témoigner aux suppressions ou aux changemens de paroisses en succursales ou de succursales en
paroisses ; 3° sur l'antipathie ou la simpathie que quelques villages peuvent avoir entre eux ; 4° sur le caractère de Messieurs les Curés des différentes paroisses où
l'on jugeroit à propos de faire des changemens, etc.,
etc., mais nous causerons de tout cela.

« Aiés la bonté de faire agréer mes hommages à
M. Chevillard et à tous ces Messieurs qui composent le
Directoire. Je n'ai presque pas le tems de me reconnoitre et je n'ai plus que celui de vous assurer que je suis
pour la vie, avec une cordiale fraternité, Monsieur,
votre concitoien,

« L'Evêque du Jura,

« † F:-X. Moïse. »

(1) Royer, originaire de Cuiseaux, curé de Chavannes-les-
Montfleur, évêque constitutionnel de Belley.

C'est la première fois qu'il prend la qualité d'évêque. Cette lettre est cachetée d'un sceau de cire rouge, ovale, portant à son centre, dans un cartouche également ovale et sans ornements extérieurs, un bonnet phrygien sur une pique renversée en pal, accompagnée de deux rameaux d'oliviers, un de chaque côté. Au bas, les initiales A. M., et en exergue, cette devise : *Je l'ay planté.* Je suis porté à croire que Moïse s'est servi d'un cachet d'emprunt, car c'est la seule fois qu'on le voit utiliser celui-ci ; puis, il s'en fit faire, à son usage, un tout différent, comme nous allons le voir un peu plus tard.

Le même jour encore, il écrivit aux Administrateurs composant le Directoire du district de Saint-Claude :

« Messieurs,

« Mon unique vœu est de me rendre au plutôt parmi vous pour vivre et mourir au milieu du troupeau chéri qui m'a témoigné assés de confiance pour m'appeler, par ses suffrages, aux redoutables devoirs de l'épiscopat. Vos montagnes me rappelleront le souvenir, toujours agréable, du lieu de ma naissance et me fourniront l'air le plus convenable à ma santé. Mais, Messieurs, ce n'est pas ce premier avantage qui fait plus d'impression sur moi. Vous m'annoncés des citoïens pieux et paisibles, religieux sans superstition, observateurs des loix, aussi éloignés de la licence que du despotisme. Voilà, Messieurs, ce qui flatte mon cœur et me presse de voler parmi vous. Je ferai mes efforts pour mériter les sentimens flatteurs dont vous voulés bien m'honorer, et à l'aide de vos soins, de votre patriotisme éclairé, j'ose espérer que la paix s'affermira dans le sanctuaire, que l'esprit de support et de charité se répandra de plus en plus sur tous les citoïens, qu'enfin on n'entendra plus

parlér de dissidens, mais que tous n'aiant qu'un cœur
et qu'une âme, ouvriront également les yeux à la
lumière, chercheront tous le même bien par les mêmes
moïens et se rendront tous entièrement heureux en
profitant tous également des avantages de la Constitution.

« Je suis, avec une cordiale fraternité,

« Votre concitoïen,

« L'Evêque du Jura,

« † F.-X. Moïse.

« Paris, 14 avril 1791 ».

Enfin, le 30 Avril, il était de retour à Dole où la
municipalité le recevait avec des démonstrations de
joie et de respect : « M. Sugniaux a dit que le Conseil
a été convoqué pour lui faire part que M. Moïse, évêque du Jura, vient d'arriver de Paris où il étoit allé se
faire sacrer, qu'il invitoit en conséquence d'aviser au
au parti à prendre à cet égard ; sur quoy il a été délibéré de s'y transporter instamment en corps pour le
complimenter et qu'il seroit fait ce soir des illuminations
publiques auxquelles les citoïens sont invités de concourir et qui seront annoncées dans le jour au son de
trompe et ensuite à celui de la grosse cloche au moment où devra commencer cette illumination (1) ».

« Nous avons reçu ici notre évêque, samedi dernier,
lisons-nous dans une lettre du temps ; nous avons fait
tout ce qui étoit en notre pouvoir pour y mettre le plus
d'appareil. C'est par ce moïen que l'on entraîne la
multitude, et que l'on forme l'esprit public ; et il a
grand besoin d'être redressé, dans un tems où les prêtres

____

(1) Archives de la ville de Dole, *Délibérations du Conseil ;*
D. 1, 5.

réfractaires se sont servi du tribunal de la confession
pour alarmer les consciences timorées... (1) ».

Tous les professeurs du Collège de Dole avaient
passé au schisme comme leur collègue. « Leur conduite
a eu, je crois, dit M. Guillemin, des suites plus fâcheuses (que la démission du doyen du chapitre) ; ils
ont fortifié les faibles, les indécis par leur exemple,
leurs décisions, leur influence dans les clubs. Il serait
possible de trouver encore quelque copie de la circulaire écrite au nom du club et comme secrétaire, par
M. Requet, professeur de Rhétorique, et adressée à
tous les curés du district restés fidèles (2) ».

Il est difficile de dire pour chacun d'eux quels étaient
les motifs qui les faisaient agir. Moïse, à mon avis,
était sincère : foncièrement janséniste, il avait étudié
avec passion tout ce qui se rapportait aux origines de
la religion et du culte catholique qu'il rêvait de ramener aux formes de leurs premières années ; il saisit
avec empressement l'occasion d'appliquer ses théories.
Le peu que nous connaissons de lui comme professeur
permet de supposer cette opinion. Tout le reste de sa
carrière la confirme.

Quoiqu'il en soit, pendant que Dole fêtait Moïse et
que les partisans de la Constitution civile du clergé se
préparaient à le recevoir avec enthousiasme dans les
autres parties du diocèse, un prêtre du Jura, émigré
en Suisse faisait imprimer à Genève une brochure (3)
qui vulgarisa les deux couplets suivants :

> Le premier Moyse
> Descendit d'Amran.
> Le second Moyse
> Vient de Talleyrand.

(1) D. Monnier, *Annales semi-contemporaines*.

(2) *Ibidem*.

(3) *Le bon parti dans la Révolution présente, par un prêtre du
diocèse de St-Claude ;* Genève, 1791, in-16.

L'un est trop antique ;
L'autre est trop nouveau.
En bon catholique,
Je choisis Chabot.

III. Episcopat de Moïse, depuis son sacre à la fin de l'année 1792.

La première affaire dont Moïse eut à s'occuper, avant même d'être arrivé dans son diocèse, c'est celle du transfert du siège épiscopal. Vieille question qui se réveille de temps en temps, même de nos jours. Saint-Claude est à l'extrémité du département, et jusqu'aux dernières années du XIXme siècle, cette ville, située dans les montagnes, était à peu près sans moyens de communication commodes ni prompts avec le reste du pays. En outre, c'était l'une des plus petites villes du diocèse.

En 1790, déjà, au mois de Mars, Arbois s'adressait au comité ecclésiastique de l'Assemblée nationale pour obtenir de devenir ville épiscopale. Son mémoire intéressé exposait que Saint-Claude, l'hiver, est d'un accès impossible ; qu'Arbois au contraire, placé au centre du département, est traversé de six grandes routes qui conduisent à tous les chefs-lieux de District ; que les bâtiments du prieuré peuvent facilement être disposés pour recevoir l'évêché, et le cloître pour l'établissement du Séminaire ; les trente-deux prêtres qui habitent la ville permettent d'y célébrer dignement le service divin... Dole qui venait de donner Moïse à l'église constitutionnelle se croyait des droits à le conserver. Saint-Claude tenait à son ancien privilège.

Christin, l'ami de Voltaire, et le député de ce district à l'Assemblée nationale, se hâta de rassurer ses électeurs.

« Quand on fait une surprise à l'assemblée, leur

écrit-il, le 22 Avril 1791, c'est à l'ouverture des séances, moment où elle est peu nombreuse. Ne doutant point de la bonne envie de plusieurs villes du département de nous enlever notre évêché, j'ai le plus grand soin de me rendre exactement à l'assemblée à l'heure où elle commence. C'est alors qu'on lui annonce les adresses et les pétitions ; mais, depuis celle de la ville de Lons-le-Saunier, je n'en ai entendu aucune relative à notre évêché. Je crois que nous pouvons être tranquilles à son égard, du moins pendant la session actuelle, par la raison qu'il a été convenu de renvoyer à la prochaine législature tous les changements à faire aux tribunaux, aux districts, et qu'il en doit être de même à plus forte raison des sièges des évêchés. Ainsi, tranquilles pour le moment, ne vous occupez qu'à procurer à notre district, pour la prochaine législature, un représentant exact, capable d'en défendre les intérêts, et dont la probité, l'intégrité et le patriotisme soient éprouvés.

« La prétention de Dole sera toujours facile à repousser. On ne déplacera pas notre siège épiscopal, sous prétexte qu'il est à l'une des extrémités du département pour le transporter à l'extrémité opposée. Cette prétention est folle.

« Dans ma première entrevue avec M. Moïse, je lui racontai les manœuvres et les subterfuges que l'on avoit employé, dans le temps, pour nous enlever notre évêché. Je lui annonçai que les villes qui en étoient jalouses chercheroient à le mettre dans leur parti ; mais que j'espérois de sa sagesse, de sa prudence, de sa justice et de sa fidélité à la Constitution, qu'il ne se prêteroit pas à des intrigues dont l'objet étoit de nous ravir le foible avantage que cette même Constitution nous a conservé. Il me répondit que l'air de la montagne lui convenant mieux que celui de la plaine, son vœu seroit

toujours que son siège demeurât fixé à Saint-Claude.
Hier, après avoir reçu votre lettre, me rendant à l'Assemblée, je le rencontrai aux Thuileries, avec M. de
Chateau-Renaud et l'abbé Millot (1) ; je leur dis tout
uniment le sujet de votre inquiétude. Les deux premiers m'assurèrent que la ville de Dole n'avoit fait et
ne pouvoit faire aucune démarche pour le moment et
que M. de Montciel (2) n'étoit ici que pour faire son
service chez Monsieur (3).

« S'il y a quelque chose de sûr dans le monde, c'est
que notre siège épiscopal ne sera pas déplacé... » (4).

La municipalité de Saint-Claude n'était pas cependant absolument rassurée. Inquiète de voir que le nouvel
évêque ne lui arrivait pas, elle fit auprès du Directoire
du département une démarche pour savoir à quoi s'en
tenir et demander « qu'au besoin on obligeat le prélat
à venir prendre sa résidence à Saint-Claude ». Ébrard
lui répondit, le 29, que Moïse y serait déjà s'il n'avait
été retenu par une indisposition et qu'il y sera sous
huit jours. Moïse en effet lui annonçait son arrivée peu
de temps après :

« Monsieur,

« Depuis longtemps j'ai le plus grand besoin de vous
voir ; et toujours les circonstances m'ont fait essuier
des retards ; enfin je compte partir vendredi prochain,
et pour faire un petit séjour près de vous je vais cher-

(1) L'un, député du district de Vesoul (Haute-Saône), l'autre
ex-chanoine de Besançon et qui allait devenir vicaire épiscopal
de Seguin, évêque du Doubs.
(2) Ancien maire de Dole.
(3) Frère du roi.
(4) ARCHIVES DÉPARTEMENTALES DU JURA, Série L, en cours de
classement.

cher à me procurer une voiture d'emprunt au moïen de laquelle je pense aller en poste, arriver de bonne heure, causer avec vous et avec tous ces messieurs, partir le samedi matin, entrer à Saint-Claude l'après dinée du même jour, produire mes titres pour être installé dimanche. Je resterai quelques jours à Saint-Claude pour donner des institutions aux nouveaux curés, d'après les arrangements que nous aurons pris, puis, je reviendrai à Lons-le-Saulnier, et de là à Dole, à moins que messieurs du directoire ne jugent à propos que je reste quelque tems avec eux, soit pour la circonscription des paroisses, soit pour combiner d'autres affaires.

« Permettés que M. Chevillard et tous vos messieurs trouvent ici les témoignages de mon respect. Souffrés enfin que je vous charge d'une commission pour M. Clavé, à qui depuis longtems je désirois d'écrire sans en avoir trouvé le tems. Ce seroit de le prier de vouloir bien faire apporter chés lui la croix, le camail et la soutane de cérémonie de M. l'ancien Évêque d'Évreux (1), afin qu'en passant et sans perdre beaucoup de tems je puisse m'en accommoder, si toutefois ces objets ne sont pas trop chers. On pourra aussi y

(1) Louis-Albert de Lezay-Marnézia, ancien évêque d'Évreux, abbé commandataire de Bellevaux, abbé de Beaulieu en Argonne, etc., était retiré à Lons-le-Saunier, où il s'était fait construire une belle maison en pierres de taille, dont la façade donne sur la place Perraud actuelle, en face de l'Hôtel de ville. Il y mourut le 4 Juin 1790, à l'âge de 83 ans. Son corps fut inhumé dans l'église des Capucins, église transformée en écurie en 1795 ; son cadavre exhumé fut profané et le sarcophage de pierre qui le contenait utilisé comme abreuvoir pour les chevaux. Depuis, on a construit le Lycée de garçons sur l'emplacement du couvent démoli et le même cercueil de pierre a été employé comme auge à la pompe de la cour.

joindre la crosse, etc... (1). Faites agréer ma reconnoissance à M. Clavé pour tous les services, qu'il m'a
sûrement rendus pendant ma longue absence. Agréés
vous même les sentimens que je vous ai voués pour la
vie et croiés que je suis avec une cordiale fraternité,
Monsieur, votre concitoïen,

« ☩ F.-X. Moïse, évêque.

« Dole, le 8 Mai 1791. »

Le 12 Mai, l'évêque du Jura quitta Dole accompagné
de l'abbé Charles-Joseph Figurey, ancien chanoine de
la Collégiale de Dole, aumônier de la garde nationale (2),
et vint coucher à Lons-le-Saunier le même soir, d'où il
repartit le lendemain pour Saint-Claude.

Le *Journal patriotique*, de l'abbé Lémare, donne,
dans son troisième numéro, le récit pompeux de ce
voyage (3).

« Le nouveau Moyse que nous avions annoncé dans

(1) Je crois que cette crosse est celle qui servit constamment
à Moïse et qui depuis sa mort est conservé à la cure de Morteau.
Il en sera question au dernier chapitre de cette étude.

(2) Après avoir été vicaire constitutionnel de Dole et vicaire
épiscopal, Figurey devint desservant d'Azans, puis curé de
Crissey, où il mourut le 23 Juin 1814. Il fit paraître après la Révolution une *Dissertation sur les familiarités de Province de
Franche-Comté et sur l'antiquité de la ville de Dole*.

(3) L'abbé Lémare était né en 1766, à La Chaux-des-Prés,
village du Grandvaux. Professeur de rhétorique à Lyon, puis à
Saint-Claude, vicaire à Saint-Amour, puis curé constitutionnel
d'Epy, où il s'installa avec le concours de la gendarmerie. Il
rédigeait en 1791, à Saint-Claude, un journal qu'il avait fondé :
le *Journal patriotique*. Il devint membre de la Commission
administrative du Jura. Après la Révolution, il exerça la médecine à Montpellier, devint aide-major de la grande armée pendant la campagne de Russie et fut ensuite l'agent des Bour-
bons. Il mourut en 1835.

notre dernier numéro comme descendant du Sinaï, et portant devant lui les vraies tables de la loi, vient enfin de paroître parmi nous... Le 13 de ce mois, le nouvel apôtre du Jura étoit sorti de sa retroite, où il s'étoit exercé pendant vingt ans à la recherche et à la pratique de la perfection chrétienne... Le même jour, il étoit venu coucher à Lons-le-Saunier où il étoit attendu comme St-Paul à Corinthe ou à Ephèse, où il avoit promis d'y visiter ses disciples. Il fut accueilli de même. Il partit le lendemain. Vingt-quatre jeunes garde-nationaux à cheval, et l'élite de la jeunesse de cette ville, avec une musique mâle et nombreuse, sont venus l'accompagner jusqu'ici ; ils n'ont pas médiocrement concouru à rendre la fête agréable et majestueuse. Plusieurs détachements des garde-nationales de Clairvaux et de Saint-Lupicin se joignirent à eux sur leur passage ». Ainsi, comme le remarque D. Monnier, « acclamations sur acclamations, salves d'artillerie, son de cloches, roulement des caisses, etc.; rien n'avoit été épargné à la marche triomphale de l'élu du peuple, lequelle ne ressembloit guère toutefois aux usages de la primitive Église que l'on promettoit de nous ramener, mais qui ne ressembloit pas mal à l'installation d'un haut fonctionnaire public, ce qu'elle étoit effectivement, aux termes mêmes de la Loi ».

Moïse arriva à Saint-Claude le 14, à 7 heures du soir. « A midi toute la garde nationale de Saint-Claude étoit déjà sous les armes, et à une heure, elle se mit en marche pour aller à sa rencontre. Elle avoit été devancée par la maréchaussée ou gendarmerie. A l'approche de M. l'Évêque, elle se range en bataille et se prépare à lui rendre tous les honneurs. Lorsqu'il est au milieu d'elle, le commandant lui exprime les vœux et les hommages de sa troupe, et après la réponse du prélat, une musique guerrière fait entendre les accents les plus harmonieux

et les plus perçans ; les montagnes voisines retentissent
du cri de *Vive Moyse ! Vive l'Évêque du Jura !* Ce cri
est répété par une foule considérable de citoïens qui se
succédoient dans l'espace de deux lieues sur le chemin
où devoit passer le nouveau Pontife. A ce cri vient se
mêler le bruit des boëtes placées de distance en distance
sur le sommet de nos rochers. A un quart de lieue de
Saint-Claude, un grand nombre d'ecclésiastiques et
tous les corps de la ville sont venus le complimenter. »
Le maire, M. Lorain, fit l'éloge de la Constitution civile
du clergé : « C'est à elle, dit-il, que nous devons un Pasteur de notre choix, au lieu du Pasteur du choix de
l'intrigue. C'est à elle que nous devrons d'avoir un
évêque qui aura un conseil au lieu d'avoir une cour ;
qui sera notre concitoïen, au lieu d'être notre Seigneur ;
qui nous éclairera, qui nous consolera au lieu de nous
protéger... ».

« Enfin, M. Moyse est entré dans la ville... Il a été
reçu parmi les acclamations enthousiastes et réïtérées
de tout un peuple... C'est ainsi, et au bruit des boëtes
et de toutes les cloches, au son des trompettes, des
clairons et d'autres instruments de musique qu'il a été
conduit à la maison commune et ramené au Séminaire
où il a établi sa demeure ». C'est là que la municipalité
avait fait préparer un repas auquel furent invités tous
les corps constitués et tous les prêtres qui avaient
accompagné le Prélat. Il y eut le soir une illumination
générale.

Le lendemain 15, qui était un dimanche eut lieu
l'installation à la cathédrale. « L'église, toute vaste
qu'elle étoit, suffisoit à peine pour contenir la multitude
innombrable des assistans. Les prêtres patriotes rem-
plissoient le chœur. Il en étoit venu de toutes les parties du département, de Clairvaux, d'Orgelet, de Poligny, de Salins, de Dole, des environs de Saint-Jean-

de-Lône, etc. etc. C'est au milieu de cette foule immense
d'auditeurs que M. Moyse est monté en chaire où il a
renouvelé son serment civique. Après cet acte religieux
et patriotique, l'église a retenti d'applaudissemens, et
nos musiciens ont chanté sur leurs instrumens l'hymne
Ça ira, ça ira. M. l'évêque a prononcé un discours qui
a fait couler les plus douces larmes » (1).

Ce discours a été imprimé ; en voici le texte :

> « *Viri, quid hæc facitis ? et nos mortales sumus similes vobis*
> *homines.* Mes amis, pourquoi faites vous ces choses ?
> nous sommes des mortels, des mortels semblables à
> vous. — *Act. XIV, v. 14* ».

« Ainsi parloit le grand Apôtre aux citoyens de
Lystre qui voulurent lui rendre des honneurs immo-
dérés, et superstitieux. Ainsi vous parlerois-je, mes
Frères, si je n'étois bien assuré que ce n'est pas à moi,
mais à Jésus-Christ, dont j'ai l'honneur d'être le Ministre, que se rapportent vos témoignages d'allégresse
et de respect : mes amis, vous dirois-je, que faites-
vous ? *quid hæc facitis* ? Vous oubliez votre propre
dignité, et vous ignorez les sentimens de votre pasteur.
Egaux par la nature et membres de la même nation par
le Contrat Social : les égards auxquels nous pouvons
mutuellement prétendre sont tous écrits dans la Loi
naturelle, dans l'Evangile et dans la Déclaration des
Droits. Enfans d'Adam, nous sommes tous frères ; né
parmi vous, je suis l'un d'entre vous, et je m'en ferois
gloire si j'osois me glorifier de quelque chose. Gardez-
vous de m'accorder aucune distinction ; vos hommages
blessent l'égalité ; me les rendre, seroit un attentat
contre la fraternité ; les agréer, seroit de ma part un
scandale, une espèce de sacrilège capable d'attirer sur

(1) JOURNAL PATRIOTIQUE, *op. cit.*

ma tête le terrible châtiment de cet orgueilleux mortel, que l'ange du Seigneur fit dévorer tout vivant par les vers, pour le convaincre, enfin, qu'il n'étoit qu'un homme (1).

« Loin de vous tenir ce langage, je me fais un devoir de rendre une justice éclatante à vos lumières, à votre civisme, et à votre religion. Je prêche Jésus-Christ, *prædicamus Jesum-Christum* (2) et vous ne me considérez que sous ma qualité d'Apôtre ; appelé au premier siège de cette église par votre choix, légitimement institué, consacré par l'Onction sainte, et possédant la solidairité du Ministère, je viens, conformément aux loix civiles et canoniques exercer auprès de vous l'ambassade envoyée par le Sauveur à tous les hommes et à tous les siècles (3). Pénétrés de l'esprit du christianisme, vous respectez en ma personne l'autorité de celui qui m'envoie. C'est à ce titre seul que les habitants du Jura, ces hommes libres et dignes de la liberté, ces hommes chrétiens selon la simplicité de l'évangile, peuvent donner à leur pasteur quelques marques de respect, et c'est par ce titre seul que je puis les recevoir.

« Que dis-je, mes frères, les recevoir ! Ils renouvellent en moi une juste sensibilité, qui déjà plus d'une fois a fait couler mes larmes. Pourrois-je ne pas vous confier mes peines, moi qui par état doit être le consolateur et le confident des vôtres ? Vos yeux étonnés et vos cœurs attendris cherchent en vain, et sans doute avec inquiétude, un pontife bien digne par ses vertus, par sa bonté, par ses talens, de votre confiance et de vos justes regrets : peut-être, hélas ! un point d'honneur de circonstance, des engagements précipités, des conseils

(1) *Act.* 12, v. 23 ;
(2) *Cor.* 4 ; v. 5.
(3) *Math.* 28 ; v. 19 et 20.

aveugles ou intéressés, ont-ils décidé ce prélat respectable à quitter, il y a longtemps, une Eglise *qui ne peut se passer de Pasteur* (1) ! Pourquoi, dans l'alternative, ou d'obéir à une loi juste, ou de laisser vaquer de plein droit une place qu'il avoit si dignement remplie, a-t-il préféré d'abandonner un troupeau cher à son cœur, et digne de toute sa tendresse ! Pourquoi, par là même, a-t-il renoncé à exercer la mission dans l'unique territoire de l'Empire où il avoit consenti à circonscrire l'usage de ses pouvoirs ? Pourquoi cette suite de démarches a-t-elle mis l'ambassade de J.-C. dans la nécessité de laisser inculte cette portion du champ du Seigneur, ou de donner mission à un autre de ses membres, pour y remplir le ministère *solidairement possédé par tous* (2).

« Pontife respectable que j'honorai, que j'aimai sans vous connoître personnellement, en prenant ce parti qui m'afflige, vous avez fait violence à la droiture de votre cœur, à votre amour pour la paix, à votre soumission à la loi, aux mesures déjà prises par vous-même. Repoussez enfin, nous vous en conjurons tous, repoussez toute impulsion étrangère, toute insinuation perfide (3), rendez-vous à votre propre cœur, à ce penchant vertueux qui ne vous égara jamais ; venez vous soumettre aux usages de la primitive église que vous adoptez intérieurement ; venez donner à ce bon peuple qui vous chérit, la consolation de vous replacer par un choix libre dans le poste que vous avez quitté, venez me procurer à moi-même l'avantage inestimable de conjurer la tempête, non comme un autre Jonas, en me jetant dans la mer, mais en vous cédant avec transport un

(1) *Paliad.* in Vit. Christ.
(2) *Cypr.* epist. ed. Ant.
(3) On accusait surtout l'abbé de Senailhac, vicaire général, d'être l'instigateur de la conduite de l'Evêque de Saint-Claude.

honneur que je n'ambitionnai jamais, et que je n'acceptai
que dans l'espoir de concourir de toutes mes forces, et
par tous les moyens possibles au retour de la paix.

« Et vous, mes Frères, dont je m'honore d'exprimer
les sentimens en exprimant les miens, ne vous offensez
pas d'une disposition qui sera permanente et dans mon
cœur et sur mes lèvres ; elle ne blesse ni l'empressement que vous me témoignez, ni les engagemens que je
contracte avec vous ; au contraire, elle en renferme l'esprit, elle en suppose la vérité, et je ne serois pas digne
de vous et de l'honneur que vous me faites, si j'hésitois
jamais à tout sacrifier à la paix et au bien spirituel de
ce département. Je ne serois plus présent d'une manière
sensible parmi vous, il est vrai ; mais j'aurois la douce
et pure consolation d'avoir fait quelque chose pour
votre bonheur, de n'y mettre jamais obstacle ; et, en
bornant mon zèle à demander à l'Auteur de tout bien
la sanctification de ce troupeau vertueux et chrétien, il
ne me seroit pas interdit de lui conserver jusqu'au dernier soupir les entrailles d'un père, la charité d'un pasteur, et la tendre sollicitude d'un ami.

« Mais, mes Frères, ces jours calmes et sereins ne
luisent pas encore ; et si je dois les attendre avec patience, parceque je les désire avec ardeur, il me faut
cependant accomplir et vous faire connoître les obligations que je contracte, soit par rapport à Dieu qui m'envoie, soit par rapport à vous à qui je suis envoyé. Je
viens être l'homme de Dieu parmi vous, *tu autem o
homo Dei* (1). Je dois donc vous retracer sans cesse
l'image de sa bonté, de sa miséricorde, à l'exemple de
J.-C. que je représente... Malheur à moi, si ma vie toute
entière ne vous présente pas le modèle de toutes les
vertus...

(1) *Tim.* 6, VII.

« Il ne s'agit pas seulement de vous inspirer la soumission aux lois de l'Empire, de vous rappeler les
droits de la puissance temporelle, les devoirs de l'homme, du citoyen, et de tous les états qui composent la
société. Je dois prêcher J.-C., établir solidement la
vérité de sa religion, surtout vous la faire aimer en la
présentant telle qu'il nous l'a donnée, telle que les
apôtres, les saints, les martyrs nous l'ont transmise.

« Mais vous, mes frères, qui, en m'appelant à ce poste
périlleux, avez lié si inséparablement mon sort éternel
à votre propre salut, priez pour moi par intérêt pour
vous mêmes ; obtenez du Père des miséricordes des
grâces assez abondantes pour me soustraire à des dangers où vous mêmes m'avez exposé, et pour remplir les
obligations multipliées, mais consolantes, que je contracte à votre égard.

« Lié encore pour quelques instans à des fonctions que
je ne puis abandonner avant leur terme (1), obligé
alors de parcourir divers endroits du diocèse, je m'em-
presse d'user de la liberté de mon ministère pour vous
donner des avis inspirés par la plus tendre charité.
Vous les recevrez, mes Frères, avec cet esprit religieux
qui vous distingua toujours ; avec cet esprit de patriotisme éclairé, qui prend sa source dans l'évangile
du Sauveur ; avec cet esprit de paix, sans lequel on ne
peut accomplir, ni ce qu'on doit à la religion, ni ce
qu'on doit à la patrie.

« Par votre courage, et surtout par votre modération,
vous avez triomphé de tous les obstacles qu'on opposoit
au rétablissement de l'ordre politique, et à la réforme
des abus dont l'Egalité gémissoit depuis si longtemps.
Guidés par la droiture de vos cœurs, et par la soif du
bien, vous avez découvert au flambeau de la raison, les

(1) Son cours de théologie au Collège de Dole.

ténébreuses suppositions des faussaires, les insinuations perfides des ennemis de l'Etat, les hypocrites déclamations du pharisaïsme, et les écarts d'un zèle ardent, peut-être, mais destitué de lumières.

« Maintenant, que déjà commence à luire le jour de la Liberté, ah ! je vous en conjure, gardez-vous de le souiller, je ne dis pas par des violences ; la seule idée de ces sortes d'excès vous révolte : je ne dis pas par la haine, elle n'entre pas dans l'âme du chrétien ; mais gardez-vous de déshonorer la cause de Dieu et de la Patrie par des ressentimens, dont l'intérêt général commande le sacrifice, et que la Loi de Dieu réprouve. Quelles que soient les opinions, et même les tentatives de ces hommes turbulens qui déclament contre des loix émanées d'une autorité légitime, contentez-vous de les empêcher de nuire ; supportez ceux que Dieu supporte, aimez ceux qu'il aime ; attendez ceux qu'il attend, et ne soyez pas plus zélés, même pour sa cause, que Lui-même. Vous espérez de sa miséricorde le pardon de vos offenses ; accordez-le donc à ceux qui vous ont offensé, car il usera envers vous de la même mesure dont vous vous serez servi pour vos frères (1). Que ce nom de Frère, si doux pour les âmes sensibles, ne soit pas un vain nom parmi vous, et n'observa-t-on pas à votre égard les devoirs de la fraternité, ne vous dispensez jamais de les accomplir envers tous (2).

« Quant à nous, Ministre d'un Dieu qui ne nous envoya pas pour réformer, moins encore pour troubler les gouvernemens, mais pour nous soumettre à tous, afin de les sanctifier tous ; disciple des Apôtres, qui nous apprirent à obéir à l'ordre civil, non par crainte, mais par principe de conscience, nous penserons tou-

(1) *Matth.*, 7, v. 2.
(2) *Petr.*, 3, v. 2.

jours qu'après la Loi divine, rien n'est plus sacré que la loi de l'Etat ; et nos œuvres, ainsi que nos paroles, prêcheront constamment la concorde et la paix (1). Trop fier de la bonté de notre cause pour nous laisser abattre par la contradiction, la calomnie et le mensonge, nous puiserons dans l'Evangile ce pardon des injures et cette patience à laquelle il est si doux de s'abandonner. Nous pratiquerons la charité de J.-C., sans distinction de personnes ni d'opinions ; enfin nous préviendrons ceux qui paroissent nous haïr, et s'ils cherchent à s'éclairer de bonne foi, nous leur présenterons peut-être avec des lumières qu'ils n'ont pas été à portée de se procurer, une masse de preuves et d'autorités dont aucun esprit droit ne peut se défendre.

« Si, au contraire, ils persistent à monter sur le tribunal de Dieu même, pour sonder les consciences et juger ses enfans, s'ils osent condamner leurs frères, nous les plaindrons, parce qu'ils se rendent coupables, et nous ne les imiterons pas. S'ils portent la folie jusqu'à se mettre à la place de l'Eglise dont ils doivent être les humbles disciples aussi bien que nous, et s'ils taxent témérairement d'hérésie, des hommes qui professent, et qui sont prêts à signer de leur sang tous les articles du Symbole, tous les dogmes de la foi, toutes les vérités de la morale, tous les sacremens de l'Eglise, nous aurons pitié de leur audace, nous compatirons à la passion qui les aveugle, nous demanderons pour eux comme pour nous, l'esprit d'humilité, de lumière et de charité. Si, après avoir soufflé eux-mêmes l'esprit de division jusque dans les asyles de la paix, ils ne rougissent pas d'accuser de schisme des Prêtres qui ne se séparent de personne, qui les embrassent eux-mêmes dans la communion des Saints, et qui tiennent inva-

______

(1) *Rom.* 13, v. 5 et 19, 1 ; *Petr.* 2, v. 13 et 19.

riablement au premier siège dont ils reconnoissent tous
les droits et toutes les prérogatives ; nous gémirons
de leur aveuglement volontaire ; nous attendrons leur
résipiscence et nous les porterons toujours dans notre
cœur, comme des malades dont la fièvre altère la raison
et dont le médecin ne doit pas désespérer malgré cette
aliénation passagère (1). A ces traits, on reconnoîtra
les vrais Disciples de J.-C., et les héritiers de sa charité. A ces fruits de vie ou de mort, on pourra discerner
le Pasteur du mercenaire, le faux Prophète couvert de
la peau de brebis et le prédicateur sincère de l'Evangile. La paix se rétablira dans le sanctuaire, les âmes
foibles cesseront d'être troublées, et il n'y aura plus
qu'un Troupeau et plus qu'un Pasteur (2).

« † F.-X. Moïse,

« *Evéque au département du Jura* » (3).

Le même jour, la police interceptait, à Morez, une
lettre de Mgr de Chabot adressée aux membres du
clergé qui lui étaient restés fidèles (4). Et peu après,
pour répondre à cette lettre dont quelques exemplaires
étaient tout de même parvenus à leurs adresses, comme
aussi pour détruire l'effet produit par les deux brefs du
Pape, des 10 Mars et 13 Avril, contre la Constitution
civile du Clergé, le Directoire du département du Jura
ordonna l'impression à 2.000 exemplaires des *Observations de M. Camus, ancien homme de Loi, membre de
l'Assemblée nationale,* relatives à ces brefs et du
Discours prononcé par M. l'Evêque du Jura lors de

(1) *Joan.* 13, v. 35 ; *Matth.* 7, v. 15 et 16.
(2) *Joan.* 10, v. 16.
(3) A Saint-Claude, chez Antoine Dumoulin, imprimeur du
diocèse du Jura, 1791, 12 pages in-4º.
(4) Journal patriotique du Jura, nº du 13 Mai.

son installation, ainsi que de sa *Lettre au Saint-Père*, où il manifeste son dévouement et son attachement au Saint-Siège (1).

« .... Les dites Observations, Discours et Lettre seront.... distribuées à chaque municipalité et à chaque curé ou vicaire, avec invitation d'en faire, au prône du premier dimanche, la lecture au peuple assemblé ; à leur défaut..., injonction est faite aux procureurs des communes d'en faire la lecture à l'issue de la messe paroissiale » (2).

Moïse resta peu de temps à Saint-Claude, où il devait se sentir un peu dépaysé dans un milieu tout nouveau pour lui. Il déploya cependant la plus grande activité durant ces premiers moments de son ministère. Lémare le raconte, avec son emphase habituelle : « M. Moïse, dans les huit premiers jours qu'il a resté ici, a déjà prêché, baptisé, confessé, annoncé des mariages, fait les catéchismes et visité les malades ; c'est-à-dire qu'en une semaine, il a plus rempli de fonctions apostoliques que nos 118 ci-devant évêques de France pendant plusieurs siècles (3).

(1) Pour cette Lettre au Saint-Père, *vide supra*.

(2) Archives départementales du Jura, *Délibérations du Directoire du département*, Séance du 31 Mai 1791. Beaucoup de curés refusèrent de lire cette lettre. Ils furent aussitôt dénoncés à l'Administration départementale. On cite parmi eux, dans l'arrondissement de Dole : « *Claudet*, à Esclans ; *Breton*, à Rochefort ; *Leget*, à Falletans ; *David*, à Dompierre ; *Darmont*, à Rans ; *Levain*, à Salans ; *Courderot*, à Brans ; *Renard*, à Saint-Ylie ; *Goby*, à Goux ; *Dermontant*, à Saligney ; *Thiébaud*, à l'Abbaye-Damparis ; *Noir*, à Foucherans ; *Guimard*, à Souvans; *Hugues*, à Azans ; *Baillard*, à Saint-Baraing, et *Bredin*, à Vitreux. (Désiré Monnier, *op. cit.*).

« D'autres, un peu plus tard, seront poursuivis pour refus de lire son Mandement de carème : *Benoit*, à Viry ; *Jeannin*, à Gevingey ; *Richard*, à Chilly ; *Breton*, à Rochefort ». *Ibidem*.

(3) Journal patriotique, nᵒ 4, *jam. cit.*

Puis, le nouvel évêque reprit la route de Dole où le rappelaient, pour jusqu'à la fin de l'année scolaire, ses fonctions de Professeur de Théologie. Le 24 Mai, il est à Lons-le-Saunier. « A cinq heures de relevée, le Directoire s'est rendu en corps dans l'église paroissiale d'où il est allé à la rencontre de l'Evêque du Jura hors de la ville, en ordre de marche, précédé du Clergé, suivy du District et de la municipalité de cette ville et accompagné d'un nombreux détachement de la Garde-Nationale.

« A huit heures, M. l'Evêque, entouré d'ecclésiastiques et d'une garde d'honneur du District d'Orgelet, qui l'avoient accueilli sur son passage, a été reçu au milieu de l'Assemblée et conduit solennellement à l'église paroissiale au son des instrumens, au chant des hymnes et des cantiques, parmi une foule immense de peuple que cette cérémonie intéressante avoit rassemblé et pénétré de joye et de respect » (1).

Le lendemain, la municipalité de Dole décida de l'inviter à présider la procession traditionnelle de l'Hostie miraculeuse de Favernay, faite chaque année en grande pompe, durant les fêtes de la Pentecôte (2).

Son temps dut ensuite se partager entre le soin de ses élèves et le souci de sa charge.

Ce n'était pas une petite affaire que d'organiser le culte constitutionnel dans le Jura. Plus des deux tiers du clergé paroissial avait bien prêté le serment requis par la Loi ; mais, quelques-uns s'étaient rétractés et les autres restaient dans leurs paroisses ou parcouraient la

(1) Archives départementales du Jura, *Délibérations du Directoire du département*, Séance du 24 Mai 1791.

(2) Archives de la ville de Dole, *Délibérations municipales*, Séance du 25 Mai 1791.

campagne prêchant la résistance (1). Il fallait assigner un poste aux uns, tâcher de gagner ou de réduire les autres. Combien d' « assermentés » s'installèrent *manu militari* dans leurs nouvelles cures ! et combien ne purent y demeurer, chassés par la population soulevée contre eux ! Et c'étaient aussi les exigences de la nouvelle Administration à satisfaire, une nouvelle circonscription des paroisses à préparer, etc., etc.

Cette biographie de l'Evêque du Jura ne peut pas être une étude sur son clergé et son temps. Je dois me limiter à l'essentiel, renvoyant pour le reste, à d'autres ouvrages déjà publiés (2).

On verra cependant par les lettres suivantes, écrites de Dole, quelles difficultés rencontrait Moïse dans l'accomplissement de la tâche qu'il avait assumée. Elles le montreront à l'œuvre et seront plus éloquentes que tous les commentaires qu'on en pourrait faire.

« Messieurs,

« Je le vois et je le sais, les manœuvres des ennemis du bien sont dignes de ceux qui les emploient, de l'esprit qui les anime et de la cause qu'ils soutiennent. Les horreurs auxquelles ils se sont livrés dans un

(1) « Par le tableau général envoyé à l'Assemblée nationale, le 12 Avril..., il résultoit que sur 523 fonctionnaires publics (du Clergé), 364 s'étoient conformés à la loi, 138 avoient mis des restrictions et 21 avoient refusé... Combien l'état de ces fonctionnaires changea subitement soit par l'influence des chefs et des écrits incendiaires que l'on répandoit avec affectation journellement, soit que dans le fait, les municipalités eussent mal rédigé les serments...

« Rapport du Directoire au Conseil d'administration, 14 décembre 1791. » Aux Archives départementales du Jura.

(2) Notamment les ouvrages déjà cités de Chamouton, Sauzay, etc.

département voisin, ce qu'ils ont fait dans le département du Doux par rapport au pauvre curé de Lantenne (1) et ce dont ils ne rougissent pas de menacer est trop affreux pour que j'ose en souiller le papier. Dans de pareilles circonstances, il ne faut pas oublier le principe de toute législation humaine : *Salus populi suprema lex esto.* On ne sera jamais blâmé avec raison pour avoir fait ce que le salut du peuple exigeait impérieusement.

« Si l'on est une fois bien assuré que la majorité des paroissiens et même la municipalité sont séduits au point de ne pas vouloir recevoir leur curé, on pourroit peut-être les avertir qu'en ce cas, pour leur épargner des crimes et des malheurs, on supprimera leur paroisse et qu'on les réunira à une autre cure. La menace en feroit peut-être revenir plusieurs. S'ils persistoient dans leur aveuglement, rien n'empêcheroit qu'on n'effectuat cette réunion provisoire à une cure où se trouveroit un curé patriote. L'ancien curé supprimé ne pourroit plus être curé en vertu de la suppression. Il ne pourroit pas même être vicaire par défaut de prestation de serment, il ne pourroit pas même confesser sans le consentement du curé qui lui feroit signifier qu'il ne lui donne pas ce consentement. Alors s'il continuoit quelques-unes de ses fonctions, il seroit perturbateur, il pourroit être légalement poursuivi et pour les dispositions coupables qu'il auroit précédemment inspiré à ses paroissiens et pour le trouble qu'il exciteroit encore, et un jugement l'éloigneroit des endroits où il mettroit la discorde.

« Il est bon d'engager les élus qui ne se sont pas encore présentés à le faire au plus tôt, de les soutenir de tout le pouvoir de la loi et d'engager les paroissiens à les

(1) Voir Sauzay, *op. cit.*, tome III.

bien recevoir. Pourvu qu'ils soient une fois en pied, ils gagneront du terrain dans peu s'ils ont la charité et la douceur de l'Evangile et s'ils prêchent d'une manière digne de notre sainte religion. Au reste, si une fois des exemples montrent que la loi scait atteindre ceux qui persistent à mettre le trouble, si l'on a soin de faire parler la loi pour éloigner tous les serpens dont on aura connu et éprouvé le venin, si d'autre part on a soin d'instruire les peuples, j'espère que Dieu voudra bien nous rendre, dans sa grande miséricorde, la paix dont nous avons si grand besoin.

« Je voudrois bien pouvoir donner à ce moment un mandement qui éclaircit les difficultés prétendues ou plutôt les mots dont on se sert pour renverser les têtes des faibles. Mais d'abord la multitude des affaires pressantes ne me laisse pas le tems d'y travailler. Ensuite, dans ce moment de passion on est plus disposé à s'irriter des bonnes raisons qu'à en faire son profit. De plus vous savés combien nous ferons mieux de parler au nom de tous sur une même ligne, etc. Enfin, je me proposois seulement d'exhorter tout le monde à la paix, à la charité, au respect pour les loix par des raisons générales et de gagner les cœurs pour trouver ensuite une route pour parvenir à l'esprit, toutefois, j'aurois promis (et j'aurois tenu parole) de détruire toutes les difficultés, mais successivement, car pour tout discuter à fond, comme je voudrois le faire, il faudroit plusieurs volumes. Cependant, je vais presser l'ouvrage ; je tâcherai de donner au plus tôt mon instruction ; et j'y ferai entrer quelque chose propre à dissiper les préjugés, du moins j'y tacherai.

« Vous avés bien fait de faire imprimer et de faire répandre les observations de M. Camus ; mais je suis fâché qu'il paroisse supposer la vérité et l'authenticité des brefs : cela seul pourroit persuader qu'ils viennent réclement du Souverain Pontife ; et dans la disposition des esprits, d'après le peu d'instruction qu'on a dans ce pays-cy, cette persuasion pourroit peut-être faire plus de mal que la réfutation ne feroit de bien. Je désirerois qu'en tête de l'ouvrage, on fit voir que la *prétendue* bulle n'a nulle authenticité et que de plus elle a toutes les marques de la fausseté.

« Vous feriez peut-être bien aussi de faire réimprimer et répandre avec profusion le discours prononcé par le Père Télesphore à Besançon lors de la prestation de serment (1). Le nom de l'auteur et ce qu'il dit, tout est capable de faire impression et indique ce qu'on doit penser de l'authenticité de la prétendue bulle et de quelques difficultés qu'on fait valoir, ainsi que des personnes qui les proposent. Vous le trouverés cy-joint avec la lettre qu'il m'a fait l'honneur de m'écrire. Vous voudrés bien me renvoier l'un et l'autre quand vous en aurés fait usage.

« Les trois ouvrages de M. Charrier de la Roche ne sont pas non plus assés répandus. Je crois qu'ils seroient bien aussi propres à opérer le bien que l'ouvrage de M. Camus.

« J'ai un ouvrage intitulé *Préservatif contre le schisme.* C'est, ce me semble, ce qui a paru de plus approfondi et de plus exact sur ces affaires-cy. Il porte environ 200 pages in-8°. Il est propre à convaincre ceux qui ont de l'étude et des connoissances. Si vous souhaités que je vous l'envoie, vous n'avés qu'à me le demander et vous verrez quel usage il vous conviendra d'en faire. En tous cas l'instruction manque. D'où qu'elle vienne les gens de bonne foi en profiteront et les gens de

(1) Le P. Télesphore Jousserandot, originaire de Macornay, Gardien des capucins de Besançon, qui publia un *discours* dont le retentissement fut grand en Franche-Comté, pour justifier son serment civique.

mauvaise foi se roidiront moins contre la vérité, si elle leur est présentée par des auteurs peu connus que si elle leur est présentée par des gens connus qu'ils sont à la vérité forcés de respecter intérieurement mais qu'ils veulent à toute force contredire par amour-propre et par passion.

« Vous êtes bien les maîtres, messieurs, de faire imprimer et répandre ma lettre au Pape. Mais je croirois qu'il faudroit envoïer, en même tems ou à peu près, le discours du Père Télesphore ; on pourroit ajouter des nottes à son discours et ajouter d'autres motifs de suspecter l'authenticité de la bulle. Mais le tems presse et ce qui pourroit être ajouté est encore faisable pour une autre fois. Faites agrée r mes hommages à tous vos messieurs et dittes en particulier mille choses gracieuses à M. Chevillard, votre aimable président et mon très aimable hôte. Agrées vous-même, l'hommage des sentimens que je vous dois à tant de titres. Si les choses vont mieux dans quelque tems, donnés m'en avis et consolés moi de l'impression que je ressens des fâcheuses nouvelles que vous m'annoncés. Je reçois votre lettre aujourd'hui seulement ; j'y réponds avec précipitation, vous m'excuserés.

« Je suis avec une cordiale fraternité,

« Votre concitoïen.

« Dole, le 3 juin 1790. »

(Pas de signature.)

Un incendie considérable avait détruit en partie le village de Valempoulières, dans le Jura. Moïse fut sollicité d'ordonner une quête dans toutes les églises pour subvenir aux besoins immédiats de plus de quarante ménages qui se trouvaient sans ressources et sans abri. Il écrivit le 4 juin à M. Ebrard une lettre dont voici le passage essentiel :

« ... Quant à moi, je crois que tout ce qui regarde les
quettes dépend uniquement de la puissance administrative. Cependant, si vous le souhaitez, j'écrirai une
lettre pour solliciter la charité publique en leur faveur,
dans le cas où vous leur permettriez la quette. Mais
j'aurai l'honneur de vous observer qu'il y auroit de
l'inconvénient à envoïer cette lettre pour être publiée
au prône actuellement. Dans ce moment de fermentation, il seroit imprudent de mettre messieurs les curés
dans le cas de me reconnoitre ou de me méconnoitre.
Plusieurs refuseroient sans doute de la publier et
persisteroient ensuite par amour propre dans leur parti,
qui dans quelques semaines, moins agités et plus instruits, me reconnoitront et persévéreront. D'ailleurs ce
refus de publier ma lettre feroit tort aux pauvres
malheureux de Valempoulières.

« Mais soit que vous vous contentiés de leur accorder
des secours, soit que vous y ajoutiés la permission de
quetter, je serai fort aise que vous annonciés publiquement que je me suis intéressé vivement à leur sort
auprès de vous. Ce sera bien la vérité et une vérité
qu'il peut être utile de connoitre dans ces circonstances .. »

« Votre concitoïen,

« † F.-X. Moïse, évêque du Jura (1).

« Dole, le 4 juin 1791 ».

(1) Cette lettre présente une particularité intéressante : Elle
est cachetée d'un sceau de cire rouge dont l'écusson porte, mis
en bande, les tables de la loi, allusion évidente au nom du
prélat ; il est soutenu par deux lions et dominé d'une couronne
comtale. C'est la seule fois que Moïse s'en soit servi, du moins à
ma connaissance. Ce doit être un cadeau ; et l'artiste qui l'a
gravé doit être Lordonné, qui travaillait alors à Dole et dont c'est
tout à fait la manière inspirée du dessin de l'âge précédent.

Quatorze jours après, il s'adresse encore au même Procureur syndic.

« Monsieur,

« D'après la lettre de M. Béchet, confirmée par les nouvelles que je reçois chaque jour, je penche à croire qu'il ne seroit pas prudent d'envoïer en ce moment une lettre pastorale qui d'ailleurs n'est pas encor faite. Comme on m'annonce que sous 8 ou 10 jours le directeur du district de Poligny pourra avoir achevé ses opérations, il m'est venu en idée de faire une course non seulement à Poligny, à Arbois, à Salins, mais encor dans plusieurs chef lieux de cantons pour tâcher d'amener les prêtres à discuter amicalement leurs difficultés, leur fournir mes réponses et leur donner mes preuves. Je ne ramènerois pas sans doute ceux qui sont de mauvaise foi ; peut-être me fuiront-ils. Mais il en est à qui il ne manque que l'instruction, peut-être les ramènerois-je. Veuillés dire si vous pensés que je doive me hâter de faire paroître mon mandement ou si vous pensés que je ferois bien de faire ma petite course auparavant.

« Je ne vous envoie pas les ouvrages de M. Charrier de la Roche, je présume que vous les avés maintenant. Ils ont été réimprimés à Besançon et ils sont très répandus. *Le préservatif contre le schisme* que je vous avois offert pourroit m'être utile en ce moment. Je differerai donc à vous l'envoïer.

« Je pense à traiter foncièrement toutes les questions relatives à la Constitution civile du clergé. Ce sera la matière de grand nombre d'instructions qu'on pourra interrompre si heureusement elles cessent d'être nécessaires. Il faudra suivre une méthode. La question de la mission canonique n'est pas la première en ordre. Mais à propos d'une autre question, je tâcherai d'établir des principes, de citer des faits, qui suffiront pour décider celle-ci.

« Mille choses gracieuses à M. Chevillard, mon aimable hôte, à Messieurs du directoire en général et à M. Béchet en particulier, de qui j'ai reçu la lettre la plus aimable en réponse à celles que je vous avois écrites.

« On n'a pas reçu ma lettre au pape, ni mon discours. Je présume que vous ne l'avez pas envoié parceque vous n'avés pas jugé la circonstance favorable.

« Je suis avec une cordiale fraternité, Monsieur,

« Votre concitoïen,

« † F.-X. Moïse, évêque du département du Jura ».

Vient ensuite toute une série de lettres que je donne les unes après les autres, suivant leur date d'envoi. Toutes sont aux Archives départementales du Jura et jusqu'à ce jour complètement inédites. Elles étaient adressées à M. Ebrard, procureur syndic du département.

« Monsieur,

« Je reçois la vôtre à l'instant. Malgré la multitude d'affaires dont je suis surchargé, je ne perdrai pas un moment pour achever mon Instruction, dans laquelle je me propose d'exposer les dispositions où l'on doit être, de quelque opinion que l'on soit, ensuite d'annoncer tous les points que je me propose de résoudre, et enfin d'établir que les décrets ne tendent ni à l'hérésie, ni au schisme, ni à donner des pasteurs sans mission. Ceci n'est qu'une partie de la première question. Toutes se réduisent 1° à montrer que la constitution civile du clergé ne mérite aucun des reproches qu'on lui fait ;

2° qu'elle est bonne à tous égards ; 3° que l'Assemblée nationale étoit compétente pour la décréter ; 4° qu'elle a pu exiger le serment ; 5° qu'on a pu et dû le pretter ; 6° que ceux qui l'ont refusé sont légitimement dépossédés de leurs bénéfices ; 7° que ceux qui leur succèdent sont légitimement pasteurs et enfin qu'ils ne sont ni ne peuvent être séparés de l'Eglise par aucune censure valable. Dieu veuille qu'il ne soit pas nécessaire d'instruire le peuple de tout cela !

« Vous trouverés ci jointe une réponse à M. le curé de Conliège au sujet de quelques menées sourdes et de quelques supercheries des familliers de Conliège (1). La lettre de M. le curé annonce peut-être un peu de foiblloisse, mais je ne le connois pas. Pour ne pas faire d'imprudence, je renferme ici ma réponce à cachet volant ; si vous la trouvés dangereuse, vous ne la remettrés pas. Sinon j'oserai vous prier de la cachetter et de la faire passer à son adresse. Mille remerciemens et mille excuses pour toute la peine que je vous ai donnée relativement à celle que vous avés bien voulu faire à Saint-Claude.

« Je ferai le voïage en question, et je désire bien de ramener quelqu'un par la douceur, les raisons et la confiance. Les promesses d'une contre-révolution prochaine égaroient peut-être plus de curés que les prétendues hérésies de la Constitution et que le prétendu schisme des pasteurs. Peut-être seront-ils plus disposés à m'entendre maintenant. L'envoi de ma lettre au

(1) « Toutes les familiarités, excepté celles d'Arbois, de Salins, de Clairvaux et quelques autres petites sociétés de cette espèce ne vouloient plus communiquer avec les nouveaux curés, prétendoient faire leurs offices séparément... ». COMPTE-RENDU DU DIRECTOIRE, *jam cit*. Par deux arrêtés du 28 juin et du 8 juillet 1790, le Directoire essaya de les réduire sans en venir à bout, comme on voit.

Saint-Père et de mon petit discours me fournira aussi un moïen de juger par la manière dont tout cela sera reçu, quelles sont les dispositions actuelles. Enfin, je tâcherai de faire de mon mieux pour mettre le moins que je pourrai d'obstacles aux desseins de miséricorde de notre père qui est aux cieux.

« Mille témoignages de respect et d'amitié à M. Chevillard, M. Béchet, et au Directoire. Mille remerciemens à M. Guichard à qui je me propose d'écrire à la première occasion en lui renvoyant la voiture qu'il a bien voulu me pretter.

« Agrées les sentimens d'affection sans bornes dans lesquels je serai toujours,

« † L'Evêque du Jura.

« Dole, le 25 Juin 1791 ».

« Monsieur,

« Vous recevrés par le courier de demain, et dans le paquet du district, mon avis sur vos excellentes observations et sur l'arrêté qui en sera la conséquence.

« Permettés moi de soumettre à votre sagesse une observation sur un autre objet. Si le mandement que je me propose bientôt est utile ou nécessaire, c'est surtout dans les paroisses qui ont été gâtées par des prêtres réfractaires et il n'y peut être utile qu'autant qu'il y sera lu et il n'y sera lu qu'autant que les réfractaires auront été remplacés. Mais voici ce qui arrive : dans une douzaine de parroisses des environs de Dole, les ecclésiastiques élus pour remplacer les curés réfractaires ont accepté l'élection au commencement d'Avril et, sans y avoir renoncé, ils ne se font point installer ou même ne prennent pas d'institutions. En attendant, les anciens curés portent l'inquiétude dans les consciences, mettent le trouble et le désordre dans les parroisses où ils continuent à rester à l'abri du décret qui les autorise à continuer leurs fonctions jusques au remplacement. On peut douter si ce remplacement ne peut avoir lieu que par la prise de possession du successeur, ou si dans le cas présent il n'existeroit pas par l'envoie et l'arrivée d'un administrateur *ad tempus*, mais si après avoir envoié des administrateurs je venois à avoir le dessous, je nuirois beaucoup à la cause commune, et il ne faut pas m'exposer à faire un pas de clerc.

« Je ne sais non plus de quel moïen me servir pour faire aller à leur poste ceux qui ont accepté l'élection. Je sais bien que les décrets, en obligeant à la résidence au point de ne pas permettre un absence de plus de quinzaine sans autorisation du département, supposent sans doute, qu'après avoir accepté, on ne passera pas, surtout dans les circonstances présentes, trois mois avant de se rendre à sa résidence pour exercer ses fonctions, mais je n'ai point de force coactive.

« Voiés, Monsieur, si vu l'urgence du cas, le directoire du département voudroit 1° m'autoriser à envoier des administrateurs *ad tempus*; je n'en pourrois envoier que peu parceque je n'ai que peu de monde, je les envoierois où ils seroient bien reçus; cela feroit déguerpir quelques mauvais sujets et cela feroit toujours un peu de bien et me prépareroit les voies pour être vraiment utile.

« Voiés 2° si le directoire du département pourroit prendre quelque moïen efficace pour mettre les nouveaux élus qui n'ont pas pris possession dans l'alternative ou de se démettre ou de se rendre à leur poste et à leur devoir dans un bref délai. Il y en auroit toujours un nombre qui prendroit ce dernier parti et nous arrêterions les progrès d'un mal qui peut aller fort loin.

« Je sais qu'il y a plusieurs curés qui avoient pretté

le serment qui ont néanmoins refusé de lire ma lettre au pape et mon discours, qui se sont même gardé l'exemplaire qu'ils avoient reçu, afin que les paroissiens ne puissent pas les lire, et qui disent hautement qu'ils ne publieront pas mon mandement. Trouveriés vous bon que je fisse passer mon instruction pastorale par la voie du département et que j'en fisse distribuer deux exemplaires dans chaque parroisse, du moins dans celles qui donnent lieu au soupçon, un pour le curé, l'autre pour les procureurs de la commune, et au cas de refus de la part du curé, voudriés vous charger le procureur de la commune de dresser procès-verbal et de lire lui-même le mandement, sauf après cela à faire du procès-verbal ce que l'on voudroit. Car je pense qu'il ne faut que peu de sévérité jusques à ce que la lumière ait pénétré ou plutôt jusques à ce que la passion ait un peu diminué.

« Il faut pourtant un peu de sévérité, au moins en certains cas, mais il y a ici un accusateur public qui refuse les procès-verbaux constatants que des curés réfractaires prêchent contre la constitution dans les offices publics. Mais il y a des gens bien mous dans des places qui demandent de l'activité. Si l'on avoit fait trois ou quatre exemples dans notre district les choses iroient mieux. J'attendois que les nouvelles singulières que l'on a apprises dernièrement feroient plus d'effet sur les réfractaires qu'elles ne parroissent en faire. Peut-être cela viendra ; peut-être font-ils encore pour un moment contre mauvaise fortune bon cœur.

« Faites agréer les témoignages de mes sentimens à tous vos Messieurs ; voudriés vous bien dire à M. Guichard qu'on m'a promis de lui faire passer son char à ban ces jours-ci de Sellières où il est depuis huit jours.

« Je suis avec une cordiale fraternité, Monsieur,
votre concitoïen.

« † Moïse,

« évêque au département du Jura.

« Dole, le 2 Juillet 1791. »

« Monsieur,

« Je vais mettre à exécution l'arrêté du directoire
j'agirois cependant avec plus de sûreté s'il étoit aussi
clair que votre lettre. L'article de cet arrêté porte que
l'évêque du Jura sera prié « de nommer incessamment
des administrateurs à tems pour desservir des églises
dépourvues de pasteurs qui se sont retirés ou qui ont
refusé de se conformer à la loi du serment. » Mais dans
les paroisses où l'on fait le plus de mal *les églises ne
sont pas dépourvues de pasteurs qui ont refusé de se
conformer à la loi du serment ;* elles ne sont que
trop pourvues de pareils pasteurs et c'est par cette
raison qu'il est nécessaire de faire des remplacemens.
Si l'article portoit : *pour desservir des églises dépourvues de pasteurs ou desservies par des pasteurs qui
ont refusé de se conformer à la loi du serment,* je
serois bien plus à couvert, d'autant plus que le préambule parle bien d'églises qui sont *sans pasteurs* mais
non d'églises qui ont des pasteurs réfractaires. Néanmoins, j'irai en avant. Mais s'il étoit moïen de rendre
l'arrêté un peu plus énergique, je serois plus en sûreté.
Votre idée sur l'envoi du mandement, soit par moi à
messieurs les curés, soit par vous aux municipalités
est précisément celle que j'avois eue et que j'avois
peut-être mal exprimée. Nous arrangerons tout cela
ensemble et je tâcherai avant tout qu'il y ait beaucoup
de curés et d'administrateurs nouveaux afin que mon

mandement soit publié par un plus grand nombre de
fonctionnaires. On dit ici que les familliers attendront
tant qu'ils voudront avant de répondre à la signification
de l'arrêté qui les concerne et que je n'ai pas encor vu.
Je ne sais sur quoi cette prétention est fondée. Si
l'arrêté ne fixe pas le terme passé lequel à défaut de
réponse il seront réputés démissionnaires, c'est une
raison pour le fixer dans la signification ou du moins
le terme doit s'écouler avec les délais de l'ordonnance.

« Nous avons ici des fonctionnaires qui ont refusé
de faire le serment. La municipalité en a fait part au
directoire du district. On m'a promis, il y a longtems,
de leur faire signifier le défaut de prestation et l'on ne
parroit plus songer à cela quoique j'en reparle souvent.
Cependant, ils font du mal et beaucoup, surtout un
certain Labeuche, l'un des supérieurs du Séminaire
des orphelins et préposé à l'éducation de la jeunesse de
notre ancienne province (1).

« Voulés vous bien être l'interprète de mes sentimens
auprès de tous messieurs du directoire notamment
auprès de M. Chevillard mon aimable hôte ? Je suis
avec une cordiale fraternité,

« Monsieur,

« Votre concitoïen,

« † F.-X. Moïse, évèque au dép. du Jura.

« Dole, le 15 juillet 1791. »

« Monsieur,

« Je ne crois pas devoir répondre à l'ex-curé qui ne
m'a pas adressé sa lettre et que j'ai peine à croire de

(1) Le Séminaire des orphelins, fondé à Dole en 1689 par M.
de Froissard-Broissia, fermé à la Révolution, et rouvert depuis.

bonne foi (1). M. Seguin s'est trop mal trouvé d'avoir écrit à des gens de cette espèce, qui lui faisoient parvenir des productions de leur estat, par voie tierce. Mais quoique j'aie à dicter une grande partie de mon mandement, qui d'ailleurs auroit besoin d'être revu et châtié dans toute son étendue, ce que je vous dois, Monsieur, ne m'a pas permis de vous renvoier l'épître de l'ex-curé sans observations. Je les ai dictées comme j'ai pu, sans avoir eu le tems de les méditer ni de les relire. Si vous les croiés bonnes, vous pourrés les abréger, les corriger, ou les faire corriger, et les envoïer à l'ex-curé comme de vous même, ou sous le nom d'un ecclésiastique de vos amis, ou de la part de M. Sachon, s'il les adopte. Mais je ne crois pas prudent de me mêler dans une dispute particulière.

« Je ferai passer au département les exemplaires de mon mandement : mais quoi que Joli (2) ait le commencement du manuscrit depuis Dimanche, il n'y aura encor que deux feuilles d'imprimées ce soir. Il est fort long, ce M. Joli, et fort cher. D'après ce qu'il m'a dit, je prévois que le mandement, à 2.000 exemplaires, me reviendra à 800 l. ou peut-être à 1.000. Et cependant je ne fais encor que de commencer une discussion que je me promets de conduire à sa fin, et qui doit bien encor remplir dix mandements. Dieu veuille qu'on ait la paix auparavant et qu'ils ne soient pas tous nécessaires. Car toutes ces matières là sont inintelligibles pour la plupart des fidèles, inutiles et même dangereuses. Pourquoi a-t-on rendu les discussions nécessaires ?

« Je crois avoir oublié de relever une fausseté de votre ex-curé. C'est sur le pouvoir d'ordonner. Vous pouvés lui dire qu'un évêque d'un diocèse particulier

(1) *Dernier prône d'un curé du Jura à ses paroissiens,* s. l. n. d. (1791), 1 in-16, de 47 pages.
(2) Imprimeur dolois.

peut ordonner validement dans toute la terre les sujets
de tous les diocèses ; ce qui prouve, qu'en vertu de
l'ordre, il a mission de cela et pouvoir de cela, quoiqu'il ne puisse pas le faire licitement, parce qu'il est
obligé de se conformer à la loi de de police qui circons-
crit l'exercice des fonctions de manière à ne pas causer
du désordre dans l'empire. Vous pouvés lui ajouter qu'il
peut ordonner validement et licitement dans tous les
diocèses, avec le consentement du diocésain, tous les
sujets de ce diocésain, ce qui prouve encor qu'il a, en
vertu de l'ordre, une mission divine et universelle et des
pouvoirs qu'il ne peut tenir ni du consentement de son
égal, ni de l'institution canonique, qui, loin de lui donner
des pouvoirs divins, ne sert qu'à en circonscrire l'usage.

« J'ai nommé bon nombre d'administrateurs ; j'espère completter ce qu'il en faut par ici. Mais celui que
j'avois envoié à Molay n'a pas pu prendre possession :
la municipalité lui a refusé les clefs de l'église. Messieurs du Directoire ont écrit à cette municipalité d'avoir
à recevoir l'administrateur dimanche prochain. Si elle
ne se rend pas, j'espère que vous voudrés bien y faire
mettre de la vigueur. Car si l'on parroissoit avoir le
dessous, tout seroit perdu. J'aurai l'honneur de vous
en écrire si le cas y échoit.

« Je suis avec une cordiale fraternité, votre concitoïen.

« † F.-X. Moïse, évêque au dép. du Jura.

« Dole, le 27 juillet 1791. »

« Monsieur,

« Le directoire de Poligny me mande par une lettre
reçue aujourd'hui, que son travail est prêt (1). Comme

(1) Le projet de circonscriptions paroissiales.

je compte faire imprimer cette semaine mon long et trop long mandement, et que d'ailleurs, il faut que M. Répécaud (1) puisse être averti, et se trouver pour affaires intéressantes à Salins, où je dois revenir après avoir arrêté les circonscriptions des parroisses à Poligny et à Arbois, je vais écrire à Messieurs de Poligny que je me rendrai chez eux mardi, second Aout. J'espère qu'alors mon mandement sera imprimé. Je dois l'envoïer directement à Messieurs les curés. Mais 1° je n'ai pas de doïens ruraux à qui je puisse me fier et je ne sais par qui envoïer ce mandement. Ne pourrois-je pas me servir de la voie du département et des districts pour envoïer dans chaque canton le nombre d'exemplaires nécessaires, pour être de là distribués à tous les fonctionnaires de chaque canton ? 2° Je n'ai point le tableau des fonctionnaires du district d'Arbois et je ne sais combien il faut y envoïer d'exemplaires. 3° Lorsque j'envoierai ce mandement, ne seroit-il pas utile qu'en même temps ou peu de tems après, on en adressât un autre exemplaire à chaque municipalité, ou tout au moins aux municipalités où il se trouve des fonctionnaires tant soit peu suspects ? Ne seroit-il pas utile que les municipalités fussent chargées de rendre compte si le mandement a été publié par le fonctionnaire ou non et même de le lire publiquement au refus du fonctionnaire? Veuillés, Monsieur, me donner votre avis sur ces questions et me dire à peu près combien je dois faire tirer d'exemplaires pour remplir mon objet ?

« Sitôt que je serai de retour de mon petit voïage je compte faire emballer mes livres, les faire partir et aller me fixer enfin à Saint-Claude. Je n'ai que le tems de vous prier de faire agréer à tous vos Messieurs l'ex-

(1) Curé coadjuteur de Notre-Dame de Salins, ami de Moïse et qui va devenir quelques semaines plus tard vicaire épiscopal.

pression des sentimens que je leur ai voué pour la vie.

« Je suis avec une cordiale fraternité, Monsieur, votre concitoïen,

« † F. X. Moïse,

« év. au départ. du Jura.

« Dole, Juillet 1791 ».

Enfin, le 26 Juillet, parut le mandement annoncé et attendu.

Il traitait le même sujet que ceux des évêques de Besançon et de Vesoul et sans doute de tous leurs collègues de France (1).

Moïse cherche à prouver successivement les points suivants :

La Constitution civile du Clergé ne mérite aucun des reproches dont on a cherché à l'accabler ; imparfaite à certains égards, elle est bonne dans son ensemble ; elle remplit les désirs des hommes pieux et éclairés des derniers temps ; elle réforme les abus et fait revivre les règles si sages de la primitive église si féconde en personnages d'une éminente sainteté ; enfin elle tend à rétablir les bonnes mœurs dans tous les états, à sanctifier tous les fidèles, et à ramener *nos frères errans* dans le sein de l'unité.

Cette Constitution est l'œuvre d'une puissance compétente ; cette puissance était en droit d'exiger le ser-

(1) La lettre de M. SEGUIN, évêque du Doubs, provoqua deux protestations: *Observations sur la lettre dite pastorale de M. Seguin*, et *Examen de la lettre pastorale de M. Seguin ;* celle de Moïse, eut en réponse : *l'Apologie d'un curé du Jura adressée à ses paroissiens* ; celle de M. FLAVIGNY, évêque de Vesoul, plus faible que les deux autres, portait, dit l'auteur de la *Naïve vérité* (p. 50, en note), sa réfutation avec elle-même.

ment ; les ecclésiastiques de qui elle l'a exigé pouvaient et devaient le prêter.

Ceux qui ont refusé le serment sont légitimement dépossédés de leurs fonctions ; les ecclésiastiques qui leur succèdent sont légitimes pasteurs, véritables successeurs des premiers apôtres et des premiers prêtres, chacun dans l'ordre hiérarchique où il se trouve placé.

Ni ceux qui ont refusé, ni ceux qui ont prêté le serment, ni ceux qui ont été dépossédés, ni ceux qui leur ont succédé ne sont aucunement séparés de l'Eglise.

Pour lui, la question toute entière est une question non pas de doctrine, mais de forme. Enfin, il conclut par un appel à l'union : « Prêtres du Dieu vivant, qui que vous soyez, vous qui fûtes autrefois nos maitres, et vous qui fûtes autrefois nos disciples, vous tous qu'une question de droit canonique a si malheureusement divisés, la Religion et la Patrie vous conjurent de faire cesser un scandale qui les met l'une et l'autre en danger. »

Le mandement qui a 56 pages était signé : † F. X. Moïse, évêque du Jura, dont le siège est à Saint-Claude et dans la suscription, le prélat s'y disait *par la Providence divine et dans la Communion du Saint-Siège, évêque de Saint-Claude*. Il ne renferme rien de particulier qui vaille une plus longue analyse ; il a du reste été imprimé et répandu à de nombreux exemplaires par les soins de l'autorité civile. Notons cependant qu'il semble avoir été écrit d'un seul jet, que l'argumentation en est serré et pressante, que les références historiques, patriotiques et scripturaires y abondent et que sa lecture donne l'impression que l'auteur était sous le coup d'une impression vive et d'une conviction profonde.

La lettre pastorale de l'évêque du Jura, dit le directoire du département, « ce consolant écrit », « pleine de cette morale touchante qui fait aux hommes un devoir de la paix, de la charité et de l'obéissance aux loix, analise profonde et lumineuse de la doctrine des livres saints, des Conciles des Pères et de tout ce qu'il existe de plus respectable parmi les autheurs anciens et modernes sur la question par laquelle des malveillants ou des gens trompés voudroient nous diviser, réunissant aux connoissances les plus vastes, les raisonnements les plus victorieux, est également efficace pour consoler et raffermir les amis des loix, pour confondre les esprits anti-patriotes ». Elle sera envoyée à tous les districts, les procureurs des communes en feront euxmêmes la lecture à défaut des curés. L'administration « invite les officiers municipaux, et au besoin leur enjoint, de communiquer la lettre aux citoïens de leur ressort qui la demanderoient à charge de la rétablir dans les archives de la commune... » (1).

Moïse lui aussi se préoccupait de la diffusion de son mandement : quatre jours auparavant, il avait écrit au syndic du département, son ami :

« Monsieur,

« Vous recevrés par la messagère 1250 exemplaires de mon instruction pastorale. C'est tout ce qu'il y a pu y avoir de prêt pour aujourd'hui. J'espère qu'il y en aura assez pour en fournir un exemplaire à chaque municipalité, à chaque fonctionnaire public ecclésiastique et à chaque membre des directoires du département et de district. Comme j'en ai fait imprimer 2.000, je vous en envoierai le nombre que vous m'en demanderés. Vous verrés que j'ai été très long 1°, parce que je parle à des prêtres très ignorans ; 2°, parce que je n'ai

<hr>

(1) ARCHIVES DÉPARTEMENTALES DU JURA, *Délibérations du directoire du département.* Séance du 19 août 1791.

pas eu le tems d'être court, n'aiant que peu de momens
fréquemment interrompus pour travailler. Il auroit fallu
2 pages sur la mission ; j'en ai mis plus de 20. C'est
qu'il faut commencer par les premières notions, comme
à des écoliers, et tout prouver, parce que nos prêtres
qui crient le plus en savent à peu près autant que le plus
simple peuple sur ces matières. Il m'a semblé que mes
confrères ont dit sans doute d'excellentes choses : mais
que pour avoir voulu tout traiter à la fois ils avoient
tout effleuré. En conséquence, j'ai pris le parti de suivre
le plan que vous lirés dans ma première instruction ; et
il me faudra pour tout traiter, avec l'étendue et les
preuves convenables, au moins dix autres instructions.
Voiés, Monsieur, s'il est avantageux de suivre cette
marche et je m'y livrerai avec ardeur et avec plus de
tranquilité. Je n'y entrevois qu'un inconvénient, c'est
que dans ce moment, je suis obligé de faire prodigieusement de dépenses ; c'est que je veux être juste et ne
jamais m'exposer, même sous prétexte d'un prétendu
bien, à faire tort à qui que ce soit, et que cependant, si
je mettois 800 livres tous les trois mois à l'impression
d'une instruction pastorale, indépendamment de celles
d'usage, j'en serois au moins pour 4.000 livres au bout
de l'année. S'il y a des moïens de m'adoucir cette charge
dans la circonstance, je consacrerois bien volontiers
mon tems, mes recherches et mes peines à remplir mon
plan dans toute son étendue. Si pour le remplir, il
falloit m'exposer à manquer à mes engagements et à ne
pas faire honneur à mes affaires, je serois forcé d'abréger. Quand vous m'aurés lu, vous me conseillerés et vous
prendrés même l'avis du Directoire si vous le jugés à
propos.

« On m'a liquidé sur les Pères bénédictins de Dole
une créance à 2.000 fr. dont on me paie les intérêts. S'il
étoit moïen de faire ordonner le remboursement, cela

déchargeroit la nation de ces intérêts et cela me donneroit de la facilité pour me meubler. Voiés si cela se
peut.

« Je fais des remplacemens par ici, mais on laisse
faire par l'inexécution de la loi un grand mal dans la
ville et les environs tandis que je m'efforce d'y mettre
ordre dans les campagnes. Quatre directeurs des orphelins et un aumônier de l'hôpital double (1) ont refusé le
serment ; les autres paroissent l'avoir fait par dérision,
sont toujours en place, et pervertissent de toutes leurs
forces. M. Grosey, à qui on a remis depuis plus de trois
mois les procès-verbaux et qui m'avoit promis, il y a
plus de deux mois, de faire signifier le défaut de prestation de serment n'agit toujours pas et le mal s'accroît
prodigieusement. On propose de faire fermer les églises
des religieuses où les âmes perverties par ces messieurs
font leurs synagogues. Je crois qu'il faut aller à la
racine du mal, renvoïer les empoisonneurs, et faire
exécuter la loi. Sans cela, on passera pour persécuteur
et on sera réellement prévaricateur pour n'avoir pas
fait exécuter des lois qu'on étoit chargé de faire exécuter.

« Je n'ai pas pu finir la circonscription des paroisses
dans l'éternel district de Dole. Je suis dans les ennuis
du déménagement. Je compte passer à Lons-le-Saunier
sur la fin du mois pour me rendre à Saint-Claude. J'ai
continué à desservir les Tiercelines depuis le 19 Mars
jusqu'à présent. Pourrois-je à mon passage être payé
de ce qui me revient pour cet objet ?

« J'avois remis au district de Dole des actes notariés
faisant conster que M. Boissard de Pontarlier doit, sous
la caution de l'Oratoire de Poligny, 16 livres 13 sols 4
deniers annuellement à la nation pour une chapelle

(1) L'hôpital civil et militaire de Dole.

dont je suis titulaire, et que M. Gouliaud, de Pepillin,
doit pareille somme dont il convient lui-même. Je pourrois y joindre d'anciennes quittances et une lettre de
M. Boissard lui-même, faisant conster qu'il est héritier
du débiteur. Si cela m'appartenoit, je me croirois fort
en droit de me faire payer sur ces titres là : mais il n'y
a que les corps administratifs qui aient action maintenant sur ces sortes de débiteurs. Vous me renvoiés
jusqu'à ce que j'aie donné d'autres renseignements.
D'abord je n'en peux pas donner d'autres, je crois ceux-
là suffisants, mais ils sont inutiles entre mes mains. Je
consens bien volontiers à ne rien exiger : mais je vous
reporterai les titres afin que vous voiés si la Nation
n'est pas en droit de se faire païer et si elle doit perdre
cela (1). Mille choses à M. Chevillard, mon aimable
hôte et à tous vos Messieurs. Je suis, avec une cordiale
fraternité et pour toute ma vie le plus dévoué de vos
amis,

« † F.-X. Moïse, évêque au dép. du Jura.

« Dole, le 15 août 1791. »

Puis immédiatement après,

« Monsieur,

« Vous recevrés par M. de Mont-Ciel 260 exemplaires de ma lettre pastorale. J'en distribuerai dans le
district de Dole et je supplérai à ce qui pourroit manquer. J'ai quelque lieu de craindre que la distribution
n'ait pas été trop bien faite à Saint-Claude ; il y faudra
un supplément, d'abord pour le nécessaire ; ensuite j'en
porterai avec moi d'autres exemplaires pour les répandre ;

(1) Pour toute cette affaire, voir plus haut, page 23.

et à mon passage à Lons-le-Saunier, je vous en remettrai encor.

« L'arrêté du Directoire est beaucoup trop flatteur pour moi. Il a voulu m'encourager, donner de l'appui à la bonne cause en louant un écrit composé pour sa défense et dans de bonnes vues (1). Mais quoique je ne me dissimule pas les défauts de cet ouvrage écrit au milieu des embarras coutumiers et des distractions de toute espèce, le cas que le Directoire, et vous, Monsieur, paroissez en faire, m'en donne une forte estime. Je suivrai mon plan avec ardeur et quand une fois je serai plus tranquille, à Saint-Claude, et que j'aurai fait faire l'arrangement de mon ménage, quand une fois j'aurai rangé mes livres et donné les Ordres, à la fin de Septembre, tout en prenant du petit lait absolument nécessaire à ma santé, je travaillerai à la continuation et peut-être ferai-je un peu moins mal ; ce qu'il y a de sûr, c'est que je m'y mettrai de tout mon cœur.

« Je ne peus pas vous rendre, Monsieur, combien je suis reconnoissant de vos bontés et de celles de tous Messieurs du Directoire. L'arrêté que vous vous proposés de prendre, la demande que vous voulés bien adresser au directeur de liquidation, me pénètrent de reconnoissance. C'est par là que je serai au-dessus des besoins du moment, que je pourrai me livrer à mon zèle, sans m'exposer à cesser d'être juste, et que je pourrai commencer l'arrangement de mes affaires temporelles par ce qu'on appelle *de l'ordre*.

« Je sens combien nous avons besoin de causer et sur la circonscription et sur beaucoup d'autres objets. Je voudrois pouvoir vous marquer dès aujourd'hui le jour de mon arrivée : mais tout ce que je puis savoir

(1) L'arrêté du Directoire précité, ordonnant l'impression et la distribution du Mandement.

quant à présent, c'est que mon passage à Lons-le-Saunier sera entre le 31 Août et le 5 Septembre. Si tôt que je saurai positivement le jour, j'aurai l'honneur de vous en prévenir et vous en serés sûrement prévenu par M. David qui doit venir, à ce qu'il m'avoit écrit il y a quelque tems, pour me chercher. Je lui ai écrit dimanche dernier qu'il pourroit venir entre le 31 et le 5. A tout événement, je m'arrêterai à Lons-le-Saunier, tous le tems nécessaire pour que nous puissions causer de toutes nos affaires.

« Ce que vous me marqués de la maladie de Madame Chevillard et de l'affliction de mon aimable hôte m'avoit fait une sensation bien douloureuse ; je vous ai une grande obligation du post-scriptum dans lequel vous m'annoncés que cette dame va mieux. Je n'avois pas osé demander à la voir dans mon dernier passage, crainte de la gêner. Oh, ma foi, je n'y tiendrai pas cette fois-cy ; je veus la voir et voudrois bien pouvoir la guérir.

« Mille choses agréables à tous Messieurs vos collègues ; je voudrois pouvoir vous peindre ce que je sens pour eux, respect, confiance, attachement, reconnoissance, etc., etc. Il me tarde bien d'embrasser M. Chevillard, M. Thomas, M. Béchet et tous vos Messieurs. Quant à vous, Monsieur, vous croiés bien que nous serons toujours vraiment, sincèrement amis et frères.

« † F.-X. Moïse,

« Evêque au département du Jura ».

« Dole, le 24 Août 1791. »

Enfin, ce dernier billet avant de quitter Dole :

« Monsieur,

« Je reçois réponse à ce moment de M. David. Il part aujourd'hui 30 Août, de Saint-Claude. Il sera ici

demain soir 31. Nous partirons ensemble le 1 ou le 2
Septembre, et sûrement j'aurai l'honneur de vous embrasser le premier au soir ou le 2 au soir. Je demeurerai à Lons-le-Saunier tout le tems nécessaire. Vous
avés dû recevoir une lettre de moi par M. de Montciel.
Je n'ai que le tems de vous dire que je ne vous peindrai jamais assés à vous et à tous vos Messieurs, les
sentimens que je vous ai voués pour la vie.

> « L'Evêque du Jura.

« Dole, le 30 Août 1791. »

En arrivant à Saint-Claude, dans les premiers jours
de Septembre, Moïse dut organiser son Conseil épiscopal, selon les prescriptions de la loi. Celle-ci lui
accordait douze vicaires épiscopaux, l'Evêque devant
être curé de la Cathédrale, et ceux-ci chargés du Séminaire diocésain en même temps que du service de la
paroisse.

Il choisit MM. Répécaud, curé coadjuteur de Notre-Dame de Salins (1); Marlet, d'Ornans, frère du vicaire
épiscopal de Seguin, évêque de Besançon ; Plumey,
vicaire d'Arbois ; Vernerey, curé de Luhier ; Servois,
du Mont-de-Laval (2) ; Rosset, de Saint-Claude ; Ver-

---

(1) Le 7 juillet, Répécaud, pressenti pour savoir s'il accepterait le choix que l'Evêque se proposait de faire de lui, consulta
par lettre l'Administration du département. Il voulait bien
déférer aux désirs de Moïse, mais en même temps, il désirait
beaucoup garder la perspective de la cure de Notre Dame de
Salins, qui devait lui échoir à la mort ou au départ du titulaire.
Il finit par accepter, et après la Révolution, réussit à se faire
nommer curé concordataire de cette paroisse où il finit ses
jours et dans l'église de laquelle une inscription un peu solennelle et grandiloquente perpétue sa mémoire.

(2) Servois avait été précédemment vicaire de Saint-Marcelin-de-Besançon. Il se déprêtrisa et se fit artilleur. C'est alors qu'il

nercy et Plumey furent chargés plus spécialement du Séminaire, où le premier professait la théologie ; Marlet desservait la paroisse de Saint-Claude, et Rosset, celle du voisinage.

Le 19 Septembre, il adressa à ses diocésains une seconde lettre pastorale pour leur annoncer que le roi venait d'accepter la Constitution et de lui jurer fidélité :

« Louis XVI, protestant qu'il n'a jamais eu, et qu'il n'aura jamais d'autre désir que le bonheur du Peuple ; d'autre règle que la volonté générale ; d'autre autorité que celle dont la Nation l'aura rendu dépositaire : persuadé que la sublime Constitution proposée par nos représentans à son acceptation, étoit l'expression du vœu de la Nation entière ; après en avoir pesé tous les articles dans le calme de la plus entière liberté ; convaincu de la sagesse de ses principes qui assurent aux Français la possession de tous leurs droits, et à leur roi, le plus grand des titres, celui de roi d'un Peuple libre ; Louis XVI, dans l'effusion des sentimens de l'attachement le plus sincère pour un peuple qui brûloit de le proclamer Roi constitutionnel, vient de prendre à témoin la Nation Française, l'Univers, le Dieu Maître des Rois, qu'il sera fidèle à la Nation... »

L'Evêque conseille aux fidèles de n'avoir, à l'exemple du roi, d'autre guide que la Loi, d'autre principe que la Fraternité ; d'attribuer « à la Providence paternelle et toute puissante de notre Dieu, le succès et la gloire

obtint au concours un prix de l'Académie de Turin. Instruit de cette circonstance, Bonaparte le nomma capitaine, professeur dans une école militaire, puis chef d'escadron et enfin conservateur du Musée d'artillerie de Paris, qu'il le chargea d'organiser.

Servois prit sa retraite en 1824, à Mont-de-Laval, où il mourut, dit-on, en bon catholique.

de notre Révolution ; nous attendrons d'elle seule la conservation de notre liberté et de notre bonheur...

« A ces causes, après en avoir délibéré en notre Conseil... « un *Te Deum* sera chanté dans chaque église paroissiale et chaque dimanche sera aussi chantée la prière *Domine, salvam fac Gentem, salvam fac Legem, salvum fac Regem*, en y joignant une oraison analogue « qui se trouve prescrite à la page 198 du Missel Bisontin » (1).

Une autre affaire assez délicate l'occupa pendant quelque temps.

Par un arrêté en date du 8 Juillet, le Directoire du département avait reconnu aux *familiarités* et *familiers* (2) de son ressort, le droit de concourir avec les curés à l'acquit des fondations et du service ordinaire des églises, selon les statuts des familiarités et de la même manière qu'ils y concouraient précédemment. Puis, peu après, considérant que les familiers en général n'avaient pas prêté le serment constitutionnel, il les déclara inaptes à continuer un service paroissial quelconque. Les Aumôniers des Confréries furent aussitôt assimilés aux familiers quant aux conséquences de cet acte administratif.

Moïse consulté dut donner son avis, ce qu'il fit le 16 Septembre, par la lettre suivante qui a trait surtout au cas spécial de la Confrérie de la Croix de Saint-Claude, mais qui n'en a pas moins dû avoir une portée générale.

(1) Une feuille in-4º de 4 pages, à Saint-Claude, chez Antoine Dumoulin, imprimeur du diocèse du Jura, 1796.

Cette lettre est signée : *F.-X. Moïse, évêque au département du Jura.*

(2) Corps d'ecclésiastiques originaires de la paroisse et aidant à la desservir dans une condition un peu inférieure à celle des chanoines.

« Monsieur,

« Si je ne me trompe, la loi ne connoit pas la Confrairie de la Croix. Jusques à présent, l'obligation du serment n'est imposée qu'aux fonctionnaires publics, y compris les prédicateurs. Du moment qu'un aumônier de la confrairie de la Croix ne prêchera pas et n'exercera ni jurisdiction ni fonction publique, je ne vois pas que la confrairie ne puisse le choisir sans contrevenir à la Loi. Mais tout ce qui n'est pas défendu par la loi politique n'est pas toujours permis par la loi de la prudence et de la charité. Si la Confrairie de la Croix choisissoit un aumônier non assermenté, elle passeroit peut-être aux yeux de la multitude pour une confrairie aristocratique, elle s'exposeroit peut-être à des dangers en même tems qu'elle donneroit occasion à une fermentation et à des violences La prudence et la charité permettent-elles de s'exposer à de pareilles suites ? Seroit-il digne d'une confrairie pieuse, qui ne peut être telle sans être amie de la paix et de la charité, de s'obstiner à faire une chose qui peut donner matière au désordre, et cette obstination ne la rendroit-elle pas suspecte ?

« Il y auroit bien moins d'inconvénient à choisir un prêtre assermenté. Des membres se retireroient, soit ; ils n'entacheroient pas toute la confrairie du soupson d'aristocratie ; ces particuliers paroitroient user de la liberté qu'ils ont d'être non conformistes, et on ne songeroit pas à eux ; au lieu que si toute la confrairie sembloit s'attacher aux non-conformistes, elle se donneroit un vernis bien dangereux. Si ces gens qui se retireroient avoient une véritable charité, ils l'exerceroient encor après avoir quitté la confrairie : et s'ils n'ont qu'une charité d'ostentation, on peut être sûr qu'elle n'auroit déjà pas beaucoup duré. Au surplus le mal ne seroit pas de longue durée. Ces sortes de Confrairies, qui forment des centres particuliers distingués du centre commun, pourront bien ne pas durer longtemps, et bientôt peut-être ces sortes de sociétés seront paroissiales, munici-pales, etc., selon la nature de leurs objets. Et si ces sortes de confrairies doivent durer quand nous aurons la paix, ceux qui ont ce genre de charité s'en mettront indistinctement, peut-être même ceux qui auront cru devoir en sortir pour un temps y rentreront.

« Je pense donc, Monsieur, que le choix d'un aumônier non assermenté n'est pas contre la loi politique, mais qu'il paroit être contre contre la loi de la prudence qui de deux maux nous prescrit de choisir le moindre, et contre la charité qui nous fait tendre au plus grand bien, lequel n'existera jamais que dans la paix et par la paix.

« Permettés moi de saisir cette occasion pour vous re-nouveler l'expression des sentimens que je vous ai voué pour la vie. Mille choses agréables à Madame et à Mes-demoiselles Ebrard, au bon papa Ebrard, à M. Chevil-lard et à tous ces messieurs du Directoire. Comment va Madame Chevillard ?

« Voilà les pièces et l'avis concernant les Ursulines d'Arbois.

« Je suis avec une cordiale fraternité, Monsieur, votre concitoïen,

« L'évêque du Jura.

« St-Claude, le 16 septembre 1791. »

Les Familiers de Saint-Claude avaient du reste fort mal reçu le nouvel évêque. « Assistés de deux notaires, [ils ont tous] sauf un, le Sr Colomb, refusé de laisser M. Moïse assister à leurs offices comme familier et réclamé l'Eglise Saint-Romain (1) pour servir à leurs

______

(1) L'Eglise St-Romain, aujourd'hui démolie, était paroissiale et l'Eglise St-Pierre, conservée, cathédrale.

cérémonies et à l'acquit des fondations dont ils sont chargés ». C'était le 19 septembre 1791.

Le lendemain l'évêque s'était de nouveau présenté au chœur, à 8 heures, au moment de la messe. Son entrée avait soulevé des protestations violentes de la part de ces ecclésiastiques qui préférèrent sortir plutôt que de tolérer sa présence. Dans la journée, ils lui firent signifier qu'ils ne chanteraient plus les offices sans cependant renoncer au droit de le faire ni à leurs titres de familiers (1).

Le directoire du département informé de cette situation, déplora ce *scandale*, déclara les familiers déchus de leurs droits et titres, leur ordonna de remettre sous trois jours leurs registres et papiers et chargea l'évêque d'assurer l'acquit des fondations (2). La chose n'alla pas toute seule et Moïse s'en plaignit :

« Monsieur,

« J'ai cru qu'un mandement relatif à l'acceptation de la constitution pourroit contribuer à la paix et à la tranquilité publique, indépendamment des motifs de piété et de reconnoissance qui doivent porter les fidèles à s'unir au clergé pour rendre à Dieu leurs actions de grâces. J'en ai fait imprimer 1.500 exemplaires dont je n'ai pas fait encor le prix. Je vous en ai fait passer, il y a quelques jours 400 exemplaires. Vous en recevrés plus de 600 par la présente occasion, la première que j'aie pu trouver. Comme le district de Saint-Claude est fourni, je présume que vous en aurés assés pour les cinq autres districts. Si cependant vous n'en n'aviés pas

(1) Archives nationales, F¹⁹, 435.

(2) Archives départementales du Jura. *Registre des délibérations du Directoire du département.* Délibération du 27 Septembre 1791.

assés, je peux vous en envoïer encor quelques uns de ceux que l'imprimeur doit encor me livrer. Car il n'a pas encor tout livré.

« J'ai mille actions de grâces à vous rendre pour tous vos bons offices. J'ai reçu les 300 fr. que vous avés eu la bonté de me faire passer, et M. le curé de Ruffey est chargé de vous rembourser les 18 sols que vous avés dépensés pour moi ; mais je ne m'acquitterai jamais de la reconnoissance que je vous dois.

« Je crois que c'est au district à me faire jouir de la maison qui m'est destinée. Jusques à présent il ne m'a encor fait jouir que d'une partie. La bibliothèque est encor embarassée par les livres de M. de Chabot, ce qui fait que je ne peux pas encor déballer mes livres, quoique j'aie besoin de m'en servir. Il y a encor d'autres chambres embarassées par des meubles de M. de Chabot, et d'autres encor où se trouvent des meubles appartenants, dit-on, à des grands vicaires. Tout cela fait venir de prétendus gardiens ou des argus chez moi et cela ne m'amuse pas. Après bien des démarches, j'ai enfin présenté une pétition au district. On ne m'a pas encor répondu.

« Vous avés sans doute déjà des nouvelles des familliers de Saint-Claude. Je n'ai rien à ajouter si ce n'est : 1° qu'ils n'ont pas encor remis le carnet des fondations ; en attendant, j'acquitte tout ce qu'on me fait connoître être d'usage : mais je crois qu'ils doivent être obligés de me remettre ce carnet.

« 2°, Je ne sais pourquoi le district qui doit toucher les rentes dues aux familliers ne s'est point fait remettre, dit-on, les grosses de rentes. Il me parroit qu'il y a de l'inconvénient à cela ; et je désirerois que ces grosses de rentes fussent entre les mains du district, qui se feroit païer, et ensuite accompliroit les choses dont il **est chargé.**

« Je suis fâché que la confrairie de la Croix se dé-
serte : mais je crois que ce mal est moindre que celui
qui auroit été à craindre si l'on avoit pris un autre
parti : je vous en ai dit les raisons.

« Agréees les témoignages de ma reconnoissance, de
mon réspect et de tous les sentimens que je vous ai
voués pour la vie. Soiés, je vous prie, mon inteprète auprès de M. Chevillard et auprès de vos Messieurs.
Comment va Madame Chevillard ? Mille choses agréables à Madame et à Mesdemoiselles Ebrard. Je me mets
au genoux du bon papa Ebrard.

« Je suis avec une cordiale fraternité, votre concitoïen, l'évêque du Jura.

« Saint-Claude, le 24 Septembre 1791 ».

La question du logement épiscopal qui n'est qu'effleurée
dans cette lettre n'en tenait pas moins fort au cœur de
Moïse.

L'Evêché n'était pas où il est aujourd'hui, mais sur
la place même de la Cathédrale, ou place de l'Abbaye,
au n° 4 actuel. La maison n'a pas changé d'aspect extérieurement ; à l'intérieur, la distribution a été modi-
fiée à diverses époques ; on y trouve encore cependant
la grande pièce du premier étage dont la porte fenêtre
ouvre sur un balcon dominant de plus de 50 mètres la
vallée étroite au fond de laquelle bruissent sans repos les
eaux rapides du Tacon. Mais toutes les chambres n'étaient
pas libres.

M. de Chabot pressé de prendre la fuite avait
dû abandonner ses meubles et la plus grand part de
tout ce qui lui appartenait. Pour pouvoir emporter
un peu d'argent, et peut-être aussi pour essayer de conserver quelque chose malgré la confiscation probable, il
avait vendu le tout à l'un de ses domestiques et l'ad-

ministration de St-Claude, passant outre la réclamation
de celui-ci avait fait mettre les scellés sur les portes de
quelques chambres.

Le directoire du département décida que « les meubles de Chabot seront transportés dans une maison
louée à cet effet et que la maison épiscopale restera
toute entière à M. Moïse » (1).

Soit impossibilité réelle, soit mauvais vouloir de la
municipalité de Saint-Claude qui déclara n'avoir pu
trouver de local convenable à ce transport, la décision
du directoire n'eut pas de suite, et vainement Moïse
réclama de nouveau quelques jours plus tard.

Voici à la suite les unes des autres et selon leurs
dates, plusieurs lettres de cette époque, qui peuvent,
avec les détails fournis par les précédentes et plus
haut, se passer d'autre commentaire.

« Messieurs (2),

« Malgré la pénurie où je me suis trouvé pour cette
fois par un reste d'intrigue aristocratique, j'ai pourvu,
ce me semble, au moins pour le moment à la desserte de
Conliège ; j'ai donné le diaconat et la prêtrise à
M. Romand, natif de Conliège (3), afin de le mettre en état
d'aider M. le curé, en attendant qu'il puisse avoir d'autres coopérateurs, s'il en a besoin. Ainsi de quatre nouveaux prêtres que j'ai ordonnés, M. le curé de Conliège

____

(1) Archives départementales du Jura, *Délibérations du directoire du département*. Séance du 14 Octobre 1791. Plus tard,
Moïse conservera cette maison, mais en paiera le loyer qui sera
de 800 fr.

(2) *Au Directoire du Jura.*

(3) Ensuite curé constitutionnel de Gevingey où il est mort et
enterré. Sa tombe se voit encore debout dans le jardin de l'école,
en face la fenètre de la sacristie actuelle.

en aura un. C'est tout ce qu'on peut faire pour le moment.

« La barbare et fanatique scélératesse dont vous me parlés me fait dresser les cheveux et malheureusement c'est sans m'étonner et j'ose espérer qu'on ne verra pas dans le département du Jura les horreurs abominables qu'on a vues dans le département du Doux.

« Malgré que quelques nouveaux curés des districts de Dole, de Lons-le-Saunier, d'Orgelet et de Poligny ne paroissent pas s'empresser de prendre leurs institutions, je croirois pouvoir répondre du poste si j'avois 15 à 20 prêtres. J'apprends qu'il y en a à Arbois et dans quelques autres endroits. Mais la pluspart sont familliers et ils craignent qu'en acceptant un vicariat ou une autre administration ils ne s'exposent à perdre leur traitement comme familliers. Si par un arrêté, Messieurs, vous aviez la bonté de les rassurer à cet égard, je n'aurois pas la douleur de les voir rester inactifs dans ces momens de crise ou accepter des places de curés dans le département du Doux, tandis qu'on en a grand besoin ici. Je trouverois par là le moïen de fournir aux plus pressants besoins en attendant l'ordination de Noël qui, à ce que j'espère, me donnera bien au moins une dizaine de prêtres. On gagneroit ensuite l'ordination de Pacques laquelle jointe à quelques réfractaires duppes des autres et entraînés on ne scait comment dans le mauvais parti lesquels reviendront, fourniroit le diocèse, sans nous forcer de placer des moines ou des chanoines trop peu connus, qui prouvent déjà qu'à quelque sauce qu'on les mette ils sont comme ils ont toujours été, une véritable plaie pour l'Église.

« Je finis, Messieurs, en vous renouvellant à tous l'expression des sentimens que je vous ai voués pour la vie.

« Je suis, Messieurs, avec une cordiale fraternité, votre concitoïen,

« † F.-X. Moïse, évêque au dép. du Jura.

« Le 27 Septembre 1791 ».

« Monsieur,

« Ce seroit une injustice d'accorder aux familliers la rétribution des fondations qu'ils n'acquitteroient pas tandis qu'ils seroient occupés ailleurs ; aussi cela n'est-il pas nécessaire pour les tranquiliser. Ils craignent seulement, qu'en s'éloignant de leur familiarité pour remplir les fonctions de vicaires ou d'administrateurs, ils ne soient regardés comme démissionnaires et qu'en conséquence ils ne puissent pas y rentrer quand ils le jugeront à propos. Ils craignent encore que si on venoit à supprimer les familiarités et à accorder un traitement aux familliers, ceux qui seroient occupés dans les parroisses, quoique volontairement et sans titre, ne fussent pas compris dans la liste de ceux qui obtiendroient le traitement. C'est sur ces deux seuls objets qu'il conviendroit de les tranquiliser, s'il se peut. Cela pourroit nous procurer des ouvriers, sans risquer, je crois, de blesser les règles de l'équité.

« Je voudrois vous consulter encore sur un autre objet. Par l'établissement des séminaires l'Assemblée nationale n'a pas suffisemment pourvu à l'étude de la théologie. Si elle n'y pourvoit pas autrement dans le plan d'éducation dont elle s'occupe, il est essentiel de conserver dans le collège du Jura actuellement à Dole les deux places de professeurs en théologie qui y sont par lettres patentes de 1765. L'une est remplie par M. Vautrin, mon ancien collègue ; l'autre, je ne puis la remplir depuis Saint-Claude. C'étoit à l'Archevêque de

Besançon à nommer à ces places ; mais l'Assemblée nationale aïant sursis à la nomination des chaires qui ont vaqué dans les universités, je ne crois devoir ni pouvoir nommer quelqu'un à mon ancienne place ; d'ailleurs ce ne seroit guerres la peine puisque selon toute apparence l'Assemblée nationale va s'occuper instamment de l'éducation publique. Je me propose donc, Monsieur, de ne pas donner ma démission avant le moment où l'on aura réglé l'éducation publique, et de me choisir un suppléant qui exercera les fonctions de professeur à mes frais en attendant l'événement. Par ce moïen, 1° d'un côté je ne risquerai pas de faire une nomination nulle, d'un autre côté la place se trouvant remplic au moment pourra plus aisément être conservée et enfin d'une autre part, je suivrai l'intention de l'Assemblée nationale qui est que les collèges restent sur le pied où ils sont jusqu'à ce que le plan d'éducation soit décrété ; 2°, je ne m'exposerai pas, en donnant ma démission trop tôt, à être privé de ma pension émérite. Elle est due par les Lettres patentes au bout de vingt ans, et j'ai professé 21 ans. Cette pension émérite, comme qu'elle soit fixée, est ma croix de Saint-Louis ; je crois l'avoir méritée ; et j'avoue que j'y tiens beaucoup. Au surplus, je suivrois en cela l'usage qui a toujours eu lieu dans les quatre collèges, dans des circonstances où il ne se trouvoit pas les mêmes raisons de l'établir ; M. Esteveni, un de mes collègues a fait suppléer pendant quatre ou cinq ans ; M. Guillot pendant plus d'un an ; M. Petot pendant 18 mois, etc., etc. Il y en a encore au collège de Gray qui se font suppléer actuellement et même un réfractaire entre autres.

« M. Martel, mon vicaire, sur les mêmes raisons et à peu près dans les mêmes circonstances, voudroit aussi faire suppléer à ses frais jusques au décret sur l'éducation. Veuillés, monsieur, me dire votre avis sur tout cela et nous agirons en conséquence.

« Veuillés me dire aussi si le dernier mandement que j'ai fait imprimer est du nombre de ceux dont l'administration veut bien faire les frais. Sitôt que je serai un peu débarrassé de mes gros ouvrages et que j'aurai ici un peu plus de coopérateurs (1), je compte avoir le plaisir de vous voir. J'espère que ce sera dans le courant de ce mois.

« Faites agréer, s'il vous plait, l'hommage de mes sentimens à M. Chevillard et à tous vos messieurs. Recevés vous même avec bonté l'assurance de mon respect. Je suis avec une cordiale fraternité, Monsieur, votre concitoïen,

« ☩ F.-X. Moïse, évêque au dép. du Jura.

« Saint-Claude, le 6 Octobre 1791. »

« P.-S. — Messieurs les familliers de Saint-Claude, dans une espèce d'acte signifié au procureur de la commune et à moi, appelent de votre arrêté au pouvoir exécutif, et puis ils menacent de publier un beau mémoire.

« La maison épiscopale est encor embarassée de beaucoup de meubles appartenant et à M. de Chabot et à ses vicaires et à ses domestiques. Les clefs de plusieurs chambres sont encor entre les mains des anciens domestiques de l'ancien prélat. La chambre du secrétariat ne m'est pas encor ouverte quoiqu'il y ait des papiers que je suis en droit d'avoir. J'ai formé une pétition à M^{rs}. du district sur cet objet. Il ne m'ont pas encore donné de réponse : je désirerois savoir s'ils vous l'ont envoiée. »

(1) La loi lui accordait 12 vicaires épiscopaux. On sait que Moïse n'avait pu en nommer que six.

« Monsieur,

« Je pense comme vous qu'il faut un vicaire à Vers-sous-Seillières ; mais c'est au curé à nommer ; et je viens de faire écrire à M. le curé de Seillières pour l'avertir d'y nommer. On lui indique M. l'abbé Giroudet en lui faisant toutes les observations nécessaires. Si M. le curé de Seillières ne réussit pas à procurer le vicaire en question, je ferai mon possible pour en procurer un. Au reste, je jugerois plus sûrement de la nécessité d'un vicaire à la Chassagne, si les districts m'avoient envoié la notte de la population des diverses paroisses : mais je n'ai que celles de trois districts.

« Je sais qu'il y a un grand nombre de missels, graduels, antiphoniers à Arbois, et qu'en tout état de cause plusieurs y seront très inutiles, mais il faut passer quelque chose aux gens d'Arbois. Plus accomodant que les Arboisiens, je ferai moïen de poser, en attendant mieux, avec un gros graduel et je vous serai très obligé, si vous voulez bien, de me faire passer au plus tôt celui que vous avez eu la bonté de me procurer.

« Vous avés dû reçevoir par la dernière poste un bavardage sur la question du traitement des administrateurs, etc. Je n'ai eu le tems ni de le réfléchir, ni de le rédiger, ni de l'abréger. Il est tel que j'ai pu le dicter. Vous le demandiés, je l'ai envoié. Vous m'excuserés s'il n'est pas comme j'aurois voulu qu'il fut.

« Les meubles de M. de Chabot ou de ses gens, car on n'y voit goutte, embarrassent toujours une grande partie de la maison épiscopale. Le district n'a rien fait. Il est d'une lenteur que j'explique ou que je n'explique pas : ces raisons sur lesquelles il paroit se fonder sont au-dessus de ma portée. Ce n'est que d'avant-hier qu'on m'a fait la remise des papiers du secrétariat dévalisé ; encore faut-il remercier la municipalité qu'on a bien voulu commettre pour faire l'ouvrage, commission qu'il n'a pas été facile d'obtenir.

« Je vous avois parlé d'une certaine chapelle et de ses revenus, dont M. l'avocat Boissard prétendoit n'avoir pas connaissance, non plus que de moi. Je vous laisse les titres et même des lettres de *l'honnête* Boissard qui prouvent, ce me semble, que M. Boissard me connoit et qu'il doit à la nation. Quand vous aurés le tems de vous occuper de cette misère ; je serai bien aise d'en avoir des nouvelles (1).

« Vous trouverés cy-jointe une pétition des Tiercelines de Dole, que j'oubliai de vous remettre à mon passage. S'il est moïen de les satisfaire, j'ose vous les recommander.

« M. Grosey m'a écrit que les Bénédictins retirés à Mont-Roland, y sont toujours au nombre de huit, malgré les décrets qui exigent que les moines qui veulent mener ou faire semblant de mener la vie commune soient au nombre de vingt. Si le district les protège, ce n'est pas sans savoir que ce sont des boutes-feu qui ont toujours fait et qui font encore tout le mal que de mauvais moines sont capables de faire, et ce n'est pas peu dire. Dieu veuille les congédier ou les convertir.

« Agréés, s'il vous plaît, les témoignages de mon respect, de ma reconnoissance et de tous les sentimens que je vous ai voués pour la vie. Faites agréer l'expression des mêmes sentimens à M. Chevillard et à tous ces messieurs. Dittes à M. Berchet qu'il seroit bien aima-

---

(1) L'affaire dont il est ici question est celle de la Chapellenie dont Moïse était titulaire. Voir plus haut, page 23, et la lettre du 15 août 1791.

ble s'il vouloit venir faire le fou avec mes vicaires aux fêtes de Noël.

« Je suis avec une cordiale fraternité,

« † F. X. Moïse,

« Evêque au département du Jura.

« Saint-Claude, le 6 Décembre 1791 ».

« Monsieur le Président (1),

« L'Assemblée nationale a ordonné la convocation des électeurs qui doivent choisir les curés pour le tems des assemblées de districts. Cette convocation est d'autant plus nécessaire que l'état des administrateurs étant très précaire, il me deviendroit presqu'impossible d'en trouver si l'on ne satisfait pas au plus tôt au vœu de la loi. Peut-être cependant ne formerois-je pas encor la demande de cette convocation si je ne voïois pas que des départemens voisins, qui font leurs élections, nous enlèvent des sujets dont nous avons besoin, et que nous conserverions si l'on satisfaisoit à la loi dans notre département.

« En conséquence, je vous prie, Monsieur, de mettre ma lettre ou plustôt ma pétition sous les yeux de l'administration du département, et d'en solliciter le succès. Faites, s'il vous plaît, agréer les témoignages de mon respect à tous les membres de l'administration et souvenés-vous que je vous dois une fourchette et une cuillère de buis païables à Saint-Claude.

« Je suis avec une cordiale fraternité, Monsieur,

« Votre concitoïen,

« † F.-X. Moïse, évêque au dép. du Jura.

« Saint-Claude, le 9 Décembre 1791 ».

(1) A M. Terrier, président du département du Jura.

« Monsieur,

« Le graduel que vous voulés bien nous envoïer et dont je donnerai le récépissé, sera compté au nombre des bienfaits dont je suis redevable à l'administration.

« Les réflexions envoiées de ma part sur le traitement des fonctionnaires publics ecclésiastiques, ne sont point rédigées ; mais je crois qu'elles contiennent des vues que l'on doit faire entrer en considération.

« Je m'en rapporte à la loi et à ses organes sur la pétition des Tiercelines de Dole et je m'en rapporte aux vues du bien public qui vous animent en ce qui regarde la lettre ou la pétition que j'ai adressée à M. Terrier, votre président.

« Si Dieu n'use pas de sa toute puissance pour convertir les moines de Mont-Roland, j'espère que l'Assemblée nationale leur rendra justice en décrétant l'exécution de la loi.

« J'expliquerois peut-être la lenteur que l'on a mis à exécuter votre arrêté concernant les meubles renfermés dans la maison épiscopale, mais je ne sais si un nouvel arrêté seroit plus promptement exécuté que le premier. On vient de me dire qu'on avoit rendu un jugement vendredi dernier et qu'on accordoit huitaine pour donner le tems à M. de Bouclans, créancier, d'aviser au lieu où il veut faire déposer les meubles. Après ce délai sans doute viendront les délais de l'ordonnance, puis d'autres délais. Cependant, quelsque soient les droits et les intérêts des créanciers, cela ne me regarde pas. Je dois jouir, je suis dans la maison que la loi m'accorde et j'ai le droit d'y être seul. *Je ne dois rien ni à M. Chabot,* ni à ses créanciers.

« Il y a à l'hôpital de Saint-Claude six sœurs patriotes et trois aristocrates. L'une d'entre elles (sœur Puget) n'a jamais été reçue ni par les hospitalières ni par le

bureau. Elle y étoit les dernieres années de M. de Fargues à son insçu : il étoit aveugle, on lui disoit qu'elle
étoit partie et il en bénissoit le Seigneur. M. de Chabot,
sans doute, l'a soufferte. Ce qu'il y a de très sûr c'est
que c'est elle qui met le désordre en conduisant la vieile
Barudet supérieure. Cette dernière, supérieure depuis
trente ans, sans nouvelle élection, a, dit-on, prescrit
toutes les règles et les statuts de l'hôpital. Elle prêche
la désobéissance aux lois et le refus de soumission aux
pasteurs chaque jour à la prière du soir qu'elle fait aux
malades. Une certaine sœur Décourt, troisième et dernière aristocrate, chargée de la salle des femmes, s'efforce de séduire ses malades et si elle ne peut y réussir,
comme il arrive souvent, elle leur refuse non seulement
les secours de la charité chrétienne, mais ceux encor
qu'elle est chargée de leur administrer par justice. Ce
qu'il y a de plus digne de ce parti *prétendu religieux*,
elle refuse de nous avertir pour donner les derniers
sacremens ou elle engage ses malades à attendre jusqu'à ce qu'enfin il n'y ait plus de tems pour les recevoir. Déjà deux sont mortes sans sacremens et quand
elles sont mortes, ce ne sont pas des hospitalières qui
nous avertissent de les enterrer. C'est par hazard que
nous en sommes instruits.

« Je viens de parler avec force au district, où il y a
des gens trop attachés à la sœur Puget, principal auteur
du mal et à la vieille Barudet. J'ai peint les abbus et
les suites résultantes de la conduite qu'on avoit tenue
jusques à présent à l'égard de ces religieuses *embêtées*,
j'ai sollicité un prompt remède. On m'a promis que
demain on iroit à l'hôpital et moi je me suis promis de
vous en écrire si l'on se contentoit de n'apporter que
des palliatifs sans vouloir appliquer un remède efficace.
Vous pouvés même garder ma lettre en cas de besoin

pour avoir les détails que j'oublierai peut-être si je suis forcé d'écrire sur ce sujet.

« Quant à la chapelle de l'avocat Boissard, rien ne presse ; je pourrai alors rappeler cette affaire dans un autre temps. Je suis de tout mon cœur et avec une cordiale fraternité, Monsieur, votre concitoïen,

« † F.-X. Moïse, évêque au dép. du Jura.

« Saint-Claude, le 13 Décembre 1791 ».

A la suite de cette lettre qui est la dernière que nous ayions de l'année 1791, il peut être utile de lire les deux suivantes retrouvées sans date et qui sont évidemment de la même époque.

« Monsieur,

« Vous trouverés cy-joints des papiers que j'avois oublié de renvoïer après y avoir écrit mon avis. Vous voudrés bien excuser un homme surchargé d'affaires dans ce moment cy et qui a encor peu de secours.

« Monsieur Marmet fait toujours des siennes. Vous savés qu'il avoit déjà rédigé le mis au net de notre travail un peu autrement qu'il n'avoit été conclu. Aujourd'hui il le rechange et j'ose vous prier de ne pas accorder grande confiance à l'auteur. Je dis l'auteur, parce qu'il scait faire signer à ses confrères ce qu'il veut. Je n'ai pas eu le tems de bien examiner son travail, mais j'y ai vu une chose odieuse : le Bief-du-Fourg a une belle vaste église qui est toute neuve, il y a une forte population et on y peut réunir davantage. On y avoit mis une cure. Mais trois abbés Poulin, aristocrates enragés, frères d'un autre Poulin, membre du directoire du district d'Arbois, après avoir cherché à mécontenter les païsans en leur faisant entendre qu'on leur oteroit leur prêtre, sont devenus presque enragés quand ils ont vu qu'on y établissoit une cure. Ils ont fait jouer toutes sortes de ressorts pour empêcher que l'établissement ne se fit et s'il ne se fait pas, ils ne manqueront pas de crier et de soulever. Je ne sais comment M. Marmet se laisse ainsi aller à leurs intrigues. Il vaudroit mieux supprimer dix fois Miège que de ne pas établir le Bief-du-Fourg en cure. Monsieur Marmet sait parfaitement qu'il y a une antipathie insurmontable entre Censeau et Cuvier, que ceux-ci ne peuvent dépendre de ceux-là sans s'exposer aux haines, aux divisions et à voir couler le sang. Il a été témoin aussi bien que moi de la haine, de la petite vanité, et de la jalousie, je dirois presque de la rage qui divise ces deux méprisables villages. Il n'y avoit sûrement guerres de raison à faire de Censeau une cure. C'étoit un peu une affaire de compère. Mais il faut presque avoir envie de faire le mal pour rendre Cuvier dépendant de Censeau. Je ne me défie guerres moins des autres changemens proposés par M. Marmet. Je lui ai fait entendre que les décrets qui ordonnent que le travail des districts seroit fait de concert avec l'évêque deviendroient illusoires si les districts changent à leur bon plaisir et sans concert avec l'évêque les dispositions faites et signées en commun. Je lui ai ajouté que je lirois les changemens qu'il vous propose et que je leur rendrois justice, mais je ne suis pas assés instruit à ce moment pour la leur rendre toute entière.

« Recevés les assurances de mon respect et de mon inviolable attachement.

« ✝ F.-X. Moïse, évêque au dép. du Jura ».

« Messieurs (1),

« En recevant la vôtre, j'en reçois une du directoire du district d'Arbois qui m'annonce que sous peu il m'indi-

(1) A Messieurs du Directoire du département du Jura, à Lons-le-Saunier.

quera un sujet pour administrer la cure de Mouchard et promet de m'en proposer un bon. Comme je suis d'ailleurs au dépourvu, j'attendrai l'indication promise pour satisfaire à votre demande.

« Agréés les sentimens de fraternité dans lesquels je suis votre concitoïen.

« ✝ F.-X. Moïse, évêque au dép. du Jura ».

Avant la fin de cette année 1791, Moïse avait à se préoccuper de la réouverture du Séminaire diocésain. Sur sa demande, le directoire du département, « considérant que si d'une part, il est utile de ne point fixer à un trop grand prix la pension des élèves pour donner un encouragement, il est aussy nécessaire de la porter à un taux approché du prix des denrées ;

« Considérant que le séminaire de Saint-Claude nouvellement étably est sans provisions, presque sans meubles et sans effets, et enfin que l'année scholastique approche et qu'elle ne laisse pas le tems nécessaire pour recevoir des réponses aux termes de la loy citée [celle du 5 janvier 1791] », fixe à trente livres par mois et par séminariste la pension, et accorde 4.000 livres de subvention (1) ».

L'ancien séminaire avait été évacué le 20 janvier au matin par les 40 séminaristes qui le peuplaient ; les directeurs étaient partis de la veille ; le supérieur, en même temps vicaire général, l'abbé de Senailhac, avait accompagné M. de Chabot dans son exil (2).

Le nouveau rouvrit ses portes dans le courant de Novembre, mais à bien peu d'aspirants au sacerdoce,

(1) Archives départementales du Jura. *Délibérations du directoire du département.* Séance du 28 Octobre 1791.

(2) Voir dom Benoit, *op. cit.*, tome II, page 846 et sq ; et Chamouton, *op. cit., passim.*

s'il en faut juger par le petit nombre des ordinands promus aux Saints Ordres par Moïse ainsi que nous allons voir et que nous le verrons un peu plus loin. Nous avons déjà dit qu'un des vicaires épiscopaux était spécialement chargé de leur instruction et de leur direction.

Le 24 Septembre 1791, l'évêque avait ordonné déjà 4 prêtres, 3 diacres et 1 sous-diacre, dont trois, un de chaque ordre, n'avaient que la tonsure avant l'ordination. Le 17 Décembre de la même année, il donna la prêtrise à six séminaristes, le diaconat à un et le sous-diaconat à un autre.

L'année 1792 s'ouvrit sur des préoccupations du même genre : Moïse avait toujours à lutter contre une partie du clergé et des fidèles réfractaires à la Constitution, à se faire accepter et au besoin à s'imposer, autant et peut-être plus encore qu'à organiser son diocèse, à pourvoir enfin de titulaires les cures vacantes.

Dès le mois de Janvier, il s'occupa de son mandement de carême dont il escomptait l'effet moral. Il s'en ouvrit d'ailleurs à son habituel confident, M. Ebrard, syndic du directoire départemental.

« Monsieur,

« J'ai beaucoup de choses à vous écrire : mais il faut attendre que j'en aie le tems. Je laisse l'incluse ouverte afin que vous lisiés le premier article, ce qui m'évitera la peine de l'écrire ici. Vous voudrés bien la cacheter quand vous aurés lu cet article.

« J'ajouterai: 1° que l'on m'a écrit par la poste, sous des noms de curés qui n'existent pas, des lettres insidieuses. Il est je crois bien sûr que si j'eusse fait la

(3) ARCHIVES DE L'ÉVÊCHÉ DE SAINT-CLAUDE, *Registre des ordinations.*

sottise de répondre, mes lettres auroient été arrêtées et décachetées et elles ne l'auroient été que par une infidélité commise à la poste. On a décacheté et recacheté des lettres à moi adressées.

« On a ôté les bandes de certains papiers imprimés et on les a recouvert d'autres bandes avec une adresse qui étoit justement celle sous laquelle je n'avois pas reçu ni dû recevoir des lettres que l'on avoit toujours eu grand soin de m'apporter et que j'avois renvoié à la personne plus clairement désignée dans l'adresse.

« M. Forestier passe pour un très honnête homme et patriote ; mais il est toujours à Morey. Sa femme est très aristocrate et de plus sa sœur, Rose Gabet, est celle qui fait l'ouvrage de la poste à Saint-Claude. Or cette Rose Gabet est une fille qui se prétend savante et qui n'est que folle et enragée. Je soupçonne que le mal pourroit bien venir, en partie au moins, de la poste de Saint-Claude. Mille affaires me forcent de finir. Il faut cependant que je vous demande si vous voudriés bien vous charger de faire parvenir mes mandemens de carême dans les trois villes de district, savoir Orgelet, Arbois et Dole, car je ne sais par quelle autre voie je pourrois les faire parvenir. Agrées et faites agréer à vos Messieurs, sans oublier M. Chevillard les sentimens que je vous ai voués pour la vie.

« † F. X. Moïse,

« Evêque au département du Jura.

« Saint-Claude, le 23 janvier 1792 ».

Le mandement parut cinq jours plus tard. Son importance est telle au point de vue doctrinal qu'il convient d'en donner une analyse un peu détaillée.

Il commence ainsi :

« François Xavier Moïse, par la providence divine, et dans la communion du St-Siège, évêque du Jura, au clergé et aux fidèles de notre diocèse : Salut et bénédiction en Notre-Seigneur Jésus-Christ ».

Après avoir dit brièvement les motifs qu'a l'Eglise de rappeler au moment du carême les fidèles à la pénitence, en leur qualité de « chrétiens et de pécheurs », Moïse cite les exemples de St-Jean-Baptiste, de Jésus-Christ et des Apôtres. Il expose comment les premiers fidèles comprenaient la pratique de cette pénitence. Il s'appuie sur les ouvrages des « Grégoire, des Bazile, des Clément d'Alexandrie... » dont les prescriptions ont été suivies « jusqu'aux lois introduites dans le tems des croisades ».

La pénitence n'était pas alors le partage des seuls pécheurs, mais de tous les fidèles qui pratiquaient la charité à un degré héroïque en aimant jusqu'à leurs persécuteurs.

« ... O temps heureux ! pourquoi nous avons vous perdus de vue ? Pourquoi les chrétiens ne vous ont-ils pas sans cesse présents à l'esprit ? ».

« ... Nous redoutons l'antiquité, parce qu'elle nous propose une perfection que nous refusons d'imiter... ».

« ... N'abusons pas, N. T. C. F., de la grâce que Dieu nous a faite de naître dans un siècle éclairé, dans un tems où les lumières sur la discipline sainte qui a donné tant de lustre à la religion, sont devenues plus générales. Tout favorise le rétablissement de l'ancienne discipline, tout le sollicite ; ne nous contentons pas de l'estimer, de la respecter, de la regretter ; ne négligeons rien pour la relever de sa chute. Déjà les efforts des chrétiens zélés pour la gloire de notre divine religion, nous ont rapprochés de bien près de cette antiquité vénérable ; achevons par notre zèle cette réforme qui doit être complette si nous voulons en assurer la durée ».

Les fidèles doivent voir revenir le temps du carême avec joie parceque c'est un temps de pénitence.

Qu'était le carême aux premiers temps de l'église et jusqu'au Xme siècle ? un seul repas le soir après le coucher du soleil; et quel repas ! des herbes, de l'eau.

Et St-Basile, St-Augustin sont cités pour appuyer sur ce que presque aucun adoucissement et jamais une dispense complète n'était accordée même aux infirmes et aux vieillards.

« ... Les adoucissements actuellement tolérés ne remontent pas à des époques bien reculées. Les dispenses, à présent générales dans ce royaume, étoient presqu'inconnues en France vers l'an 1500 ; elles étoient sans exemple au commencement de ce siècle, dans la ci-devant province de Franche-Comté ».

Moïse cite, en note, à l'appui de son dire les statuts de Poncher, évêque de Paris en 1503, et les mandements des archevêques de Besançon qui n'accordent de dispenses partielles, et à titre tout à fait exceptionnel, qu'à dater de 1720.

« ... Comprendrons-nous, qu'étant si coupables après tant de péchés, tant d'excès, on exige si peu de nous ; suppléons plutôt à l'insuffisance de cette pénitence, par notre bonne volonté, par notre ferveur, par notre exactitude dans les pratiques de mortification qui nous restent de l'ancienne sévérité du carême ».

Ce temps doit être non seulement pour la mortification corporelle, mais encore celui :

« ... d'une ferveur soutenue dans tous les exercices de la religion, dans la pratique de toutes les vertus, et surtout de la première, de la plus essentielle des vertus, de la vertu du christianisme, de la vertu par excellence, de la divine charité.

，« ... Dans les circonstances actuelles, quelles que soient vos opinions, quel que soit le parti que votre conscience ou une impulsion étrangère vous ait fait embrasser, vous vous souviendrez que si vous voulez être comptés au nombre des disciples du Dieu de la paix et de la charité, vous devez aimer vos frères, les aimer tous sincèrement et prouver la réalité de cet amour fraternel par les œuvres. Il n'est que trop réel, il n'est que trop grand, le malheur sur lequel les vrais chrétiens gémissent, et qu'ils pleurent avec des larmes amères, le malheur des divisions. Les chrétiens de cet empire, dans le tems où les liens qui les attachent à leur religion et à leur patrie, devoient se resserrer de plus en plus, dans le tems où la plus heureuse, la plus complette des révolutions les invitoit tous à la plus parfaite union, les François ont éprouvé les effets funestes des inimitiés, des haines et des vengeances. S'ils eussent tous été fortement pénétrés de la nécessité de la charité, s'ils eussent connu toute l'étendue des devoirs de cette loi divine, ni les préjugés, ni les intérêts personnels, ni la diversité des opinions n'eussent jamais produit ces animosités, ces querelles, ces haines qui ont divisé tant d'amis, tant de familles, et qui ont mis la religion et la patrie dans le plus grand danger. Si tous les François eussent été animés de cette charité dont l'Apôtre nous trace les augustes caractères..., on n'auroit pas été témoin de ce scandale épouvantable qui fait frémir l'humanité, on n'auroit pas vu des hommes jusque-là miséricordieux, un sexe naturellement sensible et bon, devenir tout à coup insensible aux larmes des malheureux, croire qu'ils avoient perdu tout droit à leurs secours, parce qu'ils ne partageoient pas leurs sentimens sur la Révolution.... ; la vérité seroit déjà

sortie des ténèbres dont on s'est plu à l'envelopper ;
une discussion paisible, une discussion sans aigreur,
faite dans le dessein de s'éclairer mutuellement, et non
de s'offencer, auroit dissipé les doutes, les inquiétudes
dont tant de François sont devenus les malheureuses
victimes. La paix, la paix la plus parfaite, réuniroit tous
les membres de cet empire, et nous jouirions déjà de
tous les heureux effets d'un meilleur ordre de choses.
Ceux à qui la patrie a demandé de grands sacrifices, au
lieu de crier à l'injustice, et d'appeler la vengeance, au
lieu d'armer leurs mains parricides contre leur mère
commune, auroient trouvé beau et glorieux de contribuer plus efficacement au bonheur général. Ceux qui
ont cru voir dans les réformes les plus sages, dans le
rétablissement des lois de l'Evangile et des règles de
la sainte antiquité, une playe faite à l'Eglise ne se
fussent pas persuadés, que sous le prétexte de faire
prévaloir leur opinion, il leur fut permis de semer parmi
leurs concitoyens, les troubles, les inquiétudes, les divisions les plus funestes ; le zèle pour la religion ne fut
pas devenu le signal affreux des désordres et des haines ;
on se seroit rappelé que celui-là doit se regarder
comme le plus dangereux, le plus cruel ennemi de la
religion, qui cherche à briser les liens sacrés de la fraternité. Enfin, ceux qui ont été assez éclairés pour voir
dans la régénération de toutes les parties du gouvernement politique, dans le rétablissement des antiques
et sages lois de l'église, la source de la prospérité
publique, l'espoir de l'avenir le plus heureux, les principes de la réformation des mœurs, le triomphe de la
religion ; ceux qui ont suivi le seul parti digne d'un
François et d'un chrétien, auroient honoré encore
davantage la cause sainte pour laquelle ils ont juré de
se dévouer ; ils se fussent interdit tout mouvement

contraire à la Constitution ; ils se fussent tenus en garde contre toute effervescence qui n'est propre qu'à retarder la marche de la Nation vers la prospérité ; ils se fussent défiés de tout zèle exagéré qui vouloit les porter au-delà des limites tracées par la Loi ; ils eussent, par des égards encore plus fraternels, adouci l'amertume des sacrifices imposés à leurs concitoyens par la volonté générale, ils eussent compati davantage à leur foiblesse, à leurs préjugés ; ils se fussent constamment tenus dans l'attitude imposante, mais chrétienne de l'homme qui, assez puissant pour faire trembler son ennemi, ne lui témoigne que le désir le plus vrai, le plus sincère, de la paix et de l'union.

« Voilà, M. T. C. F., quelle eut été la conduite de tous les François, si tous eussent été pénétrés des sentimens de cette vraie, de cette sublime charité prescrite par notre sainte Religion. Et quels en eussent été les heureux effets ? la paix règneroit dans l'intérieur des familles ; les François de toutes les parties de l'Empire ne trouveroient que des frères parmi leurs concitoyens ; l'infâme, le cruel agiotage nourri par les craintes, par les soupçons, les défiances, les divisions, auroit fait place à la bonne foi, à la confiance ; les sommes énormes destinées à préserver la patrie des fureurs de ses propres enfans, seroient employées à favoriser les progrès de l'industrie, à donner du travail à des bras qui en sollicitent, à nourrir des infortunés qui périssent sous le poids de la misère et des infirmités ; l'agriculteur libre enfin de la barbarie et de la féodalité, du joug humiliant de la main-morte, de la dixme, de la gabelle, et de tant d'autres servitudes également onéreuses et avilissantes, ne verroit pas son bonheur empoisonné par les craintes qu'on s'efforce de jetter dans sa conscience ; son cœur ne seroit pas déchiré par les funestes divisions qu'un faux zèle a introduites dans sa famille,

dont tous les membres avoient vécu jusque-là dans la
plus intime union ; il ne craindroit pas pour les jours
d'un fils que l'amour de la patrie a revêtu de ses livrées ;
le bruit de la guerre n'auroit jamais frappé nos oreilles ;
le premier qui auroit osé prononcer l'horrible mot de
contre-révolution auroit été traité comme un insensé,
et le bonheur seroit le partage de tous les François.

« Oui, M. T. C. F., ce bonheur, il ne tient qu'à nous
de l'obtenir, et si nous sommes vraiment chrétiens,
nous en jouirons nécessairement, parceque si nous
sommes vraiment chrétiens, nous aurons la vraie charité... L'intérêt propre..., ce vice incompatible avec les
principes de la liberté et de l'égalité, sera sacrifié sur
l'autel de la charité ; les vœux se confondront, la Loi
sera la boussole de tous, la Constitution sera le point
de ralliement de tous, tous les efforts se réuniront pour
la rendre inébranlable, et notre divine Religion qui
aura donné pour appui à notre Constitution la charité,
cette source pure du vrai patriotisme, protégée elle-même
par la sagesse de notre Constitution, achèvera la régénération des mœurs, sans laquelle il ne peut exister ni
Constitution, ni Liberté, ni Prospérité, ni Patrie.

« Nous désirons tous, M. T. C. F., de recevoir dignement la Pâque du Seigneur, le signe le plus marquant
de l'union des chrétiens. Nous désirons tous de parti-
ciper à la même table ; y porterons-nous des cœurs
aigris, des cœurs ulcérés par des passions haineuses ?
Lorsque nous demandons à Dieu le gage le plus sacré
et le plus précieux de son amour, lui refuserons-nous
les sacrifices qu'il nous demande, pour le rétablissement de l'union et de la paix avec tous nos frères ? Non,
sans doute : et telle est notre confiance dans le Seigneur
que ce temps de réconciliation sera l'époque où tous
les François, cédants au vœu de la Religion et de la
Patrie, confondront tous leurs intérêts, ne cherchant

leur bonheur que dans celui de leurs frères, et ne comprendront plus qu'une seule famille dont tous les membres étroitement unis par les liens sacrés et indissolubles de la religion et du civisme, n'auront plus qu'un cœur et qu'une âme.

« A l'exemple de nos prédécesseurs, et cédants aux lois d'une nécessité absolue, nous permettons à tous les fidèles résidans en ce diocèse, d'user de lait, de beurre, de fromage tous les jours du Carême de 1792, et même de manger des œufs, excepté le mercredi des cendres et le vendredi suivant jusqu'à Pâques. Nous permettons aux officiers, cavaliers, soldats des troupes nationales volontaires et des régiments de ligne, qui sont en garnison ou en quartier d'hiver dans l'étendue du diocèse du Jura, de manger de la viande les dimanches, lundis, mardis et jeudis des cinq premières semaines dudit Carême ; et de plus, il leur sera permis de manger des œufs le mercredi des Cendres et tous les vendredis jusqu'à Pâques. Enfin, nous permettons aux cavaliers et soldats seulement de faire gras les lundi, mardi et jeudi de la semaine sainte ; le tout sans préjudice de la loi du jeûne qui ne permet qu'un seul repas par jour, et qui ne souffre jamais le gras à la collation.

« Seront tenus tous ceux et celles qui useront desdites permissions, de suppléer à la rigueur de l'abstinence, par des œuvres de charité envers les indigens, par des prières pour N. S. P. le Pape, pour les besoins de l'Eglise, pour le roi, pour le rétablissement de la paix dans cet empire, et pour l'affermissement de la Constitution, sans lequel la paix ne peut exister.

Puis il ajoute : « de plusieurs parties du diocèse, on nous a fait parvenir des demandes pour obtenir d'autres adoucissemens presque toujours accordés depuis vingt ans par les métropolitains de Besançon. » Il a pesé mûrement la force de ces raisons, mais elles ne l'ont pas convaincu ; les pénitences rigoureuses du carême lui paraissent d'une absolue nécessité pour obtenir : « … ce retour de la paix et de l'union, la cessation des troubles et des inquiétudes, suites ordinaires d'une grande révolution, ce triomphe de la religion que nos malheureuses divisions exposent sans cesse à mille nouveaux dangers, l'aplanissement des obstacles que les préjugés, l'intérêt personnel, opposent au rétablissement ou à la pratique des plus saintes règles de l'Evangile et de la respectable antiquité ».

Les curés du diocèse auront cependant la faculté d'accorder des adoucissements suivant les circonstances.

De plus, ils sont invités à réunir leurs paroissiens une fois dans chaque paroisse, pendant trois jours consécutifs depuis le Septuagésime jusqu'au milieu du Carême pour faire des instructions et entendre les confessions ; ils pourront donner la bénédiction du Saint-Sacrement ces trois jours là à la fin de la messe et après l'instruction du soir. Pendant le Carême, ils sont priés de faire la prière du soir, si possible, à l'église, à l'heure qu'ils jugeront convenable, et d'y ajouter une instruction familière, une lecture ou un examen de conscience pour préparer les fidèles à la communion pascale ; si cet exercice est fréquenté, ils pourront y donner la bénédiction du T. S. Sacrement. Vient enfin la conclusion ordinaire : « sera le présent Mandement, lû, publié aux Prônes dans toutes les églises paroissiales et succursales du diocèse du Jura, le premier dimanche après la réception d'icelui.»

« Donné à Saint-Claude, le 28 Janvier 1792.

« † F. X. Moïse,

« Evêque au département du Jura (1) ».

(1) Une brochure in-4°, de 20 pages, sans couverture, à St-Claude, de l'Imprimerie d'Ant. Dumoulin, 1792.

Le Mandement imprimé, il fallait le répandre. Nouvelle lettre à M. Ebrard.

« Monsieur,

« Retardé par l'imprimeur, je n'ai été à même de faire partir mes mandemens que la semaine dernière. N'aïant point trouvé de voiture, et la poste à pied de la ville de St-Claude ne pouvant s'en charger, j'envoie ces pauvres mandemens qui arriveront un peu tard, mais qui seront assez à tems dans les villes du district et les environs et qui ne seront retardés que de huit jours dans les autres endroits si on met de la diligence à les distribuer dans les districts.

« Vous trouverés ici un paquet de 200 exemplaires pour Dole. L'état qu'on m'a remis porte 72 tant cures que vicariats en chef, autant de municipalités correspondantes forment 144. Le surplus sera pour M^{rs} du district, de la municipalité, du collège et pour M^{rs} les juges.

« Il y a un autre paquet pour Lons-le-Saunier, de 220. L'état porte 65 tant cures que vicariats en chef, autant de municipalités correspondantes donnent 130 exemplaires, 30 tant pour les membres du directoire du département que pour ceux du district, du tribunal et de la municipalité et 40 que je vous prie d'accepter font les 120. J'en ai encor. Je vous en renvoierai si cela peut vous faire plaisir.

« Il y a encor deux autres paquets, l'un pour Arbois, l'autre pour Poligny. Comme je n'ai pas l'état des fonctionnaires ecclésiastiques de ces deux districts, j'ai mis au hazard pour chacun de ces deux districts 200 exemplaires.

« Quant au district d'Orgelet, j'ai trouvé une occasion, par laquelle j'ai fait passer directement 240 exemplaires. Je vous serois très obligé si vous vouliés bien recommander au procureur syndic de ce district de presser la distribution.

« Je les distribuerai aisément dans le district de St-Claude. Ainsi tout sera fait.

« Agréés mes remerciemens pour ce nouveau service que vous voulés bien me rendre.

« Témoignés à M. Chevillard combien je prends de part à sa perte : faites agréer mon respect à tous vos messieurs.

« † F. X. Moïse,

« Evêque au département du Jura.

« St-Claude, le 13 Février 1792 ».

Et cette autre, sans date, mais écrite sûrement peu de jours après :

« Monsieur,

« J'ai été bien informé que les ennemis du bien public attendoient la publication de mon mandement pour crier à l'irréligion, répandre la désolation parmi les habitans des campagnes et troubler la paix si j'eusse permis de faire gras pendant le carême. Comme la paix est le plus grand de tous les biens, j'aurois fait attention à leurs manœuvres, si je n'avois pas été sûr de les déjouer en allant droit mon chemin et en livrant au mépris public leurs trames également hypocrites, basses et odieuses. Je crois avoir réussi et j'ai d'autant plus lieu de le croire qu'ils répandent aujourd'hui un prétendu mandement sous le nom de M. Chabot pour permettre le gras. C'est une sottise de plus qu'ils font, c'est une sottise qui leur retombera sur le né, et qui sera appréciée par les campagnes. Il faut les laisser s'enferrer et ne pas se laisser séduire au point de leur remettre entre

mains une occasion de faire le mal après la leur avoir
sagement ôtée. Quant aux inconvéniens qui peuvent
résulter de mes dispositions, je crois y avoir paré dans
mon mandement, comme vous pouvez le voir par la
lettre ci-jointe adressée au directoire du département,
lettre dont il pourra faire tel usage qu'il jugera à propos, et dont j'envoie copie à la municipalité de Salins
en réponse à sa pétition. Vous comprenés que du moment que je voulois en envoïer une copie, elle a dû me
paroître exiger une tournure différente de celle que
j'aurois prise si la lettre eut dû n'être connue que de
Messieurs du directoire. J'ai indiqué dans cette lettre
quelques questions qui n'ont peut-être pas été éclair-
cies, qui pourront l'être à l'avenir, qui jetteront du
jour sur cette matière, laquelle par ce moïen pourra
être réglée d'une manière juste et raisonnable. Le
directoire sera bien le maître de s'épargner, s'il le juge
à propos, la peine de lire ces questions.

« Je n'ai encore rien reçu de votre part au sujet de
différentes affaires sur lesquelles j'avois eu l'honneur
de vous écrire, notamment sur les affaires relatives au
collège de Dole. J'ai appris qu'elles vont leur train
grâce aux soins de ceux qui forment le bureau qui sont :
1° M. Prost, 2° l'abbé Ferjeux, à qui j'ai refusé une
institution canonique, 3° M. Francisque le bretailleur,
4° M. Badois, 5° M. Amoudru, 6° le cordonnier Baron-
net, etc., etc., c'est tout dire.

« Le Jeudi saint approche ; je crois qu'on doit me
fournir l'huile et le baume de la Mecque pour la consécration des huiles s^{tes} à l'usage du diocèse, comme on
doit me fournir le pain et le vin pour le sacrifice de la
messe de paroisse. Il me faudroit pour cet objet cinquante livres d'huile d'olive et une phiole de baume de
la Mecque. Voudriez vous mettre une pétition sous les
yeux du directoire à l'effet de me fair envoïer les four-

nitures de Lons-le-Saulnier ou à l'effet d'ordonner au directoire de St-Claude de me les fournir. Le premier parti seroit peut être plus économique et plus sûr. On m'a assuré qu'il doit y avoir dans une armoire aux archives de l'évêché une bouteille de baume de la Mecque. Elle appartient sûrement à l'église du Jura : ces messieurs les évêques anciens faisoient payer assez cher les huiles, puisque les paroisses donnoient trois livres pour en avoir plein la cocque d'une noix. Mais je n'ai pas la clef de l'armoire dans lequel on a déposé des livres appartenants à M. Chabot. Augustin Gaillard a cette clef, et M. Guirand, procureur syndic du directoire ayant ordonné qu'on n'achèveroit de vuider l'évêché qu'autant qu'il y auroit un commissaire du district, je crains bien qu'aucun commissaire du district n'ait le tems de se transporter à l'évêché avant Pacques et qu'on ne puisse pas réclamer efficacement la bouteille de baume non plus que bien d'autres choses.

« Pour la distribution des s^tes huiles, il seroit à souhaiter que chaque district fit faire trois flaccons d'étain capables de contenir chacun trois livres d'huile d'olive et qu'on boucheroient bien avec du liège et avec le couvert d'étain, — que chaque canton fit faire de la même manière trois flaccons capables de contenir chacun une demie livre d'huile — et enfin que le département fit faire trois autres flaccons de même espèce capables de contenir chacun dix livres d'huile. Le département envoierait les trois grands flaccons à l'évêque. Je les remplirois et les adresserois à M. le curé de Lons-le-Saulnier. Celuy-ci rempliroit les flaccons de chaque district qu'on auroit eu soin de faire tenir à Lons-le-Saulnier, du moins ceux de Lons-le-Saulnier, de Dole, de Poligny et d'Orgelet. Messieurs les curés de chaque ville de district rempliroient les flaccons de chacun des cantons de leur district et les feroient aisément tenir au curé de chef lieu du canton. Celui-ci donneroit à chaque curé de son canton les s^{tes} huiles nécessaires. Par ce moïen les paroisses ne risqueroient pas de manquer d'huiles s^{tes}, elles ne seroient pas obligées à faire des dépenses pour les envoier chercher et l'on ne verroit pas renaître l'ancien abbus en vertu duquel les doïens distributeurs des s^{tes} huiles se faisoient païer un écu par vicariat, quatre livres par paroisse, tant pour les indemniser de leurs peines, que pour prix des huiles et pour faire bouillir la marmite de certains vicaires généraux à qui ils rendoient plus ou moins sur le prix de leur récolte. Vous voudrés bien peser dans votre sagesse les arrengemens que l'administration doit prendre à cet égard, les communiquer au directoire et me faire part de ses résolutions (1).

« † F. X. Moïse,

« Évêque au département du Jura ».

Le 9 mars 1792, le Directoire du département autorisa le district de Saint-Claude à faire l'aumône habituelle du Jeudi-Saint à soixante pauvres de la ville (2).

Cette même année 1792 est celle où Moïse fit le plus d'ordinations.

Nous en trouvons une le 24 Mai, de laquelle sortent trois prêtres, un diacre, un sous-diacre, un minoré et un tonsuré. Notons que l'un des premiers reçut à la

---

(1) Il existe, aux Archives du Jura, une lettre où Gillet, un des fonctionnaires subalternes du département, parle de ces saintes huiles et des désirs de l'Evêque du Jura. Il les appelle : *ces huiles dont Dieu vous préserve !* et il s'exprime à leur sujet avec un persiflage que ne soupçonnait sans doute pas Moïse et qui l'eut refroidi à l'endroit du personnel administratif.

(2) Archives départementales du Jura, *Registre des délibérations du Directoire du département.*

fois le diaconat et la prêtrise, et un autre les Ordres mineurs et le sous-diaconat.

Le 22 Juin, l'Evêque ordonne prêtre le diacre du mois précédent, tonsure, minore et fait sous-diacre un laïc, et en tonsure trois autres.

Le 22 Septembre (1er Vendémiaire an I), le même sous-diacre, si rapidement promu trois mois auparavant, est fait diacre, un autre aspirant reçoit la tonsure les Ordres moindres et le sous-diaconat, un autre s'arrête aux Ordres mineurs.

Le 22 Décembre (2 Nivôse an I), quatre diacres sont élevés à la prêtrise, de même qu'un sous-diacre et qu'un laïc qui reçut à la fois tous les ordres sacrés tandis qu'un autre ne recevait que la tonsure et les Ordres mineurs (1).

La hâte avec laquelle l'Evêque ordonnait ses séminaristes, témoigne de la pénurie de prêtres où se trou-

(1) Archives de l'Evêché de Saint-Claude, *Registre des ordinations.*

Voici d'ailleurs, à titre de renseignement, les noms des ordinands :

24 Mai 1792. — Cl.-Et. Bécoulet, prêtre ; Emilien Aubin, de Foucherans, prêtre ; J.-Xavier Thiébaud, diacre; C.-F. Meynier, de La Tour-du-Meix, diacre et prêtre; Simon Bouillod, de Lons-le-Saunier, tonsuré ; Alexis Perruche, de Salins, tonsuré ; Ch.-F. Robert, de Salins, minoré et sous-diacre.

22 Juin 1792. — J.-X. Thiébaud, prêtre ; L. Bourgeois, de Salins, tonsuré; P.-A. Constance, de Dole, tonsuré ; Cl. Benoit, de Dramelay, tonsuré, minoré et sous-diacre ; Cl.-M. Lagrange, de Vernantois, tonsuré.

22 Septembre 1792. — Cl. Benoit, diacre ; Nicolas Humbert, de Dole, tonsuré, minoré et sous-diacre; Jean-Pierre Raguemay, de Lons-le-Saunier, tonsuré et minoré.

22 Décembre 1792. -- Cl. Benoit, prêtre ; Nicolas Humbert, diacre et prêtre ; J.-F. Laurent, Chadat et Morel, de l'Ain, prêtres ; J.-J. Guillaume, de Saint-Claude, tonsuré, minoré, sous-diacre, diacre et prêtre ; F.-X. Oudet, de Siam, tonsuré et minoré.

vait le diocèse, et aussi sans doute de la pression
morale qu'exerçait sur lui le Directoire du département
qui aurait voulu voir toutes les paroisses pourvues.

Un peu auparavant (6 avril 1792), l'Assemblée législative avait supprimé tous les costumes ecclésiastiques
hors le temps et le lieu des fonctions sacrées ; l'Evêque
du Jura s'y soumit immédiatement, comme à la loi qui
suivit, je veux dire celle du 20 septembre 1792, obligeant les municipalités à tenir elles-mêmes un état des
naissances, mariages et décès, ainsi qu'à faire remettre
aux communes tous les registres des baptêmes, mariages et enterrements existant dans les paroisses.

Moïse porta celle-ci, par une lettre-circulaire, à la connaissance de ses « Vénérables frères, les Curés, vicaires
en chefs et administrateurs dans le diocèse du Jura ».
Cette lettre est datée de Saint-Claude « le 26 novembre 1792, l'an Ier de la République » (1).

En voici l'analyse :

« Respectables coopérateurs, dit-il, jusques à présent, l'union mal combinée du Sacerdoce et de l'Empire
avoit enfanté des abus sans nombre, un asservissement
mutuel et une lutte scandaleuse. Le Magistrat se voyoit
forcé de se mêler des fonctions religieuses... L'Ordre
sacerdotal, enchaîné à des fonctions purement civiles,
par des ordonnances, par des arrêts, étoit contraint de
remplir les devoirs de la magistrature et d'allier le règne
de J.-C. avec le règne de ce monde, chargé de faire et de
conserver les registres des naissances, etc...

(1) Cette lettre qui comprend 16 pages in-4°, sans couverture,
a été imprimée à Saint-Claude, chez Ant. Dumoulin ; elle est
signée simplement : F.-X. Moïse, évêque au département du Jura,
sans la petite croix, qui d'ordinaire précède la signature épiscopale. Par contre la date est suivie d'une sorte de sceau que nous
voyons Moïse employer pour la première fois dans un acte
imprimé : le mot *pax* sur un cartouche entouré de rameaux
d'olivier.

« Ils sont détruits ces monstrueux abus ; la ligne de démarcation entre la puissance spirituelle et la puissance temporelle est tracée à cet égard. L'honneur, la fortune des François ne dépendant plus de la réception des sacremens, le Magistrat n'aura ni raison, ni prétexte pour en gérer l'administration et le ministère ecclésiastique les accordera ou les refusera, selon les règles tracées par J.-C. et par son Eglise, sans suites fâcheuses pour les membres de la République et sans danger pour lui-même.

« Mais, respectables coopérateurs, la Loi, en nous délivrant d'un asservissement étranger, ne nous affranchit pas des obligations que nous imposent le zèle pour l'Eglise et la charité... Pasteurs des peuples, nous nous ferons toujours un devoir sacré de faire conster de l'état religieux des fidèles confiés à nos soins... ».

Viennent ensuite différentes recommandations concernant chaque registre en particulier.

Pour celui des baptêmes :

« En inscrivant les baptêmes des enfans, on ne marquera pas le jour de leur naissance, on ne déclarera pas s'ils sont posthumes ou non ; et si l'on baptise des jumeaux, on dressera deux actes sans faire mention ni de la qualité de jumeaux, ni de celle de premier né... ; enfin si l'enfant est illégitime, on ne mettra que le nom de l'enfant; jamais on ne fera mention du nom du père lors même qu'il offrirait de signer le registre ».

Quant aux mariages :

« Quoique le Concile de Trente eut frappé d'anathème ceux qui, en 1563, affirmoient faussement.... que les mariages des enfans de famille contractés sans le consentement de leurs pères et mères étoit nul, cependant les ordonnances de nos rois ayant invalidé tous les mariages desdits enfans de famille... jamais ci-devant nous n'accordions la bénédiction nuptiale aux enfans de famille à l'insçu des pères et des mères... Nous agirons d'après les mêmes principes dans les nouvelles circonstances où nous sommes. Persuadés que l'autorité civile a le pouvoir légitime de fixer les conditions nécessaires du droit positif pour la validité de tous les contrats ; assurés que cette autorité a déclaré nuls et de nuls effets les mariages contractés contre le dispositif des douze premiers articles de la section première du titre IV de la loi du 20 Septembre, nous concluerons que les contrats de mariage faits contre la teneur de ces articles seroient invalidés ; et comme le rit sacramentel du mariage ne peut sanctifier qu'un contrat valide, nous ne donnerons la bénédiction nuptiale aux fidèles qu'après que leur contrat aura été fait, déclaré et prononcé conformément aux lois de la République... »

Les publications de mariage faites à l'église, restent nécessaires ; elles devront se faire avant la bénédiction nuptiale, mais dans le cas de nécessité, elles pourront se faire après « les premiers jours de fête qui suivront... Nos vénérables coopérateurs savent que le Concile de Trente les autorise à suivre cette conduite en certains cas, sans être obligés de recourir à l'Evêque ; et nous les autorisons au besoin dans tous les cas possibles à faire ce que la prudence leur dictera à cet égard. Ils s'adresseront à l'Evêque dans le cas seulement où, après avoir donné la bénédiction nuptiale, ils croieront avoir de justes motifs de différer les proclamations. C'est encore la disposition du Concile de Trente ».

Moïse accorde aussi à ses « coopérateurs » le pouvoir de donner eux-mêmes à leurs paroissiens la dispense de « tous les empêchemens qui ne sont pas compris dans l'art. XI de la sect. I du titre IV de la loi du 20 Septembre, soit que les dits empêchemens soient publics ou secrets, dérivans ou prohibitifs ».

Quant aux divorces, l'Evêque est obligé de faire appel

à toutes les ressources d'une dialectique très subtile pour expliquer les choses.

« En décrétant la Loi du divorce, les Législateurs ont pensé que dans un Etat dont tous les citoyens ne professent pas la même croyance, et où l'on reçoit les hommes de tous les Empires et les sectateurs de tous les cultes, il seroit impolitique, tyrannique même, d'exiger que tous renonçassent à des usages autorisés par la religion de plusieurs, et par les loix de leur ancienne patrie.

« Ils ont pensé que la Loi de l'Etat étant une, elle ne pouvoit défendre aux catholiques ce qu'elle permettoit aux disciples de Calvin ; et que, après avoir annoncé que l'Assemblée nationale ne pouvoit ni ne vouloit se mêler de religion, elle devoit pour le surplus. renvoyer les membres de chaque société religieuse à leur conscience, et aux règles dont ils ont promis l'accomplissement. Mais loin d'inviter les individus de quelque religion que ce soit, à profiter de cette tolérance civile, ils ont pris tant de précautions, exigé tant de formalités... qu'ils doivent avoir réussi à rendre les divorces très rares, et même beaucoup plus rares que ne l'étoient ci-devant parmi nous ces honteuses séparations de corps, le scandale du siècle...

« Sans doute ils ont pensé que dans la communion romaine, le petit nombre de fidèles qui auroient recours au divorce, auroient pour la plupart, contracté de ces mariages que l'on cassoit ci-devant, parce qu'ils étoient reconnus invalides, ou qui faisoient le désespoir des époux, parce qu'ils ne pouvoient les faire dissoudre faute d'en pouvoir prouver la nullité ; et ils ont cru, avec raison, que par rapport à ces sortes de mariages, le divorce n'a rien d'effrayant que le nom.

« Ils ont pensé que les époux cherchant le bonheur dans les liens d'une union que rien ne puisse rompre, et n'en trouvant de tels que dans la conscience d'une âme religieuse, ils compteroient enfin la religion pour quelque chose dans leur choix, et que jamais des époux vraiment catholiques ne demanderont un divorce contraire aux préceptes divins... » et que « du moins parmi les catholiques, on viendroit à bout d'opérer la destruction des scandales, et le rétablissement des bonnes mœurs. »

Les prêtres du Jura avaient donc la permission de « peser au poids du sanctuaire » les raisons que pourraient présenter les fidèles pour divorcer légalement et suivant les circonstances de leur prescrire ou de leur interdire de poursuivre la résiliation de leur contrat nuptial. Que si l'un des anciens conjoints voulait ensuite du premier cas se remarier, *vivente priori comparte*, ce serait à l'évêque de prononcer sur la conduite à tenir. Quant à ceux qui auraient divorcé malgré l'avis de leur curé et qui demanderaient à faire consacrer une nouvelle union, on devrait leur répondre : « Nous n'examinerons pas si vous avez cessé d'être un bon citoyen ; mais, nous avons le droit de vous le dire, vous avez cessé de vous conduire en bon chrétien ; vous n'avez pas péché contre la loi de l'Etat, mais vous avez transgressé les préceptes du Seigneur... les sacrements de l'Eglise ne sont pas pour ceux qui s'obstinent à violer ses lois.... »

La lettre enfin se termine sur des paroles d'espoir « La République françoise renouvellera les beaux jours de la République romaine qui, pendant plus de cinq cents ans, n'offrit pas un seul exemple de divorce... Mais si contre notre juste espoir, contre l'attente de nos législateurs et malgré notre zèle, les abus venoient à se grossir et à se multiplier ; instruits par l'expérience, les Représentants du peuple se hâteroient de modifier une loi pour laquelle on auroit lieu de juger que nous n'étions pas faits ; et nous mêmes nous ne négligerions rien pour en solliciter la réforme par les voies légales. »

Pendant que l'évêque constitutionnel s'occupait ainsi d'organiser son diocèse et son clergé, M. de Chabot faisait, « du lieu de son exil », tous ses efforts pour réagir contre la Révolution. Le gouvernement le fit poursuivre et bien que le récit de ces faits n'appartienne pas à cette étude, il faut en dire un mot, ne fut-ce que pour montrer quel trouble tous ces évènements devaient jeter dans les esprits et quelles incertitudes dans les consciences.

Bref, au mois de septembre 1791, la police recherchait déjà « Jean-Baptiste Chabot, cy-devant évêque de Saint-Claude, âgé de cinquante-quatre ans, taille de cinq pieds un pouce, cheveux et sourcils bruns, le visage rond », pour « le faire prendre au corps et conduire en la maison de justice près le tribunal ».

N'ayant point été arrêté, et n'ayant point comparu, absent depuis dix-huit mois, comme vint en témoigner son ancien domestique, Augustin Gaillard, *ledit Chabot* fut déclaré « déchu du titre de citoyen françois », et il fut décidé qu'on proocéderait contre lui par contumace.

Sur ces entrefaites, on saisit à la poste plusieurs exemplaires imprimés « d'un écrit intitulé : Mandement et ordonnance de Mgr l'Evêque de Saint-Claude pour la publication du bref de Notre-Saint-Père le Pape Pie VI, en date du 19 mars 1792, lequel écrit étoit daté du 4 avril suivant et accompagné d'un prétendu bref du Pape imprimé à deux colonnes, portant l'une le texte latin et l'autre la version françoise et daté de Rome le 19 mars 1792 ; ledit Chaboz ayant signé, sous le titre d'évêque de Saint-Claude, ledit écrit intitulé Mandement et ayant certifié en ladite qualité le prétendu bref du Pape ».

C'était, en effet, le Mandement de Pie VI, en réponse à « *L'accord des vrais principes de l'Eglise, de la morale et de la raison sur la constitution civile du clergé de France*, par les évêques des départements, membres de l'Assemblée constituante ». Ce dernier ouvrage avait paru à Paris en 1791 et avait pour suite une lettre au Pape, que les évêques députés n'avaient jamais envoyée à sa destination. Pie VI affirme l'authenticité des lettres apostoliques par lesquelles il avait condamné l'année précédente la Constitution civile du clergé, et établit que le défaut des formes civiles dans leur publication — formes qu'il était d'ailleurs impossible d'observer, — ne leur enlève rien de leur autorité. Enfin, sur l'avis des cardinaux assemblés en congrégation le 17 janvier, il ne veut pas sévir immédiatement et il donne six mois aux évêques schismatiques pour venir à récipiscence ; passé ce délai, il lancera contre eux l'excommunication.

D'autres exemplaires du même écrit furent aussi livrés à la justice par des prêtres constitutionnels.

Convaincu « d'avoir adressé à plusieurs fonctionnaires publics du diocèse de Saint-Claude » ce papier proscrit et d'avoir usurpé un titre qui ne lui appartenait plus, « ledit Chaboz fut condamné à deux ans de gêne et quatre heures de poteau », et comme il était contumace, « son jugement a été placardé sur la place publique de Saint-Claude (c'est-à-dire contre la porte de l'église paroissiale, ci-devant cathédrale), dans le délai utile, par l'exécuteur des Jugements criminels du Jura » (1).

C'était le 16 décembre 1792.

(1) Greffe du Tribunal criminel, n° 23. Voir aussi, aux Archives du Jura, les délibérations du Directoire, aux mois de juillet, d'octobre et de décembre 1792.

IV. Fin du premier épiscopat de Moïse.
Son arrestation et sa captivité.

Moïse était-il bien sincère en saluant, à la fin de sa
dernière Lettre pastorale, l'avènement prochain d'une
ère de liberté et de bonheur ? Peut-être. Ses illusions
alors ne devaient pas tarder à céder la place aux plus
dures réalités. Les poursuites judiciaires qu'il avait vu,
sans trop de déplaisir, j'imagine, s'exercer contre M. de
Chabot allaient l'atteindre à son tour. Après des jours
difficiles, il allait en connaître de mauvais, en attendant ceux dont il disait pressentir l'aurore : « les beaux
jours de la République... ! »

Le 5 Janvier 1793, il écrit encore à ses diocésains
pour dissiper les alarmes que les projets de la Convention faisaient naître constamment dans les âmes des
fidèles. « Il est vrai, disait-il, que la secte des prétendus
philosophes, ou plutôt des athées, redouble d'efforts,
met tout en œuvre pour opérer la ruine, l'anéantisse-
ment de toute religion, particulièrement du catholicisme.
La plupart des papiers publics sont à ses gages, le
plus grand nombre des journaux vomissent contre la
religion les plus odieux blasphèmes... »; mais ces vues
ne sont pas celles de la Convention : « Les mandataires
du peuple qui veulent que tous les citoyens jouissent
pleinement des Droits de l'Homme si solennellement
déclarés, regarderont avec horreur tout ce qui auroit
l'apparence d'hostilité contre les opinions religieuses
des françois, et en particulier contre la religion de la
très grande majorité de la République ». Ce qui le lui
fait espérer, c'est qu'aux termes « de la déclaration

solennelle que la Convention nationale a faite à ses commettants (1), il ne peut y avoir de Constitution que celle qui est acceptée par le peuple, et que cette Constitution déclare que le traitement des ministres du culte catholique fait partie de la dette nationale ». C'est aussi « que la Convention nationale a fait décréter le 30 Novembre dernier, qu'il seroit fait une adresse au Peuple dans la quelle on expliqueroit que la Convention n'avoit jamais eu l'intention de la priver des ministres du culte que la constitution civile du clergé lui a donnés ». Il est vrai d'ajouter que cette adresse n'avait pas encore été envoyée ni même rédigée !

Complétant ensuite les instructions qu'il avait données précédemment au sujet des registres paroissiaux, il dit : « Pour obvier aux inconvéniens qui peuvent résulter des incendies et autres évènements, nous prions nos coopérateurs de tenir en double les registres ecclésiastiques dont il est parlé dans notre circulaire, afin qu'il puisse rester un double dans chaque presbytère et que l'autre soit envoyé, par voie sûre, dans l'endroit qui sera désigné dans le prochain Synode ». Il termine enfin par un pressant appel à la concorde et par un éloge des prêtres assermentés :

« Agitateurs, ennemis de notre bonheur, de notre liberté, vous fondez vos espérances sur les dissensions, sur les divisions ; eh bien ! ce sont encore les prêtres citoyens qui déjoueront vos nouvelles manœuvres. Oui, les prêtres citoyens qui n'ont pas craint les atrocités des tyrans, les poignards du fanatisme, les traits cruels de la calomnie ; les prêtres citoyens qui, par leurs efforts, leur patience, leur instruction, ont eu tant de part à la formation de l'esprit public ; les prêtres citoyens qui se sont donné tant de peines pour éclairer

(1) Le 21 Septembre 1792.

le peuple, qui, jusqu'ici l'ont préservé des agitations ;
les prêtres citoyens qui, pour le soutien de la religion
et de la liberté, se sont exposés aux fureurs et aux
vengeances des ennemis de la liberté.. ; ces mêmes
pasteurs sont bien décidés à ne faire valoir leurs droits
que par la patience et la résignation aux évènements (1) ».

On dirait que l'Evêque pressent l'orage qui va fon-
dre. Pouvait-il d'ailleurs en être autrement malgré tout
l'optimisme dont sa nature ardente et obstinée était
capable ? Les difficultés se multiplient autour de lui.

Il ne faut parler que pour mémoire de celle soulevée
par les chantres de la Cathédrale et qui n'est en somme
qu'une petite question d'argent (2).

(1) Une brochure in-4º de 22 pages, imprimée à Saint-Claude.

(2) Les huit chantres de Saint-Claude envoient une pétition
au district pour être payés de leurs gages. « Considérant que le
service des chantres de Saint-Claude a été forcé, par l'impossibilité où s'est trouvé l'Evêque du Jura, de former son conseil...
que si au lieu de quatre vicaires cathédraux l'Evêque avoit pu
s'en procurer 12, le chœur n'auroit pas eu besoin de chantres à
gage...». Bref, on paya ce qu'ils réclamaient aux huit chantres.
pour l'année 1792 écoulée, mais on n'en conserva que quatre
pour l'avenir. Et encore ce règlement de comptes ne fut-il pas
fait sans hésitation, témoin la curieuse lettre qui suit :

« Citoyens,

« Le 29 Janvier dernier, je remis au Directoire du district de
Saint-Claude une pétition, que les administrateurs m'ont affirmé
vous avoir été envoyée le lendemain avec leur avis. Comme je
n'en n'ai point de nouvelles, je crains qu'elle ne se soit égarée
et j'en joins une copie sur laquelle je vous prie de faire droit.
J'ai encore une autre observation à vous faire. Dans la persuasion où j'ai toujours été que ceux qui sont chargés d'acquitter
les fondations sont tenus de faire tous les frais qu'occasionne
cet acquittement, j'ai payé entre autres choses les chantres pour
avoir chanté les offices des fondations depuis le 1er Octobre 1791
jusques et y compris le 31 Décembre 1792. J'en ai fait voir la

Question d'argent encore, la vie matérielle des séminaristes dont on doit élever, « vue l'augmentation du prix des denrées », la pension à 36 livres par séminariste et par mois.

quittance aux administrateurs du District. Il me paroît donc qu'on ne peut rien me retenir pour les chantres sur le traitement qui m'est dû pour avoir acquitté les fondations.

« Cependant on nous retient sur les trois mois de l'année dernière une somme pour les chantres ; d'où il suit qu'ils ont été payés deux fois de mes deniers pour le même service. C'est une affaire faite et je ne répète rien pour cet objet.

« Mais j'ai appris au Directoire du district de Saint-Claude que les mêmes chantres ont présenté une pétition à l'effet d'être payés pour 1792 et que les administrateurs ont été d'avis qu'il fut compté à chacun des pétitionnaires une somme de 60 fr. payables moitié par la paroisse, moitié par ceux qui acquittent les fondations de la cy-devant familiarité, et que cette dernière moitié seroit retenue sur le traitement à accorder à ceux qui acquittent les dites fondations.

« Je vous prie, citoyens, de ne point faire de retenue pour moi : 1º parce que j'ai déjà payé ; 2º parce que d'après le plan des dépenses de la cathédrale, demandé par vous l'an dernier, et agréé par vous, à ce qu'on m'a assuré, le payement des chantres pour les messes de fondation, devient une dette particulière contractée entre particuliers et qui par conséquent, ne peut être l'objet de l'administration.

« Veuillés aussi me faire passer avant le jeudy-saint les trois flacons remplis d'huile d'olive destinée à fournir l'huile sainte à cinq districts, et l'huile nécessaire pour remplir les trois petits flacons destinés pour le district de Saint-Claude et pour la provision qu'il faut nécessairement conserver ici. Celle que j'avois conservé l'année dernière se trouve presque épuisée par les envois que j'ai été obligé d'en faire à plusieurs paroisses de différents districts, et ce qu'il y a de singulier, c'est qu'on m'a demandé plusieurs envois pour des paroisses d'un district où j'ai su depuis qu'il étoit resté des huites-saintes dans le chef-lieu.

« Je suis, avec fraternité, votre concitoyen,

« F.-X. Moïse,
« Evêque au département du Jura.

« Saint-Claude, le 25 Févr. l'an II de la Rép. Fr. »

Le recrutement du clergé rencontrait bien d'autres obstacles. Il suffit, pour s'en convaincre, de lire les listes des quatre dernières ordinations faites à Saint-Claude par Moïse.

Le 25 mai 1793, il donne la tonsure et les Ordres mineurs à Jean-Marie Hugues, de Lons-le-Saunier ; à Jean-François Grillot, de Blois ; à Jean-François Marguet, de Blois ; à Jean-Joseph Berger, de Dompierre ; à Sébastien Morel, d'Acey ; à Pierre-Marie Poux, des Planches ; à Jean-Joseph Jeannin, de Foncine-le-Haut ; à Marie-François Clément, d'Orgelet ; il donne les Ordres mineurs, le sous-diaconat et le diaconat à François-Auguste Constance, de Dole ; la tonsure, les Ordres mineurs et le sous-diaconat à Auguste Desprels, de Rupt.

Le 21 Septembre, Louis Bourgeois, de Salins ; Grillot ; Marguet ; Morel ; Poux et Jeannin qui n'ont, ces deux derniers, que vingt ans, sont faits sous-diacres, diacres et prêtres en une seule cérémonie, Desprels, diacre et prêtre ; François Courbet et Etienne-François Grillet, tous deux de Cogna et qui ont vingt-et-un ans, reçoivent à la fois l'ordination complète et passent de l'état laïc à la prêtrise en quelques minutes, après quelques mois de Séminaire.

Le 28 Octobre, Alexis Perruche, de Salins ; François-Victor Oudet, de Rans ; Clément, d'Orgelet, deviennent de minorés, prêtres ; J.-B. Ravaillard, de St-Claude, de laïc, prêtre ; ces deux derniers ont vingt ans juste.

Enfin, le 21 Décembre 1793, pour la dernière fois, l'Evêque impose les mains dans sa cathédrale à un ordinand : Claude-Antoine Clerc, de Siège, qui, en entrant à la cérémonie, n'était, comme plusieurs autres avant lui, pas même tonsuré et en sortit prêtre (1).

(1) Dans la suite, et jusqu'au Concordat, il n'y eut pas d'ordinations dans le diocèse. Voir le discours de Vernerey au Concile de Besançon (1800).

Entre temps, Moïse parcourait son diocèse pour ranimer le zèle et prêcher la paix. Le 3 Août au soir, on le trouve dans la voiture publique des Messageries qui venait de Dole à Lons-le-Saunier. Arrêtée à Tassenières, celle-ci se trouvait contenir, outre l'Evêque constitutionnel et son vicaire Répécaud, Michel, gendarme à la résidence de Lons-le-Saunier, qui rentrait chez lui, patriote ardent, qui fut laissé libre de continuer sa route mais qui saisi, à Toulouse et transporté à Sellières et de là à Lons-le-Saunier, par les « clubistes » de cette ville, faillit périr des avanies qu'on lui fit subir (1).

Moïse appartenait à la fraction politique modérée. Il avait adhéré aux protestations de Grégoire et de Lecoz contre le mariage des prêtres. L'administration de Lejeune dans le Jura et ses fureurs iconoclastes rencontrèrent en lui un adversaire déclaré.

Dès lors, la liberté ne devait pas tarder à lui être enlevée.

Le 26 Janvier 1794 (7 Pluviôse an II), Dumas, président du Tribunal révolutionnaire, écrivait au Comité de surveillance de Lons-le-Saunier : « il faut que les coupables soient frappés, que les suspects soient enfermés... Vous devriez avoir vu ou voir parmi vous un nouveau représentant, Lejeune, un excellent montagnard, celui-là ne sera pas un p...., distribuant gratis l'absolution à tous les péchés ! » Lejeune est assez connu pour qu'on n'ait pas besoin de refaire ici son portrait. Il devait, en toute circonstance, justifier les espérances de Dumas et même les dépasser souvent.

Quelques jours après, le 2 Ventôse (20 Février), Lorain envoie aux Municipalités, Comités de surveil-

(1) Voir ce récit, étranger d'ailleurs à notre sujet, dans les *Annales semi-contemporaines* (Août 1793).

lance et Sociétés populaires du ressort de Saint-Claude, qui avait pris depuis peu le nom de Condat-Montagne, la circulaire de la Convention, en date du 28 Pluviôse, pour l'abolition des signes extérieurs de religion. Il l'accompagnait d'une lettre violente : « La hideuse superstition n'est propre qu'à abrutir les âmes, qu'à substituer les devoirs chimériques aux devoirs consolants qui nous lient les uns aux autres et dont le germe a été mis par la nature dans tous nos cœurs... La France presqu'entière nous donne aujourd'hui cet exemple majestueux d'un peuple qui brise le joug de toutes les superstitions pour se borner au culte de la morale et de la Raison... »

Enfin, Lejeune en personne était à Condat dès les premiers jours de Ventôse.

A Lons-le-Saunier, il avait lancé un mandat d'arrêt contre « le ci-devant Saint-Désiré » et fait brûler les reliques du patron de la ville ; puis il avait fait fermer l'église et reçu un certain nombre de prêtres constitutionnels abdiquant leurs fonctions et livrant leurs lettres de prêtrise pour conserver leur liberté.

Dans la nuit du 6 au 7 Mars (16 au 17 Ventôse), les restes de St-Claude furent également saisis et détruits par ses soins ; la cathédrale ensuite fermée et un mandat d'arrêt lancé contre Moïse, cinq jours après.

« Considérant que les citoyens Moïse, ci-devant évêque et Répécaud, nous sont dénoncés comme des hommes qui ont été les plus infatigables instrumens des troubles du Jura ; qu'ils ont favorisé de tout leur pouvoir le déchirement de la France et la destruction de la liberté, en secondant la révolte criminelle des administrateurs du département ; considérant qu'ils deviennent dans cette commune un sujet de discorde et de division ; qu'ils y soufflent dans les ténèbres les fureurs du fanatisme ; qu'il importe au bonheur et à la tranquillité des citoyens, qu'ils en soient écartés et qu'ils rendent compte de leur conduite politique dans ces derniers temps ; ordonnons que les citoyens Moïse ci-devant évêque, et Répécaud, seront mis sur le champ en état d'arrestation et conduits dans la maison d'arrêt de Lons-le-Saunier ».

Répécaud, moins courageux que Moïse et qui paraît avoir du reste depuis le commencement de Février, quitté toutes fonctions ecclésiastiques, puisque à partir du 11 de ce mois l'évêque signe seul tous les actes de catholicité, échappe à la prison en abdiquant son titre de prêtre : « Moi, sous-signé prêtre vicaire épiscopal de Saint-Claude, je déclare renoncer à mes fonctions et être prêt à me retirer chez moi pour y vivre en simple particulier. A Condat-Montagne, le 27 de Ventôse, l'an deux de la République une et indivisible ». Vernerey, originaire du Doubs, son collègue, avait déjà repris le chemin de son pays, de même que Plumey et les autres vicaires épiscopaux.

Moïse refusa de se soumettre et fut arrêté dans sa maison épiscopale, le 24 Ventôse (14 Mars), dans la matinée, et presque aussitôt transféré à Lons-le-Saunier.

Privé de son chef, réduit dans ses membres, les uns infidèles, les autres dispersés, il faudra au clergé constitutionnel un certain temps pour se ressaisir et se reformer.

Pendant ce temps et jusqu'au Concordat, M. de Chabot faisait administrer le diocèse par des prêtres restés fidèles, notamment par cinq délégués à qui il avait donné des pouvoirs spéciaux et dont les noms ont été presque tous accompagnés, dans la mémoire des fidèles, d'épithètes qui les peignent. C'étaient M. Arbel, dont le courage est demeuré légendaire ; le *prudent* M. Thévenin, qui mourut curé de la cathédrale et vicaire général ; le *pieux* M. Faivre, ex-vicaire de la Rixouse ; le *savant* M. Genevay, qui fut directeur au Grand Séminaire et le *séraphique* M. Ferrey, qui revint plus tard à Saint-Claude.

Moïse, conduit à Lons-le-Saunier, y donna le 7 germinal (27 Mars), de sa prison, qui était à l'Hôtel de Ville, sa démission d'Evêque du Jura :

« Après avoir fait constamment tous mes efforts pour servir la patrie et propager l'esprit républicain, je déclare que la démission de l'évêché du Jura, que je ne crus pas pouvoir faire le 22 Ventôse dernier sur l'ordre du représentant du peuple, je crois aujourd'hui pouvoir la faire volontairement, parce que les circonstances actuelles rendent l'exercice de mon ministère inutile à la religion et à la patrie. En conséquence, je donne ma démission pure et simple de l'Evêché du Jura et je promets de n'exercer aucunes fonctions ecclésiastiques, à moins que la République ne me donne l'ordre exprès de les exercer.

« Fr.-X. Moïse, républicain français,
ci-devant évêque du Jura ».

On voit qu'il ne donne sa démission que d'évêque et qu'il réserve même l'avenir. Quant à ses lettres de prêtrise, il se refusa toujours énergiquement à les livrer. Aussi fut-il maintenu en état d'arrestation. Il suivit le sort des suspects et fut emmené avec eux à Besançon.

Les souvenirs de cette captivité nous ont été conservés par l'un des détenus : l'abbé Lambert, originaire de Lons-le-Saunier, confesseur du duc de Penthièvre et aumônier de la duchesse douairière d'Orléans.

Arrêté peu après Moïse, échappé comme lui à l'échafaud, il a écrit le récit de ses aventures en des *Mémoires* demeurés plusieurs années inédits, publiés une première fois en 1822 sous le titre de *Mémoires de famille de l'abbé Lambert sur la Révolution et l'Émigration*, et une seconde en 1894 (1).

« ... Tandis qu'on remplissoit notre prison, on n'oublioit pas celle des Cordeliers ; et lorsqu'on eut entassé pêle-mêle dans ces deux maisons, suspects, prévenus et criminels, au-delà de ce qu'elles pouvoient contenir, on dut songer à nous envoyer ailleurs pour faire place à d'autres. Il fut bientôt question de nous faire partir pour Besançon ; déjà on y avoit expédié un convoi d'une trentaine de fédéralistes. Nos tyrans tinrent un grand conseil, et notre translation y fut arrêtée. Tous les scélérats, c'étoit le nom que les vertueux jacobins donnoient aux détenus, devoient partir de la ville le 8 germinal (28 mars 1794). Tout fut prêt au jour convenu, et, à huit heures, les gendarmes arrivèrent...

« Les voitures étoient arrivées ; j'allai recevoir les chaines qui m'étoient destinées, et que je partageai avec le garde-étalon de Saint-Julien.

« Je comptai en tout neuf à dix voitures ; c'étoient de longs charriots franc-comtois garnis de ridelles, de dix planches chacun, et dont les sièges étoient des bottes de paille également espacées sur la longueur. Quand nous fûmes tous montés, un gendarme à cheval se mit en tête, un autre en queue ; trente canonniers, le sabre nu sur l'épaule et un pistolet à la ceinture, se rangèrent sur la longueur du convoi ; leur tambour battit la marche et nous voilà en route. Nous avions parmi nous tout ce que Lons-le-Saunier comptoit de plus distingué et de plus honnête. Aussi toute la ville étoit dans la

(1) 1 vol in-8°, Paris, Picard (1894), par les soins de M. G. de BEAUSÉJOUR.

consternation. Quelques enfants et un petit nombre de Jacobins furent les seuls spectateurs de notre départ...

« Par notre réunion avec les prisonniers des Cordeliers, le clergé constitutionnel se trouva considérablement renforcé. Nous avions avec nous son chef, l'Evêque Moïse. Celui-ci avoit bien consenti à se démettre entre les mains de la nation du diocèse du Jura parce que c'étoit la nation qui le lui avoit confié, mais il avoit refusé avec beaucoup de fermeté ses lettres d'évêque, c'est-à-dire l'abjuration de son état. Nous avions aussi cinq femmes compagnes de nos malheurs...

« Sur la route, nous eûmes la liberté de marcher à pied ; mais dès que nous approchions des villes, on nous forçoit de remonter en voiture pour déployer le même appareil qu'à notre sortie de Lons-le-Saunier.

« Nous fûmes parfaitement reçus à Poligny. On nous y prodigua tous les secours et même tous les agréments qu'il fut permis de nous procurer. Nos canonniers au contraire, y furent maltraités ; on ne leur fit pas la moindre politesse, et on s'en tint, dans les maisons où ils logèrent, à la stricte exécution du règlement. Nous ne fîmes que passer à Arbois, l'esprit y étoit bien différent ; nous fûmes même insultés par la populace. A Salins, nous retrouvâmes les bonnes dispositions des habitants de Poligny. Un de nos jeunes gens s'évada dans la nuit, et M. d'Amandre fut mis en liberté sur un ordre de Prost. Tout cela nous donna de la joie et de l'espérance.

« Le lendemain, nous suivîmes des gorges au pied des montagnes, sans qu'aucun de nous profitât de l'occasion pour s'échapper. Si nous eussions voulu nous révolter, rien n'eut été plus facile : nous étions plus de soixante, et, quoique sans armes, avec de l'ensemble dans notre insurrection, nous serions venus à bout de nos trente canonniers. Nous n'étions même plus enchaînés depuis Poligny. Mais la terreur avoit paralysé les courages et nous nous laissions conduire, quoique bien supérieurs en force. J'ai fait plus d'une fois cette réflexion en route ; mais loin de la communiquer à d'autres, j'osois à peine y songer moi-même. A cette époque, les choses se passoient à peu près de même dans tous les départemens...

« En arrivant à Quingey, nous eûmes lieu de nous apercevoir que nous avions quitté le Jura. Les canonniers de l'escorte furent obligés de tirer le sabre pour nous protéger contre les insultes menaçantes de quelques sans-culottes.

« Le soir même, les chefs de l'escorte tinrent conseil et arrêtèrent que tous les ecclésiastiques seroient placés sur une même voiture qui formeroit la tête du convoi. Nos laïques à qui il en fut parlé s'y opposèrent avec beaucoup de vigueur, et déclarèrent positivement qu'ils s'opposoient à ce que personne d'entre eux fut sacrifié à la sécurité des autres, et que s'il y avoit du danger pour les ecclésiastiques, tous le partageroient. On avoit en effet répandu le bruit que les septembriseurs attendoient les détenus du Jura aux portes de Besançon, et nos conducteurs avoient pensé qu'en abandonnant les prêtres, ils pourroient parvenir à sauver les autres. Peut-être aussi toutes ces dispositions avoient-elles été convenues dans les jacobinières ; mais la noble générosité de nos compagnons d'infortune nous sauva d'une mort presque certaine.

« Enfin, nous arrivâmes à Besançon et notre escorte nous quitta à la porte des Capucins ; nous n'avions qu'à nous louer de nos canonniers, la plupart étoient des gens séduits ou trompés ; il n'y avoit pas parmi eux de ces scélérats possédés de la passion du crime.

« Nos compatriotes, qui nous avoient précédés aux Capucins, savoient que nous arrivions et nous tenoient prêt un excellent diner ; c'étoit notre premier repas de ce jour ; il fut aussi gai qu'il pouvoit l'être entre détenus... ; après diner, on pensa aux logements...» Les précédents détenus avaient meublé leur prison à leurs frais et à leur départ on les avait contraints à laisser tout : meubles, lits et linge ; de telle sorte que comme le dit l'auteur des *Mémoires* : c'était presqu'un « hôtel garni ».

« Tout le monde fut logé assez commodément... ». Un traiteur du voisinage leur fournissait leur repas : « une soupe, un bouilli, deux entrées, un rôti, un morceau de fromage, du pain de l'*égalité* mangeable pour l'ordinaire et une bouteille d'assez bon vin du pays. On gardoit pour le soir le rôti ou ce qui lui correspondoit en maigre. Tout cela ne nous coûtoit que quatre francs par jours en assignats.» Voilà du moins l'ordinaire de l'abbé Lambert.

Il continue : « Nous étions plus de soixante détenus : le plus grand nombre étoit de Lons-le-Saunier... Je vivois avec nos prêtres constitutionnels sans les éviter comme sans les rechercher ; et quand la conversation portoit sur les objets qui nous divisoient, j'articulois clairement et en peu de mots ma façon de penser, mais de manière à éviter les longues discussions. J'en usois de même avec leur évêque Moïse, qui méritoit des égards particuliers par des connoissances au-dessus de celles du clergé de la province... Moïse unissoit à une érudition étendue un esprit systématique et hardi, et je ne m'étonne pas qu'il se soit lancé dans la Révolution. On m'a assuré qu'il écrivoit mal ; moi je puis assurer qu'il parle bien et qu'il faut se précautionner contre lui quand on l'écoute. Je lui ai rendu quelques services réels, qu'il a probablement ignorés. L'opinion parmi nos détenus n'étoit pas favorable au clergé constitutionnel ; notre jeunesse cherchoit à s'égayer aux

dépens de cette Grandeur et de ses prêtres ; on se dis-
putoit à qui leur joueroit le plus de tours et leur diroit
les choses les plus piquantes. J'obtins souvent qu'il fut
traité plus dignement et plus décemment...»

Parmi les prisonniers ainsi réunis, il faut citer les
quatre frères Huguenet, de Salins ; Andrecy, ex-juge
de paix ; le notaire Ebrard, ami de Moïse ; Clément
Lebrun, officier de santé, dont la jeune femme se fit
porteuse de pain chez le boulanger de la prison pour
pouvoir secourir son mari ; l'apothicaire Marmet ; l'imprimeur Delorme, qui avait travaillé pour l'évêque du
Jura ; Gindre, agent national ; Rouget, ex-commis du
département et parent de l'auteur de la *Marseillaise*, etc. ;
puis des ex-nobles aussi : Guigue de Champvans, de
Jouffroy d'Abbans, les deux de Laurencin, les deux de
Marnézia encore, neveux de l'Evêque d'Evreux dont
Moïse avait acheté le costume et les insignes épiscopaux par l'intermédiaire d'Ebrard ; des de Rotalier,
des de Saint-Germain, etc. Parmi les prêtres, les abbés
Graveleuse ; Brossette ; Fournier, curé de Dompierre et
Garnier, curé de Biarne, tous deux assermentés, à ce
que je crois ; Guyon, de Foncine-le-Bas, qui s'était
rétracté, ainsi que Léger, curé de Loulle ; l'abbé de
Laubespin, etc., etc. (1). Il y avait environ quinze
constitutionnels.

« Les prêtres et même les assermentés, se condui-
soient presque tous d'une manière édifiante.

« Les occupations ordinaires [des détenus] étoient les
journaux, le jeu, la conversation et les promenades
dans les grands corridors, car le jardin nous étoit
interdit ».

(1) La liste des détenus n'a jamais été établie complètement.
Elle se modifiait du reste à peu près tous les jours par de nouvelles incarcérations, des mises en liberté ou des évasions.

Le 15 Juin (26 Germinal), les prisonniers furent transférés des *Capucins* à l'Hôtel de Sainte-Croix (1) et leur vie recommença à peu près pareille. Plusieurs, parmi lesquels l'abbé Lambert, réussirent à s'échapper.

Moïse, lui, continuait à s'occuper de ses affaires personnelles et d'intérêt, témoin la procuration suivante qu'il avait écrite pour être remise au « citoyen Delacroix, notaire public à Condat-Montagne » (2) :

« Je soussigné, François-Xavier Moïse, citoïen demeurant à Condat-Montagne, constitue mon fondé de pouvoir le citoïen Claude-François Delacroix, notaire public en la dite commune, pour paroître en mon lieu et place par devant les juges du tribunal du district de Condat-Montagne et me défendre contre l'action que les frères Monneret m'ont intenté par exploit du huit du présent mois au sujet des fournitures par eux faites dans la cy-devant église cathédrale et pour quelques mois de traitement de l'un d'eux. Pour quoi faire je donne au dit Delacroix touts pouvoirs, même de mettre en cause qui il lui plaira et promets d'avoir son géré pour agréable. Je constitue également ledit Delacroix mon fondé de pouvoirs pour demander acte à la municipalité de Condat-Montagne du certificat de civisme qu'elle m'a délivré en Brumaire dernier ; et pour demander acte au Comité de surveillance du visa qu'il a mis sur ledit certificat en déclarant que le citoïen Moïse *a toujours donné des preuves de civisme et de charité pour les pauvres ;* pour demander pareillement acte à l'administration du district du visa qu'elle a mis sur le même certificat en confirmant le visa du comité de surveillance ; et même pour demander acte à la commission

(1) Cet hôtel porte actuellement le nº 26 de la rue du Perron, à Besançon.

(2) Cette procuration est conservée par la famille Klein, de Morteau.

départementale de Dole du visa qu'elle a mis sur ledit
certificat en Frimaire dernier. Je constitue enfin ledit
Delacroix, mon fondé de pouvoirs pour demander acte à la
municipalité et au district de Condat-Montagne des dons
que j'ai faits en 1792 (vieux style) pour les frais de la
guerre ; des dons que j'ai faits la même année pour
l'habillement et l'équipement des volontaires, de ceux
que j'ai faits dans la même occasion pour la nourriture
et l'entretien des mères, vefves et enfans des défenseurs
de la patrie, ainsi de ceux que j'ai faits pour récom-
penser les belles actions des volontaires et enfin de
ceux que j'ai faits en 1793 (vieux style) pour coucher
les défenseurs de la patrie, malades ou blessés. Sur tout
quoi je promets de le relever de toutes charges.

« A Besançon dans la maison d'arrêt des cy-devant
capucins, le 20 Germinal, l'an second de la République
françoise une et indivisible.

« F.-X. Moïse, républicain françois ».

L'ex-évêque du Jura tentait aussi de rentrer en possession de ce qui lui appartenait et de le mettre en lieu sûr.
Son frère, Claude-François, qui habitait aux Gras la
ferme paternelle, fut chargé de ce soin et s'en acquitta
le mieux qu'il put. Il enleva de la maison épiscopale les
effets personnels de Moïse et se mit en devoir de les
faire conduire chez lui. Ce ne fut pas sans difficulté.

Le jeudi 12 Floréal (1er Mai 1794), deux volontaires du
bataillon de Semur au poste de Doubs, presque au terme
du voyage, et un garde national de cette commune
arrêtèrent les quatre voitures conduites par Gauthier,
dit Saint-Jacques, de Valfin et Alexis Monneret. Elles
portaient dans deux tonneaux, deux caisses, trois
malles et quelques meubles les « linge, batterie de cuisine et hardes » de Moïse, « ci-devant évêque de Condat-

Montagne, en état d'arrestation ». Elles étaient adressées à Jeanne-Françoise Philibert, femme de Claude-François Moïse, officier municipal aux Gras, et *chirurgien*.

Cet inventaire est curieux dans son désordre même et nous en dit plus long sur la vie privée de l'ex-évêque du Jura que bien des considérations ou des conjectures. Il ne contient évidemment pas tout ce qui, à Saint-Claude, était la propriété de Moïse : nous n'y voyons ni sa bibliothèque, ni ses ornements épiscopaux, ni beaucoup d'autres choses. Peut-être tout cela était-il déjà en sûreté.

Le voici, dans son texte, d'après l'original que conserve la parenté de Moïse, à Morteau :

« *État des meubles, effets, linges, batteries de cuisines et hardes appartenant au citoyen Moyse, ci-devant évêque du Jura, envoyés par le citoyen Claude-François Moyse, son frère, à Jeanne-Françoise Philibert, demeurant dans la municipalité des Gras, district de Pontarlier, département du Doubs. Lesquels effets il se soumet de représenter partout où il sera requis à peine de tous dépens, dommages intérêts et suite ultérieure,*

« Savoir :

« Un secrétaire, onze cœlfes de nuit, sept bonnets blancs, cinq mouchoirs, trois linges, une cravatte, deux paires de bas, une boëte contenant neufs petits plotons de fil, un sac à poudre, deux salières, un bonnet, pots de fayence, un couvre épaule d'indienne, onze fourchettes de fer, douze cuiliers d'étain, cinq couteaux de table à manche de buis, un gilet de mouton, un bonnet rouge, deux bonnets, une paire de bas, du papier à tapisser, trois lits complets en camelot, un lit en soye assorti et la tapisserie complette et les ridaux de fenê-

tre, douze ceintures en soye rouge et bleue, une pièce
d'étamine du Mans, une culotte, une paillasse, cinq
paires de rideaux, huit douzaine serviettes, deux paquets
de cordon, une paire de gant poil lapin, sept traversins, deux traversins, un oreiller de plume, une paillasse, un ostensoir en ferblanc, une boëte contenant
douze couteaux, deux missels, 1 autre livre, un registre,
une boëte de tournefeuille, une serviette, de la toile
pour des draps domestiques, deux ridaux de fenètre, un
paquet de lisière, la poivrière, cinq soutanes à mis
usées, une redingotte, une veste, une capotte, un paquet
pour raccommoder, deux petits ridaux et des chiffons,
dix paires de bas à mis usé, une paire de guêtre noire,
trois chemises, deux mantelets, un surplis, quatre tor-
chons de cuisine, vingt-sept tabliers de cuisine, huit
paires de draps, neuf paires de bas, quatre coupons
d'étoffe noire et une pièce de ratine, deux ceintures,
quatre camailles, deux portefeuilles, vingt morceaux
d'étoffe en soye et une paire de souliers, six rideaux de
cotonne brochée, une robe de chambre, quatre culottes,
sept vestes, une soutane, deux habits dont un de drap.

« Fait à Condat-Montagne le 10 Prairial an II de la
République française une et indivisible.

« Claude-François Moïse ».

Mis au courant de l'affaire, l'évêque protesta et
réclama. Finalement, après quelque hésitation, l'administration du district de Pontarlier décida que les voitures et ce qu'elles portaient seraient conduites aux
Gras, sous l'escorte et aux frais de leur propriétaire,
d'un garde national de Doubs et de deux volontaires de
Semur, probablement les mêmes individus qui avaient
opéré la saisie et qui contraints de lâcher leur proie voulaient du moins en tirer tout le parti possible.

Le 15 Fructidor (4 Septembre 1794), Moïse était encore

incarcéré et réclamait la liberté, faisant intervenir des amis et multipliant les démarches, témoin cette lettre très curieuse adressée à son agent d'affaires à Condat :

« Au citoïen, le citoïen Lacroix, notaire à Condat-Montagne, cy-devant Saint-Claude, à Condat-Montagne,

« Citoïen,

« J'ai écrit il y a une quinzaine de jours aux membres du directoire du district pour les engager à donner leurs ordres afin que les motifs de mon arrestation me fussent incessamment envoïés en exécution de l'art. III de la loi du 18 Thermidor.

« Ne recevant aucune réponse je t'adresse le présent acte portant procuration, en te priant de faire choix d'un huissier actif qui fasse promptement signification, et qui se présente exactement pour demander la réponse, et en cas de refus dresser son procès-verbal qui me sera envoïé.

« L'agent national n'a pas pu citer un arrêté de Lejeune s'il n'en existoit pas. S'il en existoit un il doit l'avoir conservé pour sa propre sûreté. S'il l'a conservé je crois qu'il est tenu d'exécuter la loi. S'il ne l'a pas conservé et qu'il n'ait point de motifs de mon arrestation, il doit le dire.

« Je t'embrasse de tout mon cœur ; j'espère bientôt revoir les braves gens de Condat-Montagne et je n'oublierai pas d'aller t'embrasser.

« Le sans-culotte, F.-X. Moïse,

« Besançon, dans la maison de réclusion, rue du Perron, à l'Hôtel ci-devant fleuri, le 15 Fructidor, l'an 2 de la République françoise une et indivisible » (1).

---

(1) Cette lettre est conservée dans les papiers de la famille Klein, de Morteau.

Des quelques semaines que Moïse passa encore en prison nous ne savons rien d'autre.

Le bruit des évènements qui se succédaient avec une rapidité vertigineuse lui arrivait assurément : la cessation du culte sur tout le territoire de la République, le Décret instituant la fête de la Raison, et plus près, jusqu'à la veille du 9 Thermidor (27 Juillet), les arrêtés du proconsul Lejeune se suivant sans interruption pour activer la recherche des suspects. Puis enfin viennent la chute et la mort de Robespierre dont le contre-coup se fait sentir, partout, amène peu à peu une détente dans la persécution, et rouvre de temps en temps la porte de la prison à quelques détenus.

Moïse finit par obtenir son élargissement dans le courant de Septembre 1794 (Fructidor-Vendémiaire, an III), sans que je sache la date précise de sa libération.

V. — **Reprise du culte constitutionnel.** — Synode d'Arbois. — Election de Moïse au Siège métropolitain de l'Est.

En quittant Besançon, Moïse se rendit aux Gras, dans sa famille.

Il devait y être plus en sûreté que partout ailleurs. Le village est écarté de tout centre de population un peu important ; la maison qu'il habitait est loin elle-même du village, on le sait ; puis, ses parents y tenaient un certain rang : son frère était officier municipal ; et lui-même devait garder de tout son passé et de sa qualité d'évêque un prestige assez considérable (1).

Il y séjourna du reste assez peu de temps à ce qu'il paraît. Le culte religieux reprenait un peu partout malgré les arrêtés administratifs.

Le 20 novembre 1794 (30 Brumaire, an III), Besson et Pelletier, représentants du Peuple dans les départements du Doubs et du Jura, ayant appris que « dans les communes frontières de la Suisse on se réunit encore dans les églises pour y prier, même en l'absence de prêtres, les dimanches et les fêtes, que plusieurs prêtres s'y montrent publiquement, et qu'en quelques en-

(1) « On sait, écrit Vernerey, que plusieurs prélats, obligés d'aller vivre une partie de l'année dans leur famille ne peuvent être dans leur diocèse, pour ainsi dire, que pour en faire la visite. (Discours au concile de Besançon ; en note) ». Sauzay, p. 220, dit que c'est cette nécessité causée par la pauvreté qui explique la fréquente présence de Moïse aux Gras. Ce doit être exagéré. Il avait d'ailleurs une pension du gouvernement. Il est vrai que cette pension était payée en assignats, irrégulièrement versée et de peu de conséquence.

droits on relève les croix précédemment renversées »,
prennent à Pontarlier un arrêté qui ordonne de se saisir
de tout individu qui aurait fait acte public de culte,
prescrit de détruire tous les signes extérieurs du culte,
de fermer tous les temples, de ne les ouvrir qu'aux
jours de décadi pour la lecture des papiers officiels ou
discours décadaires, interdit la sonnerie des cloches,
annule tous les anciens passeports et déclare suspect
d'émigration tout individu trouvé sans passeport à une
demi-lieue de la frontière.

Mais trois mois après, Boissy d'Anglas faisait proclamer par la Convention la liberté du culte (Décret du
3 Ventôse, an III, 21 Février 1795), tout en déclarant
que la République n'en reconnaissait aucun, n'en sala-
riait aucun et ne tolérait ni costume ni signe extérieur
d'aucun d'eux. Le 30 Mai (11 Prairial), la loi rendait
aux communes le libre usage des églises non aliénées à
la condition que les prêtres qui s'étaient refusés jusque-
là à prêter le serment, déclarassent devant les municipalités locales qu'ils se soumettaient aux lois de la République. Et le 17 Juin suivant (29 Prairial), une circulaire apprenait à tous que « la loi entendoit assurer et
favoriser de plus en plus le libre exercice des cultes ».

La direction de l'Eglise constitutionnelle était de fait
restée aux mains de Grégoire par la force des choses.
Grégoire, membre de la Convention, janséniste ardent,
devait devenir plus tard sénateur et comte de l'Empire;
d'une singulière puissance d'esprit, il exerçait un véritable ascendant sur tous ceux qui l'entouraient. Il s'en
servit à cette époque pour grouper autour de lui, à la
façon d'un pape de la confession gallicane, Saurine et
Royer, membres comme lui de la Convention et comme
lui évêques, puis deux autres prélats constitutionnels
Gratien et Dubois.

Ensemble, ils écrivirent, le 15 mars (25 Ventôse, an

III), une circulaire aux Eglises de France. « Réunis à
Paris, assemblés au nom de J.-C., après avoir invoqué
le St-Esprit, consulté les monuments les plus authenti-
ques et les plus respectables de la foi et de la discipline
de l'Eglise, et appelé auprès d'eux des prêtres et des
fidèles recommandables par leur piété et leurs lumières »,
ils déclarent la distribution des circonscriptions ecclésiastiques conforme à celle des circonscriptions civiles,
érigent dix métropoles, déterminent les conditions de
l'élection des évêques, la composition du conseil épiscopal, etc.

Moïse s'empressa de leur envoyer son adhésion entière ; puis, il entreprit une visite pastorale.

Nous le trouvons le 25 Mai 1795 (6 Prairial, an III)
et lundi de la Pentecôte, à Luhier où s'était retiré son
ancien vicaire épiscopal Vernerey. Il avait avec lui
quatre prêtres dont deux nous sont connus : Jeanmonot
et Coulot. Il donna la confirmation à quelques enfants ;
la cérémonie eut lieu dans une grange, l'administration
du district ayant refusé de louer pour le culte l'église
paroissiale. Deux gendarmes, qui avaient été témoin du
fait, dressèrent un procès-verbal et l'envoyèrent à
l'administration départementale qui ne donna aucune
suite à l'affaire.

Le 12 Juillet (24 Messidor), il se présente au Conseil
de Salins et déclare qu'il se propose d'exercer le culte
catholique, apostolique et romain dans cette commune.

Et le 31 Août (14 Fructidor), il est à St-Claude, où
il reprend son ministère sous la protection de la loi.
Peu à peu, une partie de son ancien clergé l'y rejoint.
Tout d'abord sa signature se trouve seule sur les registres de catholicité, puis y figure celle de Répécaud ;
à la fin de Septembre on trouve celle de L. Waille ; au
commencement de Novembre, celle de Perret et celle de
Duparchy qui ne signe que rarement et à des intervalles

inégaux ; à partir du 13 Novembre, apparait le nom de
Guirand qui, lui, date toujours en se servant du calen-
drier républicain sans aucun rappel du *vieux style*,
comme le faisaient ses confrères ; et enfin, à partir du
6 Décembre 1797, Jacquemin signe fréquemment les
actes de baptème.

Puis, il revient dans son pays. Le 12 Vendémiaire
(4 Octobre 1795), il célèbre les offices dans l'église de
Morteau. Les *Annales de la Religion* en parlent :
« Dernièrement, disent-elles, le citoyen Moïse, évèque
du Jura, fit à Morteau une conférence de trois heures et
demie sur les circonstances où se trouve la religion.
Les prêtres dissidents, quoique invités, refusèrent le
cartel ; mais bon nombre de leurs partisans s'y
rencontrèrent, et ils furent satisfaits des réponses de
l'évèque à toutes les objections qu'ils proposoient eux-
mêmes ».

La chose ne parait pas s'être passé aussi paisible-
ment. Une délibération du Conseil général de la commune de Morteau expose « que l'exercice simultané des
deux cultes dans l'église n'avoit pas cessé de causer
des troubles, et que l'autorité municipale avoit été mé-
connue ; que notamment, le 12 Vendémiaire, il y avoit
eu entre les deux partis, des menaces et même des voies
de fait, à raison de ce que l'évèque du Jura y avoit célébré la messe, ce qui avoit attiré un concours plus considérable de citoyens, que ces troubles avoient eu lieu
parceque le ministre du culte constitutionnel, ainsi que
ses sectateurs, avoient affecté de ne sortir de l'église
qu'après les heures fixées pour l'exercice de leur culte,
ce qui étoit déjà arrivé l'avant-veille, quoiqu'ils eussent
été prévenus un jour à l'avance de ne pas dépasser les
heures fixées par la municipalité ; qu'en conséquence,
le Conseil ne voyoit plus d'autre moyen de maintenir la
tranquilité publique, que celui de fermer complètement

l'église, conformément au vœu des citoyens des deux partis ».

Ajoutons que les *patriotes* réclamèrent et eurent gain de cause : l'église leur fut rendue.

Le court séjour que Moïse avait fait à Salins quelques mois auparavant n'avait pas suffi pour y réorganiser le culte complètement. Sollicité peut être aussi par Répécaud qui y avait tant d'attaches et par Colisson jadis vicaire de St-Anatoile, il y revient au commencement de Juin 1796 (16 Prairial, an IV), et dépose sur le bureau du Conseil la déclaration par laquelle il promet obéissance et soumission à la République et annonce qu'il exercera le culte catholique dans les ci-devant églises de N. Dame (celle-ci avait été quelque temps le Temple de la Raison), Saint-Anatoile, Saint-Maurice, des Carmes et de l'Hospice. On l'y autorise sur le champ « moyennant qu'il se conformera à la loi du 7 Vendémiaire et ne fera annoncer les exercices de son culte par aucune convocation quelconque soit tambour, cloche, trompette... ».

L'administration de l'hospice, dont faisait partie le chanoine François, avait, le 22 Germinal (11 Août 1796), exprimé le désir que le culte fut rétabli dans la chapelle de l'hôpital tant pour le bien des malades que pour celui des hospitalières. Moïse, dit-on, durant le temps qu'il passait à Salins, logeait dans cet établissement, de même que son ami Colisson.

Du 9 au 17 Juin (21-29 Prairial, an IV), Moïse séjourne à Arbois et fait replacer dans le sanctuaire de St-Just la relique de St-Claude qui avait été cachée dans un four du presbytère ; par ses soins encore et avec le concours des vignerons qui se présentèrent nombreux, les murs furent reblanchis, le pavé et la chapelle réparés et les fonts baptismaux relevés avec le rétable et les inscriptions en lettres d'or qui le décorent.

Le 28 Juillet, il est à Lons-le-Saunier où il donne la confirmation dans l'église St-Désiré. Sachon, ancien curé de Montaigu, alors curé de Lons-le-Saunier et Marion, son vicaire, avaient préparé les enfants à leur première communion faite le même jour.

Puis vient, dans l'ordre des évènements, un fait dont il parait difficile de décharger entièrement la mémoire du prélat constitutionnel.

Une sorte de conspiration, sans aucune chance réelle d'aboutir, s'était nouée, projet éclos et mal nourri dans l'esprit inquiet et irrité de quelques royalistes, ayant pour but de livrer Besançon au prince de Condé.

Au moment où l'un des chefs de ce singulier complôt, M. de Tinseau, dont Moïse avait connu à Dole la famille, passait sur le territoire suisse, ses papiers abandonnés tombèrent entre les mains de l'évêque alors dans sa famille aux Gras. Celui-ci crut-il réellement au danger? Voulut-il saisir cette occasion de faire montre de son patriotisme? Je ne sais; mais, il n'eut rien de plus pressé que de transmettre les pièces accusatrices à Grégoire, évêque de Loir-et-Cher, qui les communiqua au gouvernement, et quelques jours après tous les journaux républicains déclarèrent que les deux évêques avaient sauvé la Patrie? Ceux-ci auraient peut-être pu choisir une meilleure occasion pour se distinguer. Il est vrai qu'ils voulaient à tout prix se montrer patriotes, espérant se faire ainsi mieux supporter du gouvernement et accepter des populations.

Ils ne laissaient pas d'ailleurs passer une occasion de se rappeler à l'attention publique et continuaient leurs efforts pour organiser leur église nationale.

Au mois de Mai 1796, réunis au nombre de cinq, ils avaient adressé à tous les fidèles constitutionnels une lettre pastorale commune ordonnant un *Te Deum* en action de grâces des victoires remportées par les armées de la République.

Le 13 Décembre 1796, ils adressèrent à l'Eglise de France une seconde encyclique qui renfermait un plan complet d'organisation de l'administration ecclésiastique et du culte, plan qui devait servir en attendant un prochain concile national.

On y recommandait les conciles nationaux, provinciaux et mêmes ruraux. Les nouveaux évêques devaient être élus par les citoyens catholiques majeurs du département et avoir les deux tiers des suffrages : on pouvait choisir même un laïque. L'évêque métropolitain devait le sacrer ; s'il se refusait à le faire, l'élu pouvait en appeler au concile métropolitain. Les curés devaient être élus de la même manière par les paroissiens, les vicaires être nommés par les curés.

On ne devait exiger d'aucun fonctionnaire ecclésiastique d'autre profession de foi que la simple déclaration d'appartenir à la religion catholique.

Les fidèles étaient tenus de pourvoir à l'entretien du culte et de ses ministres par des oblations, des collectes, des souscriptions, des contributions volontaires et des donations. Une assemblée générale des paroissiens devait le 1er dimanche de carême « fixer en argent ou en nature la contribution de chacun des membres de la paroisse sans que ces contributions cessent d'être libres et volontaires ». Le douzième du revenu de chaque paroisse devait être prélevé pour les frais généraux du diocèse. Des avis étaient aussi donnés pour l'organisation des écoles et des œuvres de charité.

Le 22 Juin 1797 enfin, Grégoire convoquait le concile national annoncé qui devait se réunir à Paris à la fin d'Août de la même année. Chaque diocèse y enverrait, en plus de son évêque, des députés chargés de représenter le clergé du second ordre et élu par celui-ci. Les évêques qui ne pourraient s'y rendre étaient invités à se faire représenter par de simples prêtres.

Moïse s'empressa de porter cette décision à la connaissance de ses diocésains par une lettre pastorale datée du 10 Juillet 1797 (22 Messidor, an V).

Cette lettre a un double objet.

Le premier est de faire connaître la tenue prochaine du Concile national : « Les Pontifes réunis à Paris, interprêtes de nos unanimes sentimens en ont annoncé la convocation au chef visible de l'Eglise. En notre nom, ils ont professé de nouveau que la primauté du siège de Pierre et de ses successeurs lui assure pour toujours l'attachement inviolable des pasteurs et des fidèles ; qu'elle est un moyen puissant par lequel J. C. a voulu conserver l'unité dans son église et qu'à la subordination canonique dont ils ne s'écartèrent jamais, ils joindront toujours pour la personne de Pie VI cet amour tendre, ce respect filial qu'il vient d'ailleurs de s'acquérir par des titres nouveaux, je ne dis pas en reconnaissant la République déjà respectée par les puissances coalisées, mais en déclarant que tout François qui refuse de se soumettre aux lois de l'Etat, à son gouvernement, s'écarte par là même de la doctrine du St-Siège, enfin en donnant la bénédiction apostolique aux plus zélés partisans du nouvel ordre de choses, même au général vainqueur de l'Italie (1) ». Quant aux évêques convoqués, ils se rendront au Concile « sans savoir si les fidèles voudront concourir à leur alléger le fardeau des dépenses, sans chercher à réveiller la sensibilité des hommes à qui ils consacrent leur ministère ; ils sauront également et s'abstenir de solliciter leurs largesses et s'honorer de recevoir leurs dons et n'en n'user qu'avec cette sévère économie chrétienne commandée

(1) Bref du 5 Juillet 1796.

strictement à tous les pauvres de J. C... Tous les évêques non exerçants qui résident en France sont également appelés à ce Concile », il s'agit évidemment des évêques insermentés. De plus, « chaque diocèse est invité à nommer un délégué qui pourra être muni des intentions de ses comettants, mais surtout qui doit être distingué par sa piété, sa maturité, ses lumières, sa fermeté, son courage pendant la persécution et par son inviolable attachement à la Religion et à la République ». Vient enfin le *dispositif.* Moïse ordonne que jusqu'à la clôture du Concile, les prêtres du diocèse, chaque fois qu'ils célèbreront la messe, diront l'oraison *pro pace et unitate ecclesiæ,* et que dans chaque paroisse on dira à la même intention la messe solennelle du St-Esprit au jour et à l'heure la plus convenable pour les paroissiens. La veille de l'Assomption, jour de l'ouverture du Concile, tous les fidèles du Jura offriront leur jeûne pour la même intention encore. « Enfin, comme il importe que l'organisation des archiprêtrés, au moins provisoire, soit faite avant le Concile, nous prions les Pasteurs de se rendre à Arbois le 26 Juillet pour les sept heures du matin afin de travailler avec nous à cette importante opération. Un pasteur fondé de pouvoir pourra paroître tant en son nom qu'au nom de ses confrères d'un ou de deux cantons. Le lieu de l'assemblée sera désigné la veille. »

Le second objet de cette lettre pastorale est la fête commémorative du Rétablissement du Culte, demandée par les lettres de convocation que les Pontifes réunis à Paris ont adressées à tous les évêques de France au sujet du Concile national. Plusieurs évêques se sont déjà conformés à ce désir. Moïse fixe cette fête pour son diocèse au dimanche qui suit immédiatement l'Octave de la Fête-Dieu ; « Quant à cette année seulement, les paroisses qui n'ont pas encore célébré cette fête la solenniseront le dimanche dans l'Octave de l'Assomption. » En attendant l'impression d'un office particulier, on se servira de celui *pro reparatione injuriarum illatarum.*

La réunion préparatoire au Synode d'Arbois, que cette lettre annonçait, se tint au jour dit : le mercredi 26 Juillet 1797 (8 Thermidor, an V).

Moïse avait pris la précaution d'avertir les autorités municipales de la date choisie et qu'elle aurait lieu dans l'église paroissiale. Bon nombre de prêtres trouvèrent chez les habitants la table et le logement, Arbois étant généralement sympathique au Culte constitutionnel, et le curé Bruet y ayant une grande influence (1).

A huit heures, messe du St-Esprit, à laquelle assistaient, outre le clergé, un certain nombre de fidèles. Le Curé d'Arbois officiait assisté par Chièvre, de Montigny, comme diacre et par L. Colisson, de Salins, comme sous-diacre.

Après l'Evangile, l'Evêque monta en chaire et donna lecture du bref du 5 Juillet 1796, dont il a été déjà question, et qui recommandait aux catholiques l'obéissance aux lois de la République et l'union de tous pour le bien de la Patrie.

A la fin de la messe, Moïse prit de nouveau la parole pour se féliciter de se voir réuni à un si grand nombre de respectables coopérateurs qui pour la plupart « portent encore les marques glorieuses des chaines dont ils furent chargés pour J. C. ». En épanchant son âme attendrie dans celle de ses frères, « il a rendu grâces au

(1) Bruet était né à Arbois, le 4 Juillet 1727. Il fut successivement familier et vicaire perpétuel de S. Just (1771). En 1789, il fut élu, par le clergé réuni à Lons-le-Saunier, député à la Constituante, et fut l'un des premiers de son Ordre à se réunir au Tiers-Etat. Assermenté, il fut curé d'Arbois de 1794 à 1801 et maintenu à son poste par Lecoz. Il mourut le 17 février 1821.

Très Haut qui leur a donné la force de braver les rugis-
sements de l'impiété et qui leur donne encore chaque
jour celle de travailler, avec un zèle toujours nouveau,
au milieu des disgrâces dont ils sont abreuvés au sein
de l'indigence, à ranimer le feu sacré de la charité
dans le cœur des peuples confiés à leur soin ».

Puis, il leur annonça son élection à la Métropole de
l'Est, élection datant de trois jours déjà et dont nous
parlerons en détail un peu plus loin. Cette nouvelle fut
accueillie par des murmures témoignant de la part de
l'assemblée le désir de garder son évêque.

Enfin, il fut décidé que le bref du 5 juillet serait imprimé et envoyé aux paroisses, et on procéda à la circonscription provisoire des archiprêtrés, dont le nombre
a été fixé à seize, comme il suit :

(Voir le tableau ci-contre).

ARCHIPRÊTRÉS	CANTONS D'ARCHIPRÊTRÉS	ARCHIPRÊTRES	SUBSTITUTS
Rochefort	Rochefort Orchamps Gendrey Dampierre	F. Bichot	C. Gaudin, curé de Châtenois
Dole	Montmirey Menotey Champvans Dole	L. Colinet, curé de Dole	E. Poicherot, curé de Jouhe
Longwy	Longwy Saint-Aubin Chaussin Rahon	P. Molard, curé de Pleure	J. Bouvier, curé des Essards
Mont-s.-Vaudrey	Santans Mont-sous-Vaudrey Parcey Villers-Farlay	J.-J. Huguenin, curé d'Ounans	A. Cachot, curé de Santans
Arbois	Montigny Arbois Champagnole Grozon	F.-X. Bruet, curé d'Arbois	J.-F. Plumey
Salins	Salins Vers Port-Lesney Aresche	L. Collisson, curé de St-Anatoile	J.-C. Viennot, prêtre à St-Maurice
Mignovillard	Mignovillard Nozeroy Les Planches Sirod	P.-F.-X. David, curé de Fraroz	J.-B. Marandet, curé de Foncine
Chaumergy	Chaumergy Colonne St-Lothain Sellières	Currelier, curé de Vaux	P.-J. Ravier, curé de Mantry

ARCHIPRÊTRÉS	CANTONS D'ARCHIPRÊTRÉS	ARCHIPRÊTRES	SUBSTITUTS
Poligny.........	Poligny .... Château-Chalon........... Voiteur .... Crotenay .... Petites-Chiettes	J.-J. Rigaud, adm. à Poligny	L. Bourgeois, adm. à Beaune
St-Laurent......	St-Laurent .... Morez .... Longchaumois	Martelet, curé de l'Abbaye-du-G.-V	Martelet, curé à St-Laurent
St-Claude	Septmoncel .... Les Bouchoux........... Molinges............... St-Claude	Perret, ci-devant curé de Louvenne	Waille, curé de St-Sauveur
St-Lupicin......	St-Lupicin .... La Rixouse............. Moirans	L. Waille, curé de St-Lupicin	Colin, curé d'Etival
Aromas.........	Aromas................ Orgelet................ Arinthod............... Vincelles	V.-A. Tournier, curé de Dompierre	J.-F. Grospellier, curé d'Aromas.
St-Julien	St-Amour .... Gigny................ St-Julien .... Cousance	C.-L. Chapelu, curé de Véria	Guy Perrin, adm. à Gigny
Vernantois......	Chatillon .... Conliège .... Vernantois .... Clairvaux	S. Regaud, curé de Vernantois	P.-A. Petetin, curé de Nogna
Lons-le-Saunier .	Lons-le-Saunier .... Arlay................. Bletterans .... Chilly	A.-J. Sachon, curé de Lons-le-Saunier	F. Marion, vic. à Lons-le-Saunier

Les prêtres de chaque archiprêtré s'étaient retirés à part pour élire leur archiprêtre et son substitut.

On procéda ensuite à l'élection d'un député au Concile. Les suffrages se portèrent sur François Colinet, curé de Dole « connu pour ses talents distingués, son zèle infatigable, son patriotisme éprouvé, et par les chaînes qu'il a portées pendant la persécution décemvirale ». Colinet n'accepta qu'à la condition qu'on lui donnerait un substitut pour le cas où les besoins urgents de sa paroisse le rappelleraient. L'Assemblée nomma, à cet effet, Lupicin Waille, curé de St-Lupicin, qui était alors à Paris. Ensuite le Synode chargea son délégué : « 1° de s'opposer de toutes ses forces à la translation de l'Evêque du Jura au siège métropolitain de l'Est ; 2° de représenter au Concile les raisons qui nécessitent la translation du siège épiscopal du Jura dans un *local* plus favorable au bien du diocèse et de solliciter une décision ; 3° de demander que les dispositions réglementaires des deux encycliques qui ne seroient pas contenues textuellement dans les canons, soient soumises à la discussion ; 4° d'émettre le vœu du diocèse pour la convocation d'un Concile général ; 5° enfin, sur le vœu manifesté par quelques membres de l'Assemblée, il a été décidé que, pour l'uniformité, la messe du St-Esprit, prescrite par la Lettre pastorale du 10 Juillet courant, seroit célébrée dans toutes les paroisses du diocèse, le dimanche avant l'Assomption, 13 Août ».

Puis, l'Evêque parlant aux nouveaux archiprêtres, leur rappella leurs devoirs ; il leur demanda spécialement de dresser un tableau des paroisses comprises dans leur arrondissement, désignant celles qui sont administrées par des prêtres soumis aux lois, celles qui n'ont pas de pasteurs, ou dans lesquelles exercent les prêtres réfractaires; de faire connaître le nombre de ceux qui, soit qu'ils n'aient pas repris les fonctions de leur ministère, soit qu'ils aient refusé jusqu'ici leur soumission aux lois, laissent néanmoins l'espérance qu'ils pourront encore servir utilement l'Eglise. Enfin, il s'adressa à tous ces prêtres qui allaient rentrer dans leurs paroisses : « Dites à tous, prêtres et fidèles, que si jusqu'à ce moment nous n'avons pas pressé vigoureusement l'exécution de quelques-unes des dispositions contenues dans les lettres encycliques, nous attendions qu'elles eussent reçu les sanctions solennelles de l'Eglise gallicane, et que, sans jamais oublier combien nous devons compâtir aux infirmités de nos frères, nous montrerons autant de fermeté à faire exécuter les règlements du Concile que nous avons montré jusqu'ici d'indulgence ».

Le *Te Deum* et la bénédiction pontificale terminèrent la cérémonie, vers midi. Moïse en signa le procès-verbal avec les secrétaires : Plumey et Répécaud.

Voici, à titre documentaire, la liste des *assistants* et des *représentés* à ce Synode. Elle donne une idée de l'importance du clergé constitutionnel à cette époque, dans le Jura.

Voir le tableau ci-contre.

Etat des prêtres assistants au Synode d'Arbois, le 26 Juillet 1797.

PRÉSENTS	LEURS FONCTIONS	LEURS RÉSIDENCES	NOMS DES REPRÉSENTÉS	LEURS FONCTIONS	LEURS RÉSIDENCES
André-François Marmet	prêt. de N.-D.	Salins	Henry Besson	prêtre	La Chapelle-les-Rennes
			Claude-Franç. Chèvre	prêtre	Salins
			Coulon	prêtre	St-Anatoile de Salins
Bourgeois	curé	Aumont	Jacques Robert	curé	Villers-les-Bois
			Perraut	desservant	Sellières
			J.-François Grospellier	curé	Aromas
			Joseph-Marie Ponard	curé	Ceffia
J.-Alexis Benoit-Guyot	curé	Vosbles	François-Marie Girard	curé	Cornod
			Félicien Guy	curé	Charnoz
			J.-B. Girard	vicaire	Villette
			François Rochet	curé titulaire	Fort-du-Plasne
			Georges-Amb. Tarnoux	curé	Longwy
François Chifflot	curé	St-Baraing	Antoine Giroudet	curé	Asnans
			Marie-Sylvestre Regaud	curé	Vernantois
			Loiseau	curé	Macornay
Pierre-Alexis Petetin	curé	Nogna	Bourcier	desservant	Bornay
			F.-Denis Naboth	curé	St-Maur
Félix Bouillier	curé	Andelot-les-St-Amour	. . .	. . .	. . .
Charles Perney	curé	Montagna	C.-Louis Chappelu	curé	Véria
			Vidal	desservant	Nans
Claude-Pierre Gravier	titulaire et desservant	Cramans, St-Pierre	. . .	. . .	. . .
Jacques Janneney	curé	Faubourg de Salins	. . .	. . .	. . .
Jean-Claude Gaudin	curé	Mont-sous-Vaudrey	Antoine Bidaut	administrat.	Villers-Robert
Denis-Phil. Maschaud	curé	Cernans	. . .	. . .	. . .
C.-A. Caillier	curé	Aresches	C. Pasteur	curé	Lemuy

(Colonne centrale : Représentants de)

PRÉSENTS	LEURS FONCTIONS	LEURS RÉSIDENCES
C.-Désiré Petetin	curé	Crançot
J.-P. Vincerot	curé	Montaigu
Marie Faivre	curé	Revigny
Cl.-Fr. Chapot	curé	Verges et Publy
Pierre-Joseph Picard	curé	Blye
J.-Pierre Marion	prêtre	Revigny
Louis Bourgeois	administrat.	Beaume
Antoine-Joseph Sachon	curé	Lons-le-Saunier
Franç.-A. Bondivenne	curé	Louvenne
Grégoire Bertholier	prêtre	La Chassagne
J.-Claude Vercel	desservant	Molamboz
Ant.-Philip. Sarran	vicaire	Arbois
Jean-Antoine Bidault	curé / desservant	Frontenay / Tourmont
Cl Joseph Lhomme	curé	Ruffey
Ig.-Fr.-Mod.Renaud-du-Creux	desservant	Salans
Charles Robert	desservant	St-Michel-sur-Marnoz
Jacques-Hug. Malfroid	vicaire	Arbois

Représentants de

NOMS DES REPRÉSENTÉS	LEURS FONCTIONS	LEURS RÉSIDENCES
J.-C. Buffet	ancien curé résident	de la Doye Blye
Fleury-François Marion	vicaire	Lons-le-Saunier
Désiré Mauria	vicaire	id.
Romand	curé	Gevingey
Bœuf	curé	Courbouzon
Faivre	curé	Trenal
Maréchal	administ.	Montagna
Messias	curé	Dessia
Perrin	curé	Gigny
François Huguenin	curé	La Chassagne
Dunoyer	desservant	Vincent
Raguemey	curé	Larnaud
Romand	curé	Nance
Renaud	curé	Evans
Compagnon	prêtre	Marnoz
Barbet	prêtre	Aiglepierre
J.-François Barath	prêtre	Marnoz

PRÉSENTS	LEURS FONCTIONS	LEURS RÉSIDENCES		NOMS DES REPRÉSENTÉS	LEURS FONCTIONS	LEURS RÉSIDENCES
C. Boisson............	desservant	Toulouse		. . . . .	. . .	. . .
J.-Claude Viennot.....	prêtre	St-Maurice de Salins		. . . . .	. . .	. . .
Cl.-Lacharie Camuset..	prêt.-desser.	Chapelle-Voland		François	curé	Cosges
Charles Suffisant......	vicaire	N.-D. de Salins		. . . . .	. . .	. . .
Franç.-Marie Mandrillon	curé	Buvilly		. . . . .	. . .	. . .
Ch.-Philibert Brun.....	curé / desservant	Molain / Montholier		. . . . .	. . .	. . .
			Représentants de	P.-Ant.-Xav. Bailly	prêtre	Cerniébaud
				Edme Bonjour	desservant	Onglières
J.-Pierre-Franç. David.	curé	Fraroz		Ant. Cordier	curé	Mignovillars
				François Girod	prêtre	Arsures
				Pierre-Germain Roy	desservant	Essavilly
				Gérard Courvoisier	desservant	Nozeroy
				Denis Faivre	curé	Marnoz
Laurent Colisson......	curé	N.-D. de Salins		Hug.-Joseph Blondeau	prêtre	St-Anat. de Salins
				J.-Bapt. Boisseau	prêtre	id.
				Ignace Racles	curé titul.	N.-D. de Salins
Claude-Etienne Jeannin	curé / desservant	Montrond / Le Vaudioux		Pierre-Louis Guinchard	desservant	Vannoz
				Vivant Calmet	vicaire	Dole
				Guill.-François Bichot	curé	Amange
François Colinet.......	curé	Dole		Cl. Gaudin	curé	Châtenois
				Yves Levoinet	curé	Baverans
				Nicolas Lagnier	administ.	Rochefort
				J.-B. Sigouret	curé	Chevigny
				Grillet	curé	Onoz
Vict.-Antoine Fournier.	curé	Dompierre		Tailland	curé	Aliéze
				J.-Cl. Perrot	curé	Varessia
				Sorlin	prêtre	Orgelet

PRÉSENTS	LEURS FONCTIONS	LEURS RÉSIDENCES
Antoine Lécuyer	desservant	Mantry
Cl.-Etienne Bécoulet ...	administ.	Champvans
Pierre-J. Paget	curé	Nans-s.-Garde-Bois
Nicolas-François Venot	curé	St-Maurice-de-Salins
J.-François Chièvre	curé	Montigny-les-Arbois
Pierre Simonin	curé	Arlay
Cl.-Joseph Bouvier	curé	Les Essards
J.-C. Jeanneret	curé	Parcey
Claude-Louis Ployer ...	titulaire / desservant	Poligny / Pretin
Anatoile Grappin	desservant	Commenailles
J.-B. Lacroix	prêtre	N.-D. de Salins
J.-C. Monneret	titulaire / desservant	Chamole / Grand-Abergement
François-Nicolas Girod.	prêtre	St-Maurice de Salins
Claude-François Girod.	desservant	Morbier
J.-B. Laurancin	curé	Belmont
Ign.-Alex. Hugues	titulaire / administ.	Poitte / Barézia

Représentants de

NOMS DES REPRÉSENTÉS	LEURS FONCTIONS	LEURS RÉSIDENCES
Cuzin	desservant	Lombard
François Porcherot	curé	Jouhe
J.-Pierre Brun	administ.	Sampans
Cl.-François Bossu	curé	Pasquier
Ch.-Emman. Bacchard	curé	Vers
Ch.-Etienne Denisot	curé	St-Germain-de-R.
Lebray	anc. curé	. . .
Bourguignon	anc. titulaire	Desnes
François Molard	curé	Pleure
Brune	administ.	Souvans
Cl.-L. Perrot	curé	Chaumergy
Joseph-Marie Girod	desservant	Bellefontaine
Franç.-Nicolas Martin	desservant	Cinquétral
P.-Amédée Girod	desservant	Morez
Martelet	curé	Abbay.-d.-Grandv.
J.-C. Devaux	administ.	Poitte
J.-J. Jeannin	vicaire	Clairvaux
Lacroix	curé	Charcier
Jean Guillaume	administ.	Doucier
Colin	curé	Etival
Panisset	administ.	St-Maurice

PRÉSENTS	LEURS FONCTIONS	LEURS RÉSIDENCES		NOMS DES REPRÉSENTÉS	LEURS FONCTIONS	LEURS RÉSIDENCES
Ign.-Alex. Hugues.....	titulaire administ.	Poitte Barézia		Epailly Clément Maire Couteret	curé administ. curé curé	Chiettes Dénezières La Chaux-du-D. St-Christophle
Thiébault Noirot	titulaire administ.	La Chapelle-les-Rennes Grozon				
Cl.-Etienne Grandjean..	administ.	Grande-Loye				
Simon Colinet.........	vicaire	Dole				
Jean-Alexis Bérignot ..	vicaire	Dole				
Marcel Currelier..	curé	Vaux				
Jean-Joseph Rigault...	administ.	Poligny				
Pierre-Charles Coulon..	anc. vicaire	Mantry				
Ign.-Franç.-Xav. Bruet	curé	Arbois				
Cl.-Louis Bounedonce..	vicaire	id.				
Jean-Pierre Plumey....	vicaire	id.				
Cl.-François Dormoy...	vicaire	id.				
Jean-Louis Benoit .	prêtre	id.				
Jacques Martin........	prêtre	id.				
Jean-François Vercel..	prêtre	id.				
Anatoile-F. David	titulaire prêtre	Presle Arbois				
Ravier...	titulaire	Mantry				
Jean-Louis Hugues....	prêtre	Arbois				
Remy-Sébastien Vermot	vicaire	Montigny				
J.-B. Bruet.	prêtre	Arbois				
Ant.-François Macler ..	administ.	Augerans				
J.-Ignace Huguenin....	curé	Ounans				
Jean-Adrien Petit-Huguenin....	prêtre	Arbois				
J.-C.-Dorothé Sauldubois	curé	Ivory				
Anat.-François Nicolas.	desservant	St-Cyr				
Pierre-Charles Répécaud..	curé	N.-D. de Salins				

Représentants de

Depuis la clôture du procès-verbal, est arrivée une lettre des prêtres du canton de Sirod, les citoyens Marrandet, curé de Foncine, desservant à Chalesmes ; Jacques, administ. à Sirod ; P.-Franç. Dubiez, administ. à Gillois, et C. Perrin, par laquelle, après avoir exposé l'impuissance où ils

Nous avons vu plus haut que Moïse avait été élu au siège de Besançon. Cet évèché était occupé par Seguin, homme timide au fond, malade et vieilli, qui ne souhaitait rien tant que d'être débarrassé d'un fardeau trop lourd à ses épaules et peut-être à sa conscience. Le 19 mai 1797, son vicaire épiscopal, Roy, lui écrivait, en lui donnant acte de sa démission : « Nous attendons Moïse pour la Pentecôte ; nous aviserons avec lui au moyen de procéder canoniquement à l'élection qui va avoir lieu ».

Le 7 juillet, le *Conseil du diocèse*, redevenu le *Presbytère du Doubs*, écrit à Grégoire que le clergé canoniquement réuni en Synode a tenu une assemblée générale sous la présidence du citoyen Moïse, évèque du Jura, pour élire un délégué au Concile et arrêter la date de l'élection du successeur de Seguin.

Et de son côté, Vernerey, curé de Luhier, ancien vicaire épiscopal et toujours ami de Moïse, écrit à Seguin : « Je crois que vous serez remplacé par le citoyen Moïse. J'espère que le concile ratifiera la translation ; il nous faut une forte tête et un homme instruit. Assurément les circonstances sont plus difficiles que celles où vous acceptâtes le fardeau épiscopal ».

Vint enfin le jour de l'élection, qui était le 16 juillet. Le 23, dans l'église métropolitaine de Besançon, sous la présidence de Demandre, archiprètre et curé de Saint-Pierre de cette ville, à l'issue de la messe paroissiale, on procéda au dépouillement du scrutin émis par 127 communes : Moïse obtint 7.715 suffrages sur 7.856 exprimés.

« Ainsi le dit citoyen Moïse, ayant évidemment réuni plus des deux tiers des suffrages, a été canoniquement élu évèque métropolitain de l'Est, conformément à l'article 16 de la seconde encyclique, et proclamé tel par le citoyen archiprètre président ».

« Ensuite le *Te Deum* a été chanté solennellement pour remercier le ciel d'avoir donné au diocèse du Doubs un premier pasteur sur lequel il y a tant de motifs de fonder les plus flatteuses espérances. »

A cet extrait des *Délibérations du Conseil d'administration du diocèse du Doubs, le siège vacant*, Moïse, alors à Arbois, répondit aussitôt par la lettre suivante dont il donna lecture au Synode qu'il présidait.

« Vénérables frères en J.-C.,

« La confiance dont les fidèles de l'Eglise métropolitaine de Besançon daignent m'honorer me touche d'autant plus sensiblement que je sais moins par où j'aurois pu la mériter et qu'il m'est moins permis d'y répondre.

« Pourquoi faut-il que je sois forcé de me refuser aux vœux d'un diocèse qui me vit naître et dans lequel j'ai passé les quarante-huit premières années de ma vie ; d'un diocèse où je goûtai tant de consolations, soit en enseignant les Saintes-Lettres, soit en exerçant le ministère sacerdotal, soit en suppléant comme évêque com-provincial, en l'absence du premier pasteur, d'un diocèse enfin, qui, dans toutes les circonstances, me donne des marques si touchantes d'estime, d'attachement, et qui me rappelle aujourd'hui avec tant d'unanimité ! Mais, où le devoir parle, il faut savoir obéir.

« Si l'Eglise ne m'avoit pas tracé la règle à suivre dans la circonstance présente, la justice toute seule ne me permettroit pas d'hésiter. Comme évêque du Jura, je ne suis plus à moi : je suis aux fidèles de ce diocèse. Ce n'est pas pour moi, c'est pour eux que je suis pasteur. Là donc, je suis un bien, je leur appartiens et ne puis les priver de ce bien réel ou prétendu sans avoir au préalable leur consentement. Consentiront-ils à ma translation ou n'y consentiront-ils pas ? (1). Je ne puis devenir votre évêque sans me rendre coupable d'injustice à leur égard.

« En vain vous me direz qu'un métropolitain n'est pas étranger aux diocèses situés dans l'arrondissement de sa métropole. Je dois aux fidèles du Jura des services assidus, immédiats, que ne comporte pas la simple surveillance du métropolitain, et je ne vois pas de quel droit je pourrois les en priver sans leur aveu. S'ils consentoient à ma translation, c'est qu'ils ne me jugeroient plus digne de leur confiance et, en ce cas, loin de songer à me charger d'un autre troupeau, je devrois me condamner à la retraite et je saurois me rendre justice.

« Mais ici les Conciles se sont expliqués, et leurs dispositions, renouvelées dans la seconde encyclique à laquelle nous avons adhéré, me tracent une règle de conduite dont il ne m'est pas loisible de m'écarter. Quoique les principaux motifs qui ont fait si hautement et si constamment condamner les translations ne subsistent plus dans l'église gallicane, quoique plusieurs ne peuvent pas même avoir lieu, il est toujours certain que toutes les translations sont désapprouvées par les canons, et qu'aucune en particulier ne peut être justifiée qu'autant qu'un concile prononçeroit qu'elle est nécessaire pour le bien général de l'Eglise. C'est tout ce qu'on peut conclure du canon 27e du concile de Carthage, de l'épitre 193 de Saint Basile, des autres autorités, et des exemples que *plusieurs prêtres du Doubs* viennent de me citer pour m'engager à ne pas me refuser au vœu de leur Eglise. Or, le concile ne décidera pas que pour le bien général il soit nécessaire d'ôter un évêque à une église plus nombreuse pour le donner à une autre

(1) A ces mots, l'assemblée synodale d'Arbois fit entendre un murmure significatif.

moins nombreuse. Il décidera encore moins que moi, qui manque de tant de qualités nécessaires pour bien administrer le diocèse du Jura dont les plaies sont beaucoup moindres et les ressources beaucoup plus grandes, je doive témérairement me charger d'un diocèse qui présente plus de maux à réparer et moins de moyens d'y réussir.

« D'après ces motifs, je pense que vous feriez bien de de procéder à une nouvelle élection. Si cependant vous croyez devoir porter la cause au concile, vous ne trouverez pas mauvais que je fasse valoir les raisons dont je viens de vous faire part. En remplissant cette obligation, je prouverai du moins et mon respect pour les canons, et le désir sincère de voir le siège de notre métropole occupé par un pasteur selon le cœur de Dieu, et surtout ma résolution invariable de ne pas manquer aux engagemens que j'ai contracté avec le Jura, à moins que je n'en soit délié par un jugement canonique. Veuillez communiquer ma lettre au conseil.

« Que la grâce de N. S. soit avec vous et avec tous nos frères pour qui j'ai une charité sincère en J.-C.

« † F. X. Moïse. »

Moïse, on le voit, se défendait fort d'accepter cette charge nouvelle.

Le 29 Juillet, Roy écrivait à Seguin : « Le clergé du Jura s'oppose à la translation de Moïse sur le siège de Besançon, l'affaire sera portée au prochain Concile ».

Et s'adressant lui-même au Concile : « Le digne prélat, dit-il, se refuse constamment aux vœux et aux sollicitations pressantes de ses concitoyens. Il allègue l'ancienne discipline qui s'oppose aux translations. On espère que le Concile national y aura égard et travaillera efficacement à surmonter la répugnance du citoyen Moïse ».

Il en devait être autrement, et la déclaration suivante fut notifiée le 20 Octobre à l'abbé Roy, président du presbytère du Doubs.

« Ce jourd'huy, 20 Octobre 1797 de l'ère chrétienne, 29 Vendémiaire, an VI de la République françoise, les évêques suffragants de la Métropole de l'Est soussignés, siégeant au Concile national de France à Paris, se sont réunis en Concile métropolitain pour délibérer sur la translation du citoyen Moïse, évêque du Jura, au siège métropolitain de Besançon, vacant par la démission du citoyen Seguin. Ouï le citoyen Ponsignon (1), député du clergé du Doubs ; ouï aussi le citoyen Collinet (2), député du clergé du Jura ; considérant que le citoyen Moïse, quoique appelé au gouvernement de l'Eglise de Besançon par la presqu'unanimité des suffrages du clergé et du peuple, ne peut cependant y passer sans causer à son diocèse un préjudice d'autant plus sensible qu'il y jouit également de la confiance de ses diocésains; qu'il est facile au clergé et aux fidèles du diocèse de Besançon de faire le choix d'un sujet capable, digne du caractère épiscopal et en état d'en remplir les fonctions importantes, arrêtent que l'élection faite du citoyen Moïse, évêque du Jura, pour le siège métropolitain de Besançon, le 23 Juillet, cinquième année républicaine, est regardée comme non avenue ; que le presbytère de ce diocèse procédera incessamment, suivant les formes canoniques rappelées par le Concile national de France, à l'élection d'un autre évêque. Le présent arrêté sera envoyé au révérendissime évêque de Dijon, leplus ancien suffragant, pour, par lui, être ratifié,

(1) Vicaire épiscopal de Versailles, délégué par Grégoire pour la circonstance afin de représenter le Doubs.

(2) Curé constitutionnel de Dole et délégué au Concile pour le Jura.

être adressé sans retard au presbytère de Besançon ;
† J.-B. Flavigny, évêque de Vesoul ; † N. Maudru,
évêque des Vosges ; † Marc-Antoine Berdolet, évêque
de Colmar ; † Wandelaincourt, évêque de la Haute-
Marne ; Grappin, secrétaire.

« 2 Novembre 1797. J'adhère au présent arrêté,
† J.-B. Volfius, évêque de Dijon. »

L'affaire étant ainsi réglée, Moïse présida le 29 Avril
1798 (10 Floréal, an VI) « dans un cabaret de la place
de l'Artillerie, » à Besançon, à l'élection définitive du
successeur de Seguin. Le choix des électeurs se porta
sur J.-B. Demandre, curé de St-Pierre. Il était né le
28 Octobre 1739 à St-Loup-sur-Sémouse. Il était docteur en théologie, et, en même temps que son ami intime,
le célèbre Bergier, avait été directeur du grand Collège
de Besançon.

Moïse dit : « Enfin nous eûmes la satisfaction de
donner à l'Eglise de Besançon un digne successeur des
saints qui occupèrent ce siège dès les premiers tems
du christianisme, et malgré les voies coupables prises
par certaines personnes pour traverser la consécration,
elle fut faite selon les règles de l'Eglise et au grand
contentement de tous les vrais fidèles » (1).

Le 16 Mai, l'Evêque de la Haute-Saône et celui du Haut-
Rhin firent à la municipalité leur déclaration de séjour,
de serment et d'intention de célébrer le culte. Le lendemain, Moïse remplit la même formalité.

La cérémonie du sacre eut lieu à la cathédrale, le 17
Mai au matin. Il ne dut pas y avoir une grande affluence
de spectateurs puisque le registre des quêtes mentionne
pour celle faite à cette cérémonie : « 12 fr. 19 sols 6
deniers, dont 3 fr. 17 sols 6 deniers en argent blanc, y

(1) Serait-ce Roy, président du Presbytère de Besançon,
qui aurait traversé cette cérémonie ainsi que semble l'insinuer
Sauzay, tome 10, page 214 ?

compris les baches et les pièces de six liards et le
reste en cuivre ».

Le journal officiel des constitutionnels, les *Annales
de la Religion*, qui avait réapparu, rendit compte de
la cérémonie : « Le dimanche 29 Prairial, an VI, jour
de la fête des saints Ferréol et Ferjeux, a été sacré,
dans la cathédrale, le citoyen Demandre, nouveau métropolitain de Besançon, par les évêques réunis de Saint-
Claude, Vesoul et Colmar. Cette cérémonie s'est faite
avec toute la solennité, la tranquillité et la satisfaction
possibles, sous la protection des autorités constituées.
Les quatre évêques ont tenu ensuite des conférences
pour se concerter sur tout ce qui peut intéresser la
religion dans leur arrondissement métropolitain, et
spécialement sur la réorganisation du diocèse de Porrentruy, dont ils vont s'occuper » (1).

Pendant ce temps, M. de Chabot, « du lieu de son
exil », qui était probablement Fribourg, envoyait plusieurs lettres au clergé et aux fidèles, demeurés dans
la communion du St-Siège et s'efforçait de ranimer leur
courage en même temps que leur espoir en des jours
meilleurs (2).

(1) Moïse avait été invité à faire partie du Comité de rédaction
des *Annales* et à y collaborer. Il envoya plusieurs mémoires
qui ne furent pas insérés, et eut des difficultés avec l'éditeur
qui ne lui faisait pas tenir régulièrement les fascicules de la
publication. Une lettre du 30 Février 1796 est pleine, en particulier, de doléances à ce sujet, citée plus loin.

(2) Lettres du 23 Juin 1795, du 4 Juillet de la même année, du
27 Septembre 1796; *Mandement de Carême,* du 23 Février 1797 ;
voir aussi *Lettre pastorale de l'Evêque de Bâle,* en date du 17
Août 1798, *aux administrateurs du diocèse de Besançon.*

VI. Concile national de 1797. — Synode de Salins. — Concile métropolitain de 1800 et Concile national de 1801.

Le Concile national convoqué à Paris par Grégoire, le 22 Juin 1797, préoccupait vivement Moïse. Celui-ci avait écrit, le 28 Février 1796, à Grégoire pour lui en parler. Il ne savait pas d'abord s'il pourrait se procurer l'argent nécessaire pour le voyage : « Ah ! je n'aurois jamais cru qu'il m'en couteroit d'être dépourvu des biens de la fortune dont je n'ai jamais fait de cas ! On vient encore de me comprendre dans le rolle de l'emprunt forcé pour une grosse somme en numéraire, moi qui ne possède pas une pièce de terre et qui n'ai jamais été porté pour un denier dans les rolles des impositions de mon endroit natal où j'habite actuellement. Ainsi l'ont voulu l'agent national des Gras, la municipalité centrale du canton de Morteau et la défunte administration départementale du Doux. Et cela en punition de mon patriotisme et du zèle que j'ai montré pour le rétablissement du culte. Mais quelle que soit la malice des fanatiques ennemis de la patrie, je continuerai à faire le bien soit en découvrant encore les conspirations...., soit en répandant la doctrine évangélique si touchante, si pure, si consolante, si nécessaire au bonheur des individus et de la république entière. Si mon ami Antide Janvier pouvoit me fournir un petit cabinet pour me loger, cela diminueroit ma dépense et me faciliteroit l'accomplissement d'un devoir qui m'est bien cher. Au surplus, quoi qu'il arrive, je ne désespère de rien, la Providence ne m'a jamais manqué au besoin ».

Il s'inquiète ensuite s'il doit porter à Paris « soutane, rochet, camail, croix, mitre et crosse », ou si on trouvera « ces objets en assés grand nombre à Paris ».

Il souhaite voir au Concile beaucoup d'évêques étrangers et il se refuse à croire que « le Père commun des fidèles » n'y assiste pas par ses légats.

Enfin, dans le post-scriptum, après avoir dénoncé la municipalité centrale du canton de Morteau, comme *fanatico-contre-révolutionnaire*, il annonce que son frère a réussi à payer son emprunt forcé au moyen d'un prêt : « Au moins j'ai encor la consolation d'être utile à la République malgré ma pauvreté. La Providence m'aidera encor pour aller au Concile » (1). Ce Concile s'ouvrit le 15 Août (18 Thermidor an V), à Notre-Dame, au *milieu d'une affluence prodigieuse de fidèles*, suivant le *Bulletin du Concile*, publié dans les *Annales de la Religion* (2).

« Tout à coup l'orgue fait entendre sa mélodie religieuse ; deux longues files de prêtres et de pontifes, la plupart vénérables par leur grand âge et leurs cheveux blanchis sous les étendards de J.-C., s'avancent, précédés de la croix, dans le silence et le recueillement ; alors une sainte joie, mêlée d'attendrissement et d'admiration, fait éclater de modestes transports.... On reconnoit une partie de ces respectables vieillards, qu'on a vus arriver par petits pelotons, confondus dans la foule.... On croit les voir encore à peine sortis des cachots de la persécution, couverts de cicatrices glorieuses de ces fers qu'ils ont si longtemps portés pour la foi, braver pour elle de nouveaux dangers, entre-

(1) Lettre du 28 Février 1796, communiquée par M. Gazier, et provenant des manuscrits de la Société de St-Augustin, *fonds des papiers de l'Evêque Grégoire.*

(2) ARCHIVES NATIONALES, F 7. 3020. — Les *Actes* du Concile devaient paraître tous les quatre jours en huit pages in-8°.

prendre une route si longue et si pénible..., accourir enfin des extrémités de la République... ».

Il se trouvait à cette réunion trente-trois évêques, dix prêtres fondés de pouvoirs, cinquante-trois prêtres députés des diocèses, et cinq représentants de diocèses sans pasteurs constitutionnels.

Lecoz, évêque d'Ile-et-Vilaine, fut nommé président provisoire, en attendant son élection définitive ; il était assisté de Gratien, évêque de Seine-Inférieure, et de Sermet, évêque de Haute-Garonne ; Royer, évêque de l'Ain, fut nommé promoteur, et assisté de Perrier, évêque de Puy-de-Dôme, et de Moïse, évêque du Jura. Languinais et Grappin étaient secrétaires avec Ponsignon, Warenghem, Clausse et Lechesne.

La *langue nationale* fut adoptée pour la rédaction des décrets, *afin que les fidèles puissent comprendre ce qu'on leur disait.*

Le Concile débuta par un appel aux évêques et aux prêtres dissidents pour les amener à la concorde et il rédigea une adresse au Pape pour le prier de désavouer les Brefs et les Bulles qui couraient sous son nom et que les *Pères* considéraient comme évidemment apocryphes.

Le gouvernement voyait cette réunion d'assez mauvais œil. Il en résultait une gêne qui pesait sur les membres de celle-ci. Sans avoir rien résolu d'important, ils se hâtèrent de clôre leurs discussions.

La sixième et dernière séance eut lieu le 11 Novembre. Elle fut consacrée à porter des décrets sur le mariage, la liturgie, la police du culte, la régénération des mœurs, la foi et le bienfait de la Rédemption. Elle se termina par des *acclamations* à l'adresse de l'Eglise, du Pape, des frères dissidents, des persécuteurs de la Religion, des frères morts pour sa défense et celle de la Patrie, du Concile lui-même, des citoyens et de l'Eglise de Paris, des autorités constituées, des défenseurs de la Patrie, de la République et enfin de toutes les nations de la terre. Puis vinrent le *Te Deum*, la signature des Actes et la séparation.

Le lendemain, 12, les Pères se réunirent à l'*Hôtel-du-Pont*, et votèrent à l'unanimité l'impression du Discours de clôture de Lecoz et des acclamations qui l'avaient suivi (1).

La part de Moïse dans ce Concile ne se montre pas assez clairement pour que nous entrions dans plus de détails. Il nous suffit seulement d'y signaler sa présence (2).

Cependant cette réunion ne parait pas avoir donné tout ce qu'en attendaient ses promoteurs et ses adhérents (3).

(1) Au Concile, on fit remarquer que 32.214 paroisses avaient rouvert leurs églises, presque toutes desservies par des prêtres constitutionnels, et que 4.571 autres étaient en instance auprès du gouvernement pour le faire.

(2) J'ignore même s'il y posa la question du transfert de l'évêché de Saint-Claude dans une ville plus centrale du diocèse : Arbois, Poligny, Lons-le-Saunier ou Salins, ainsi que dans une lettre du 26 Février 1796 il en manifeste l'intention. Dans tous les cas, il n'y eut pas de résolution prise à cet égard.

(3) Les discussions n'y manquèrent pas de vivacité, témoin ces passages, entre autres, d'une longue lettre de Moïse « au citoïen Eléonor-Marie Desbois, évêque d'Amiens » :

« ... Parler de la *dissolubilité* du mariage, allés-vous me dire ? Quoi, le terrible Baiet qui sçait l'art de réfuter ce qu'il ne connoit pas, n'a-t-il pas dit en pleine assemblée, avec toute la gravité d'un vieillard qu'il feroit une vigoureuse réfutation de votre ouvrage qu'il n'avoit ni entendu ni voulu entendre ? Le devin Dufresne n'a-t-il pas crié avec toute la vivacité d'un jeune homme, que votre rapport sur cet objet avoit été fait au Concile de Trente, 180 ans avant votre naissance ? Le sorcier Torcy n'a-t-il pas vu dans son miroir enchanté que vous ne débiteriés que des hérésies et partant qu'il ne falloit pas vous entendre ? Gratien, la *bonne tête*, qui aimeroit mieux avoir le cou sabré que

Le gouvernement fit interdire et poursuivre sa Lettre synodique sous le prétexte qu'elle « imposoit (page 58), aux fidèles, l'obligation de subvenir aux besoins de leurs pasteurs, aux dépenses du culte et aux frais généraux du diocèse », contrairement à l'article 10 de la loi du 7 Vendémiaire an IV ; et pour d'autres raisons aussi peu fondées.

Le 5 Juillet 1798, Grégoire paraît découragé ; il écrit à dom Grappin : «... je vois avec douleur, que dans divers départements, on persécute tous les prêtres constitutionnels qui ont donné tous les gages possibles à la

de signer le formulaire et qui, pendant de longues années l'a fait signer aux autres, le conséquent Gr... et la Bretagne qui a découvert un nouveau sacrement dans le mariage des patriarches antédiluviens... et une attaque portée à la foi dans le défaut de vénération pour la nouvelle fête du Sacré-Cœur dont on ne connaît pas encore bien l'objet ; et le redoutable Franquet qui s'est rendu l'accusateur de son commettant et tant d'autres personnages ne vont-ils pas vous accabler de leur nombre ainsi que de leur poids ? et vous ne tremblés pas ? Non je ne crains pas les savants de trois jours ; je ne crois ni aux devins, ni aux sorciers, ni aux prophètes modernes, ni aux bretons, ni aux jésuites, ni aux jansénistes, je cherche bonnement la vérité et je vais mon train ! »

Et plus loin :

« Dès mon arrivée à Paris, ces prétendus successeurs de Port-Royal m'ont paru des valets de chambre qui ont hérité de la garde-robe de leurs maitres. Dès les premières séances du Concile j'ai vu dans MM. de la petite église des intrigans..., des gens de parti..., des hommes dangereux..., en un mot, des êtres qui réunissent presque tous les vices des jésuites sans en avoir les talens...»

Grégoire faisait un peu partie de cette *petite église* si maltraitée. Moïse lui-même lui écrivit un peu plus tard (7 septembre 1801), « chez Madame Després, à St-Lambert, par Chevreuse (Seine-et-Oise).»

La lettre en partie reproduite ici est du 14 Germinal an VI (3 avril 1798).

liberté. Pour prix de mes travaux en faveur de la religion et de la République, ne soyez pas surpris si, un jour, vous recevez de moi une lettre datée de la Guyane ».

Les *Annales de la Religion* furent elles-mêmes supprimées par décret du 6 Messidor an VI. Elles devaient, dans la pensée de leurs rédacteurs, être remplacés par des *Mémoires pour servir à l'histoire de la philosophie*, qui paraîtraient de temps en temps.

La persécution du Directoire atteignait jusqu'au clergé constitutionnel. C'était le temps du dimanche transformé en décadi, et du culte de La Réveillière-Lépeaux.

On reprochait aux *Annales* d'opposer « les lois de l'Eglise aux lois de l'Etat, les cérémonies religieuses aux institutions républicaines », de chercher à augmenter « la puissance du fanatisme et de la superstition », de pervertir l'esprit public, d'étouffer l'amour de la Patrie et d'abuser « de la liberté des opinions religieuses pour prêcher l'intolérance ».

A quoi servait alors aux évêques, puisqu'on ne les croyait pas, d'avoir prêté le serment du 24 Vendémiaire an V : « Je jure haine à la royauté et à l'anarchie ; je jure attachement et fidélité à la République et à la Constitution de l'an III » ?

Et pourtant Moïse était ardent dans sa double foi patriotique et religieuse. Au commencement de Mai 1798, il prêta son concours au « Presbytère » du Doubs, dont l'évêque Seguin avait démissionné; il fit une tournée de confirmation, réchauffa partout le zèle des fidèles et en écrivit à Grégoire : « A tout prendre, la religion catholique et l'amour de la République gagnent chaque jour quelque chose dans le Jura. Il y a du mieux dans le Doubs, aussi plusieurs paroisses reprennent le culte. Je viens d'aller le rétablir à Orchampssous-Venne, et j'y ai assisté à l'élection du nouvel évêque. Quelques dissidens sont venus voter. L'élection s'est faite le jour où l'on organisoit partout la garde nationale, ce qui a fait qu'une moitié seulement ou à peu près des catholiques soumis aux lois ont voté. Et cependant il y a encore plus de votants que l'année dernière (1) ». Il paraît même n'avoir pas été totalement étranger au choix des électeurs. Dans tous les cas, il vint le 17 Mai à Besançon, pour le sacre de Demandre. Il s'y rencontra avec Flavigny et Berdolet et, avec eux, se rendit à la municipalité pour y faire les déclarations légales et justifier de leur serment.

Rentré ensuite dans son diocèse, il fixa sa résidence à Salins, auprès de son ami Colisson, curé de Saint-Anatoile. Sa première préoccupation fut pour le Séminaire diocésain. On a vu quelles difficultés il avait jusqu'alors rencontrées dans le recrutement de son clergé. Elles ne devaient pas être moindres dorénavant et les sujets manquaient, même pour des ordinations aussi hâtives que celles que nous avons signalées. Puis les ressources faisaient défaut. Il se concerta avec son métropolitain, Demandre. Ensemble ils rédigèrent et publièrent à Salins, le 12 Frimaire an VII (2 Décembre 1798), une Lettre pastorale commune aux fidèles des deux diocèses, par laquelle ils invitaient ceux-ci pressamment à contribuer par leurs aumônes à l'érection d'un séminaire qui servirait aux départements du Doubs et du Jura.

« Vous avez la liberté de votre culte, mais chaque jour diminue le nombre des ouvriers évangéliques. Si l'on ne veut pas voir la foi s'éteindre dans nos contrées, il faut préparer des ministres fidèles pour la prêcher

(1) Lettre à Grégoire du 12 Prairial an V (31 Mai 1797), communiquée par M. Gazier.

après nous ; il faut par conséquent avoir des élèves, prendre le tems nécessaire pour les former, et pourvoir au moyen de les instruire. Providence adorable, grâces vous soient rendues ! Déjà plusieurs de ces ressources sont prêtes. Déjà nous apercevons des hommes de Dieu qui se dévoûeront avec l'un de nous à former de bons prêtres ; déjà des jeunes gens que la bonté du Seigneur a préservés de la corruption du siècle et que la seule vocation d'en haut peut désormais attirer à l'état ecclésiastique, se disposent à venir apprendre la doctrine des auteurs sacrés, la science des saints, l'art de conduire les âmes et de s'immoler pour le salut de leurs frères. Nos bibliothèques particulières, remises à l'usage des maîtres et suffisantes pour leurs besoins, épargneront la grande partie des frais indispensables (1). Ah ! si nos facultés nous permettoient de vous procurer les autres objets nécessaires, ils vous seroient également assurés et nous ne solliciterions pas vos secours !

« Mais, N. T. C. Frères, c'est peut-être ici un nouveau trait de miséricorde divine à votre égard, Dieu veut vous devoir la conservation de son culte saint. En vous donnant part à cette bonne œuvre, il vous fournit un nouveau moyen de lui témoigner votre amour, d'effacer vos péchés, et d'avoir moins à redouter les rigueurs de ses jugemens. Une légère aumône faite par les chrétiens amis de la République, chacun selon sa volonté, chacun selon ses moyens, selon le degré de sa foi et de

(1) Ma bibliothèque qui peut valoir 20.000 fr. et qui forme toute ma richesse est suffisante pour les maîtres et pour les disciples. Reste la maison. Depuis mon retour, je travaille à en acquérir une pour et au nom de plusieurs individus choisis dans chaque parroisse, qui fourniront une part du prix (cela s'entend). Je ne désespère ni de faire l'acquisition cette année, ni d'obtenir des fidèles du Jura de quoi la païer. Dès que j'aurai cela, je commencerai enfin à résider sans interruption dans le Jura.»
Lettre à Desbois, *jam. cit.*

son zèle pour la cause de Dieu, suffiroit pour assurer le succès de cette entreprise. Et la perpétuité du Saint-Ministère nous seroit garantie ! Et la religion chrétienne, le plus précieux des dons du ciel, le plus ferme appui de l'ordre social, le succès le plus assuré du bonheur public, la plus douce consolation de l'homme de bien ne s'éteindroit pas parmi nous ».

Le nom des paroisses qui auront contribué à cette bonne œuvre sera perpétuellement affiché dans la Salle des exercices spirituels de l'établissement. Chaque année un service solennel sera célébré pour le repos des âmes des bienfaiteurs.

Dans une « Note pour les curés, administrateurs desservants et administrateurs temporels des paroisses », il est prescrit aux curés et desservants de chaque paroisse de se concerter avec deux administrateurs temporels pour ouvrir un registre à l'effet de recevoir les dons volontaires des fidèles, et ce, pendant le mois qui suivra la première lecture (elle pouvait se faire deux fois), de la lettre pastorale. Le mois écoulé, le montant de la collecte devra être envoyé à l'archiprêtre qui, dans la quinzaine suivante expédiera toutes les offrandes de l'archiprêtré « au citoyen Moïse, évêque, chez le citoyen Colisson, curé de St-Anatoile de Salins ». Dans le mois qui suivra cette quinzaine, les évêques de Besançon et de Saint-Claude se réuniront pour avoir à procurer le local, pour concerter et faire les préparatifs de l'établissement, de manière qu'ils puissent recevoir les élèves dans le courant de l'été prochain ou à l'automne. C'était Moïse et Vernerey qui devaient reprendre les fonctions de professeur.

Auparavant l'évêque du Jura avait compté réunir un synode où cette question aurait été examinée.

Le 29 Brumaire an VII (19 novembre 1798), accompagné de M. Colisson, curé de Saint-Anatoile, il s'était

présenté à la municipalité de Salins et lui avait déclaré
que « des ministres catholiques du département, amis
de la République et qui avoient donné au gouvernement
toutes les garanties prescrites par les lois, se proposoient de se réunir le 7 Frimaire et jours suivants, à
l'église Saint-Anatoile, pour s'occuper d'objets relatifs
au culte ».

L'administration centrale, consultée, invita celle de
Salins à ne pas tolérer la tenue du synode projeté,
jusqu'à ce que le Ministre de l'Intérieur le permette ou
le défende (1), et pendant ce temps lui en référait à
Paris :

« Citoyen,

« Instruit que plusieurs ministres du culte se proposoient de se réunir le 7 Frimaire prochain dans la commune de Salins, sous la présidence du citoyen Moïse, se
disant leur évêque, j'ai engagé l'administration canto-
nale à ne pas permettre cette réunion qui me paroît
propre à fomenter les divisions religieuses et à entretenir le fanatisme et la superstition.

« La loy sur la police des cultes n'a pas prévu ces
assemblées toujours dangereuses, qui reproduisent les
corporations qu'on a eu tant de peine à détruire, et tendent à perpétuer l'influence du sacerdoce. Elle les
auroit sans doute entouré d'une surveillance particulière ; mais où la loy se tait, c'est à la sagesse du gouvernement à pourvoir à la tranquilité publique.

« Je crois, citoyen ministre, que ces assemblées religieuses, ces prétendues synodes ne peuvent offrir que des
résultats funestes, que faire rétrograder l'esprit public,

(1) ARCHIVES DÉPARTEMENTALES DU JURA : Registre des délibérations de l'administration centrale du Jura.

que mettre de nouveaux obstacles à l'établissement des institutions républicaines.

« Veuillez me transmettre vos ordres à cet égard.

« Salut et fraternité,

« CHAMPION.

« Lons-le-Saulnier, le 29 Brumaire an VII de la République » (1).

Le Ministre de l'Intérieur se hâta d'abonder dans le sens de son commissaire et d'interdire la réunion. Le synode et le séminaire diocésain étaient renvoyés à plus tard.

Moïse dut même quitter Salins et se retirer pendant quelques semaines aux Gras. Demandre disparut aussi durant le même temps de Besançon. Puis il revinrent chacun chez eux, le plus fort de l'orage passé.

C'est de sa retraite que l'évêque du Jura écrivait à l'un des *évêques réunis*, à Paris, probablement à Saurine, la lettre qui suit :

« Aux Gras, canton de Morteau, département du Doubs, le 22 Germinal an VII de la République » (11 Avril 1799).

« Cher et aimable collègue,

« J'ai reçu vos lettres les premiers jours de mars, étant déjà en route pour m'en revenir. A mon arrivée, j'ai trouvé dans un n° du journal une note du vénérable évêque d'Amiens. La circonstance de mon voïage, quelques affaires, et pendant quelques jours un peu de paresse m'ont fait différer jusqu'à présent d'écrire à l'un et à l'autre.

(1) ARCHIVES NATIONALES : F. 19, 435.

« Et d'abord quant à la correspondance entre l'imprimerie chrétienne et le principal libraire du Jura, je ne
peux l'établir que dans le courant de Juin quand je serai
dans mon diocèse ; et alors on peut compter que j'y
travaillerai de mon mieux. Si par là je peux contribuer
à répandre les bons livres et à procurer des souscrip-
teurs aux Mémoires, je croirai avoir fait une bonne
œuvre. Sitôt la correspondance établie on pourra
envoier 20 ou 30 exemplaires des actes du Comité. Il y
a à peu près ce nombre de curés qui m'en ont demandé.
Je serois plus sûr de mon fait si j'avois pu tenir mon
synode, car je voulois recevoir les souscriptions et j'en
avois prévenu dans la lettre de convocation.

« J'ai employé tous les exemplaires de notre lettre
pastorale relative à l'éducation des clercs. Si j'étois
dans le Jura, j'en retirerois trois ou quatre des mains
des curés qui l'ont déjà publiée et je vous les envoie-
rerois. Ne pouvant tenter d'ici cette voie là, j'ai écrit à
notre métropolitain, qui ne l'a pas encore envoiée de
vous en faire passer trois ou quatre exemplaires. Il a
oublié de me répondre sur ce sujet ; mais je ne doute
pas qu'il ne vous en adresse au plus tôt quelques-uns.
Quand vous l'aurez lue je serai bien aise que vous m'en
disiés votre sentiment. Je l'avois d'abord faite un peu
plus longue, et, je crois, beaucoup plus forte. Mais
d'après de nouvelles réflexions, je l'ai abrégée, adoucie,
et affoiblie. Elle a produit un grand effet dans le Jura.
Beaucoup de curés m'assurent que les fidèles pleuroient
lorsqu'ils en entendoient la lecture. Dans un grand
nombre de paroisses, on donne beaucoup plus qu'on
auroit osé l'espérer. Je sais qu'en plusieurs endroits
des dissidens ont donné ; et quand on verra que l'établissement commence, on donnera encore mieux. En un
mot, la lettre a été parfaitement accueillie des fidèles.
Il n'y a que trois pasteurs récalcitrans, le curé d'Arbois

archiprêtre, le curé de Dole, aussi archiprêtre, qui dans un tems paroissoit avoir beaucoup de zèle pour cette bonne œuvre, mais qui aujourd'hui cherche à contrarier par des vues particulières qui ne réussiront pas, et enfin l'incomparable Répécaut. Celui-ci me poursuivoit depuis plusieurs années pour tenter moïen d'établir à Salins un séminaire précaire, qui auroit beaucoup coûté et que le moindre vent auroit renversé mais où il esperoit être quelque chose, croïant qu'on pourroit difficilement se passer de lui. Maintenant il fait tous ses efforts pour mettre obstacle à notre projet parce qu'il sent bien qu'il n'y sera pour rien. L'archiprêtre d'Arbois n'avoit pas distribué la lettre dans son arrondissement. Viendra le tems où je parlerai ferme, et où il la distribuera d'autant plus sûrement que les pasteurs et les fidèles de son archiprêtré sont mécontents de sa conduite. Si Répécaut, Collinet et le curé d'Arbois ne la font pas lire à la messe de paroisse, j'irai en faire la lecture moi-même en leur présence..................

.... »

Moïse parle ensuite du Catéchisme de Vernerey, et de son désir d'aller à Paris.

Puis il ajoute :

« Malgré tous les obstacles, insensiblement l'Eglise de France se réorganise... Je voudrois bien que vous fassiez imprimer au plutôt votre manuscrit sur la correction fraternelle ; la manière de l'exercer n'est pas quelque chose de très facile ni de mieux traité jusqu'à présent... J'aime à croire qu'il y aura un bout aux persécutions qu'on suscite sans cesse aux pasteurs parce qu'ils sont amis de la religion et de la République. J'aurai beaucoup de regrets si je ne puis pas aller embrasser mes collègues, et vous en particulier, ainsi

que les évêques d'Amiens et celui de Paris et de Dax.
Qu'il seroit doux d'être ensemble, de partager ses
momens entre les travaux littéraires et les douces
effusions de l'amitié, de se délasser quelques fois en parlant des singularités des hommes de tous les tems !
Mais je crains bien de ne pas le pouvoir. Du moins mon
cœur sera toujours avec vous.

« † F.-X. Moïse, évêque » (1).

A la mort de Pie VI, les deux évêques du Jura et du
Doubs, se rencontrèrent encore dans la même pensée
et annoncèrent, mais à des dates différentes, à leurs
diocésains la perte que venait de faire l'Eglise catholique.

La lettre de Demandre est du 28 Vendémiaire an
VIII (20 Octobre 1799), celle de Moïse, non datée sur
l'exemplaire imprimé, est un peu antérieure. Il y prend
la qualité « d'Evêque de l'Eglise de Saint-Claude par la
Providence divine, et dans la communion du Saint-
Siège apostolique ».

« Combien de fois, dit-il, vous êtes-vous écriés :
Pontife pieux et éclairé, c'est à vous même ou plutôt
à la grâce du Seigneur que vous dûtes vos grandes
vertus, et c'est à une cour trop souvent ambitieuse ou
dominatrice qu'on est forcé d'attribuer vos fautes et vos
malheurs ». Et plus loin : « Si, à la chûte entière de
cette cour qui mettoit d'éternels obstacles aux bonnes
intentions du successeur de Saint-Pierre, les maladies
les plus graves et la caducité de l'âge n'eussent pas
altéré ses facultés intellectuelles, il eut sans doute mis
un terme à ces funestes contentions, si fameuses, surtout en France, par un siècle et demi de scandale....
Sans doute, il auroit foudroyé les obstinés contemp-

____

(1) Lettre communiquée par M. Gazier.

teurs des lois de la République, lui qui, dès le premier
ébranlement de la cour Romaine, prêcha si énergiquement à nos frères égarés l'indispensable obligation
d'obéir aux puissances établies (1) et démentit si publiquement les fourbes qui osoient indignement débiter
sous son nom des doctrines séditieuses. Sans doute, il
se seroit efforcé d'éteindre ces divisions prétendues religieuses dont notre Patrie est agitée depuis dix ans, lui
qui, l'an V, fit déclarer aux députés du Concile national, par son résident à Paris, qu'il ne mourroit pas
content s'il ne venoit à bout de rétablir dans la paix
chrétienne tous les catholiques de France ; lui qui semble n'avoir recouvré ses facultés intellectuelles, peu de
temps avant de mourir, que pour recevoir les derniers
secours de la religion et pour charger spécialement ses
confidents d'engager son successeur à se réconcilier
avec les François qu'il estima toujours comme une
nation vive, généreuse et sincèrement chrétienne ».

Il finit en ordonnant à chacun de ses prêtres de célébrer une messe pour le repos de l'âme de Pie VI, et de
réciter à toutes les messes la collecte : *pro eligendo
Pontifice*, jusqu'à ce qu'il leur annonce « qu'un choix
libre, une élection canonique a donné un évêque au
premier siège, et un chef à l'Eglise universelle ».

Le désir de réunir un nouveau Synode diocésain plus
complet et plus décisif pour l'organisation du diocèse
que celui d'Arbois tenait depuis longtemps au cœur de
l'évêque constitutionnel. Le premier Concile de Paris
n'avait fait qu'accroître encore ce sentiment ; l'échec du
Synode projeté à Salins ne l'avait pas abattu ; puis, le
18 Brumaire avait changé quelque chose dans l'état
des esprits (2).

(1) Allusion au Bref du 5 Avril 1796.
(2) A citer, pour mémoire, le *Mandement de Carême pour
l'année 1800*. Il est daté de Salins, le 1er Février 1800, et impri-

D'autre part, les *Evêques réunis* avaient, le 2 Mars 1800, indiqué pour la fin de Juin 1801, à Paris, un second Concile national. Il convenait de s'y préparer par des Synodes diocésains et des Conciles métropolitains. C'est ce qui se fit dans toute la France et notamment dans le Jura et le Doubs.

Le Synode du Jura se tint à Salins, cette fois sans entraves, les 5 et 6 Août 1800. La déclaration en avait été faite à la municipalité, et les archiprêtres ou leurs délégués avaient informé de leur démarche les administrations locales de leurs résidences respectives, chacun en ce qui le concernait.

Il se réunit dans la vieille église Saint-Anatoile, dépouillée de tant de chefs-d'œuvre qui faisaient sa richesse naguère encore, mais où le culte avait repris de bonne heure. Quatre-vingts prêtres y assistaient.

On chanta d'abord le *Veni Creator*, puis L. Colisson, curé de la paroisse, célébra la messe du St-Esprit à laquelle assistaient les membres du clergé en surplis et en étole.

A l'Evangile, Moïse monta en chaire pour exposer la situation de l'Eglise de France. Il glorifia le Concile national, les espérances qu'il avait données d'un Concile universel, et les fruits de salut que ses décrets commençaient à produire. Ensuite il parla de la situation du diocèse et de la métropole. Il dit que « la solidarité de l'épiscopat l'avoit mis depuis longtemps dans la nécessité de donner ses soins au diocèse du Doubs », que l'élection du citoyen Demandre lui permettait maintenant

mé chez Daclin, à Besançon. Moïse s'intitule : Evêque de Saint-Claude, en communion avec le Saint-Siège. Le sujet en est la Pénitence, ses pratiques et les dispenses que nécessitent certains cas particuliers. On n'y trouve aucune allusion aux événements contemporains ni aux difficultés où se débattait l'Eglise constitutionnelle.

de consacrer tout son zèle au Jura. Il ajouta que quant aux évêchés de Strasbourg et de Porrentruy, il pensait que ces sièges eussent été pourvus pendant l'automne 1798 si un ouvrage dont il avoit été chargé « par le Concile national, en absorbant tous ses moments, ne l'avoit empêché de se réunir à l'évêque de Colmar comme il se l'étoit proposé » (1). Puis, il poursuivit : « Quel étoit alors l'état de l'Eglise du Jura ? il vous est connu. Pendant les quinze derniers mois qui suivirent notre dernière réunion, la religion n'avoit rien perdu nulle part, et en beaucoup d'endroits, elle avoit beaucoup gagné. Ce n'est pas qu'il ne nous restât bien des sujets de douleur. Le diocèse étoit loin, non seulement de cet état de perfection qu'appellent en vain nos désirs, mais même de présenter cette consolante perspective qu'il offroit avant la sacrilège persécution qui ferma nos temples et renversa nos autels. Mais après une nuit désastreuse, il nous sembloit déjà entrevoir l'aurore d'un beau jour.

« Depuis longtemps je m'occupois d'un objet d'utilité majeure. Il s'agissoit de perpétuer le sacerdoce, d'éterniser, s'il est possible, les prédications de la doctrine sainte et de la morale bienfaisante de l'Evangile. Déjà, j'avois proposé des voies et des moyens d'exécution à tous les archiprêtres, pour obtenir, par leur voie, l'avis

____

(1) Le concile de 1797 avait ordonné l'impression de son Rapport sur le mariage. Il y travaillait encore en Prairial an II (Mai 1798), comme nous l'explique une lettre à Grégoire en date du 12 de ce mois. Au fond, c'est Moïse qui a été le *théologien* du clergé constitutionnel et toutes les décisions doctrinales ont été étudiées et presque rédigées par lui comme le prouve sa correspondance durant ces dix années. Pourtant il se plaint continuellement de la difficulté qu'il rencontre pour travailler : « Je n'ai ni une chambre à feu où je puisse être seul, ni un endroit où pouvoir étaler mes livres qui sont en caisse... » Lettre à Dubois, *jam. cit.* et plusieurs autres de la même époque.

raisonné de tous nos coopérateurs, et même des fidèles. Je m'abstiens de rechercher par quels artifices on empêcha la plupart de mes lettres de parvenir à leur destination, mais j'adore la Providence qui, en permettant que son œuvre soit traversée, fait servir l'iniquité des hommes à l'accomplissement de ses desseins. J'admire la bonté du Seigneur, qui voulant marquer cette entreprise de son sceau divin, nous fit éprouver ce retard pour amener des événements propres à rendre un pieux projet d'une utilité plus générale et d'une plus facile exécution.

« L'évêque métropolitain se joignit à moi pour créer l'établissement où doivent se former ceux qui nous succéderont un jour dans le saint ministère. C'étoit doubler les ressources et diminuer les difficultés de moitié. Une lettre pastorale, signée des deux évêques, fut publiée dans plus des trois quarts du diocèse. Souvent elle fit couler des larmes de joie, et partout elle fut reçue avec transport. De toutes parts, les fidèles rassurés sur la crainte de ne pouvoir transmettre l'exercice du culte à leurs enfants, signaloient leur générosité et annonçoient cette bonne volonté qui en augmente le prix. L'impiété qui avoit toujours espéré ensevelir l'enseignement de la religion dans le tombeau des pasteurs actuels, se tourmenta en tous sens... Un synode étoit convoqué. On alloit s'occuper tous ensemble, en esprit de charité, des moyens de faire refleurir la religion et d'en perpétuer la prédication. C'étoit là surtout ce qui blessoit la prétendue tolérance philosophique. C'étoit là qu'on nous attendoit. Tandis qu'à l'abri de la charte constitutionnelle vous deviez vous promettre la plus entière sécurité, la persécution de Larévellière-Lépaux se disposoit à peser sur nos têtes ; l'abus de la loi du 19 Fructidor et la funeste puissance des tyrans en sous-ordre pouvoient amener de nouveaux malheurs. A l'instant où le Synode devoit se réunir, le crime orgueilleux, la triomphante apostasie, en provoquoient la dissolution. L'esprit de parti, d'un côté, la fureur de parvenir et la lâcheté de l'autre, l'ordonnoient ; et des hommes chargés de faire observer la loi signoient l'ordre de la violer. Vénérables pasteurs, vous suivîtes l'exemple des premiers chrétiens, qui obéissoient aux proconsuls des Julien et des Néron. Vous allâtes pleurer entre le vestibule et l'autel. Cependant l'orage grossissoit ; il falloit se faire oublier pour ne pas attirer sur le diocèse de nouvelles calamités. Déjà, dans plusieurs départements, les prêtres fidèles aux lois de l'état et aux préceptes religieux étoient jetés dans les cachots, mis en fuite, exilés par des ordres arbitraires, et les fidèles étoient encore une fois privés de l'exercice public de leur culte.... ».

Cependant « grâces vous soient rendues, ô mon Dieu ! tandis que la foudre sembloit s'approcher de nos contrées, le 18 Brumaire ramena des jours plus sereins... Il m'a donc été permis de tenir un Synode et de porter les secours de la Religion dans tout le diocèse, sans risquer de lui attirer de nouveaux malheurs. Vous dirois-je combien de touchantes consolations je viens d'éprouver en parcourant les portions de mon troupeau les plus vastes et les plus dispersées ? Douze à treize mille fidèles ont reçu de mes mains le dernier sceau de l'alliance du Sauveur, dans 52 arrondissemens ; et dans chacun, ils ont entendu avec avidité, quelquefois avec larmes, la divine parole que je leur ai annoncée au moins pendant cinq quarts d'heure, tant avant qu'après la confirmation. Nulle part je n'ai eu à lutter que contre les honneurs qu'on vouloit me rendre, et que je ne mérite pas. Partout un plus grand nombre de chrétiens ont participé à la Pâque du Sauveur, partout les sacrements sont plus fréquentés, l'autorité paternelle plus honorée, les mœurs plus respectées... ».

A la fin de la messe, sur sa demande, tous les assistants, la main sur la poitrine, déclarèrent adhérer aux professions de foi émises par le concile de Trente. Ils prêtèrent ensuite le serment de fidélité à la Constitution de l'an VII (1799), et, sur la demande de Moïse, se levèrent pour protester unanimement de leur *inviolable* attachement à la République.

Ensuite l'évêque nomma M. Paget, curé des Nans-sous-Garde-Bois, aux fonctions de promoteur, et l'élection désigna pour secrétaires Colinet, curé de Dole, Colisson, curé de Salins et Plumey, vicaire d'Arbois.

Le promoteur demanda la promulgation solennelle des décrets du concile de Paris. Colisson en donna lecture sur l'ordre de l'évêque qui déclara sa ferme intention de les faire observer rigoureusement dans leur forme et teneur.

Vérification fut faite des pouvoirs de ceux qui devaient composer l'Assemblée. Les prêtres présents dans la ville, sur le désir de l'évêque, furent admis au synode, sans voix délibérative, mais « seulement avec la faculté d'offrir le secours de leurs lumières » ; le synode enfin fut déclaré ouvert.

Le promoteur prononça une allocution pour inviter les assistants à la paix et à la charité dans les discussions.

L'Assemblée statua que « l'archiprêtré de l'abbaye de Grandvaux, dont l'archiprêtre est mort, et celui de St-Claude dont la procuration n'est point revêtue des formalités requises seront représentés d'office », et on procéda à une nouvelle circonscription provisoire des archiprêtrés. Une commission de trois membres fut nommée pour en fixer le nombre quelle arrêta à 19, savoir : Dole, Rochefort, Pleure, Mont-sous-Vaudrey,

Poligny, Arbois, Salins, Mignovillard, Sellières, Lons-le-Saunier, Vernantois, Clairvaux, St-Julien, Dompierre, Vosbles, Moirans, l'abbaye de Grandvaux, Morez et St-Claude.

Alors commencèrent les discussions d'intérêt général; Moïse donna lecture d'un discours que quelques jours ensuite il devait prononcer de nouveau au Concile métropolitain de Besançon, au sujet de l'établissement d'un séminaire. Le synode approuva à l'unanimité l'idée de cette institution, laissant « aux Révérendissimes évêques de Besançon et de St-Claude à régler de concert le mode, le temps et l'exécution de ce projet. Chaque membre de l'Assemblée s'engage à le seconder de tous ses moyens ». L'Assemblée décida que les curés et administrateurs feraient dans leurs paroisses choix des jeunes gens qu'ils jugeraient propres à l'état ecclésiastique et qu'ils en donneraient connaissance aux prélats.

Ensuite Moïse déclara qu'il n'y aurait plus dans le diocèse qu'un seul cas réservé, celui du confesseur absolvant son complice pour quelque genre de crime que ce soit. Il développa ensuite les principes de l'autorité des évêques dans le gouvernement des diocèses. C'est ainsi qu'il fut amené à parler de l'origine des *presbytères* et des *conseils épiscopaux*. Il se montra sévère pour les vicaires épiscopaux établis par la Constitution civile du clergé. « C'étoient de nouveaux chanoines partout où on avoit eu l'imprudence de remplir toutes les places (1). S'ils devoient entrer dans le conseil parcequ'ils aidoient l'évêque à desservir la cathédrale et à diriger le séminaire, c'étoit mal à propos qu'en cette qualité ils étoient autorisés à exercer tous les droits qu'ils auroient eus si, comme autrefois, le diocèse n'eut com-

____

(1) Peut-être est-ce pour cela que jamais Moïse ne compléta son conseil et se contenta de quatre vicaires épiscopaux.

pris qu'une seule paroisse administrée par les prêtres
de la cathédrale. C'est qu'on n'avoit pas pensé qu'après
l'agrandissement des diocèses et la division des paroisses, tous les curés, comme coopérateurs de l'évêque,
formeroient son presbytère et devoient être admissibles
dans son conseil... Les vicaires épiscopaux durèrent
peu, quelques-uns eurent de vaines prétentions, plusieurs furent estimables ; mais dans une multitude de
diocèses le grand nombre fut loin de faire honneur à
cet établissement éphémère... ».

En attendant le moment de l'établissement d'un séminaire qui déterminât le lieu de sa résidence dans le
diocèse, l'évêque déclara qu'il choisissait provisoirement
pour membres de son conseil les vénérables Waille,
curé de St-Lupicin ; Fournier, curé de Dompierre ;
Regaud, curé de Vernantois; Sachon, curé de Lons-le-
Saunier ; Ravier, curé de Mantry ; Plumey, vicaire à
Arbois ; Colisson, curé de St-Anatoile à Salins ; Pasteur, curé de Lemuy ; Paget, curé de Nans-sous-Garde-
Bois ; Colinet, curé de Dole ; Lecoynet, curé de Bave-
rans ; Molard, curé de Pleure ; Huguenin, curé de La
Chassagne et Colin, curé d'Etival (1).

Moïse proposa ensuite l'établisement d'une diaconie.
Le synode jugea que dans le Jura, comme on l'avait fait
dans beaucoup d'autres diocèses, il était plus sage d'attendre des jours meilleurs.

L'abbé Petetin fut nommé aux fonctions d'archidiacre.

Puis, vint la question des institutions canoniques.
Moïse prit la parole et s'exprima en des termes

______

(1) On remarquera que dans cette liste ne figurent pas Bruet,
le curé d'Arbois, mais seulement son vicaire non plus que
Répécaud, l'ex-vicaire épiscopal, et que Colin est seul des curés
de la Montagne : ne serait-ce pas que dans l'ancien diocèse de
Saint-Claude presque toutes les paroisses tendaient à revenir à
l'ancienne église, comme aussi quelques-uns de leurs pasteurs ?

attristés. « Au commencement de 1793, toutes les paroisses du diocèse étoient, dit-il, pourvues de curés en titre, canoniquement institués, ou d'administrateurs en attendant les élections. Toutes les succursales ou vicariats en chef, à l'exception de trois, avoient leurs pasteurs en sous ordre et quelques curés avoient un ou plusieurs vicaires. Ils ne sont plus ces temps heureux ! Pendant la suspension du culte public, les prêtres réfractaires enlevèrent à l'unité de l'Eglise et à l'amour sacré de la Patrie un grand nombre de paroisses encore infectées de schisme, de presbytérianisme, de laïcisme, de sentiments antisociaux, mais dont plusieurs paroissent disposés à un retour qui sera de beaucoup accéléré par la paix. Ils ranimèrent dans d'autres paroisses des divisions qui s'affoiblissent et que des évènements peut être prochains doivent éteindre ». Mais que de désordres dans le clergé ! nombre de paroisses avaient de nouveaux pasteurs ; parmi ceux-ci quelques uns, en très petite quantité, sollicitèrent l'institution canonique. Pour les autres, chacun se fixa où il lui plut, sans se soucier de l'évêque.

« L'un étoit appelé pour administrer une cure dont le curé absent n'étoit ni mort ni démissionnaire. L'autre déjà pasteur d'une paroisse où il n'étoit pas rappelé rentroit dans une autre dont le curé, quoique ne voulant ou ne pouvant y retourner, n'avoit point donné sa démission. Celui-ci se laissoit choisir à la place du pasteur, lors même que ce dernier rappelé par une grande partie de ses ouailles, se disposoit à se rendre à leurs vœux. Celui-là se rendoit avec trop de facilité à la voix de quelques fidèles mal instruits, alloit morceler une paroisse et se placer, avec ou sans le consentement de l'administrateur ou du curé, dans une chapelle qui n'avoit jamais été érigée en succursale. Un autre voyant que le culte ne pouvoit pas encore se

rétablir dans l'église paroissiale, se rendoit aux désirs
de quelques paroissiens qui le lui faisoient provisoirement exercer dans une chapelle non érigée. C'étoit
refaire un appartement quand on ne pouvoit pas rebâtir
la maison tout entière. On en vit se glisser dans le
chef-lieu, tandis que le curé étoit confiné dans une
chapelle non érigée, et dès les premières annonces de la
persécution, j'en avois vu entrer dans les cures malgré
ma volonté bien arrêtée. Ici l'administration cédoit
momentanément, prudemment, aux dispositions coupables et anarchiques de ces paroissiens qui ne vouloient
point de culte public ou qui vouloient le faire exercer
par un nouveau venu... que faire dans un pareil chaos ?
user de circonspection pour ne pas autoriser la discorde ;
du reste, préférer d'être obligé de rectifier quelques
irrégularités, au malheur de voir l'enseignement de la
religion s'éteindre par une sévérité déplacée, puis donner
des lettres d'administrateurs à ceux qui en méritoient,
qui en demandoient, qui n'avoient jamais violé ni les
droits d'autrui ni les canons. Mais certains prêtres ju-
gèrent à propos de se passer de mes lettres et de mon
approbation ; d'autres prétendoient en avoir obtenu de
gens que je n'avois pas chargé d'en donner, ou qui trompés sans doute par de faux exposés, outrepassèrent les
bornes de la prudence et du droit canonique ». Sur ces
entrefaites, se tint le concile national (1797) qui pres-
crivit un nouveau mode d'élection. « J'ignorois quelle
conduite ces prêtres avoient tenu pendant la persécution [de la Réveillière Lépeaux], et pour les insérer dans la
liste des éligibles, il falloit savoir s'ils méritoient d'y
entrer... Je demandai verbalement des notes à quelques
archiprêtres sur cet objet ; je n'en reçus aucune. J'en
demandai par écrit, j'en reçus très peu ». Et il fallut
attendre le synode pour connaître le nécessaire. « Ce
n'est pas tout. Il falloit suivre les formes prescrites par

le concile national pour les élections, et le concile national n'étoit pas publié, et lorsque j'eus annoncé l'intention de le publier au synode diocésain, quelques prêtres d'un archiprêtré, prétendant sans doute être en droit de corriger un concile national, demandoient qu'il fut examiné et jugé par le synode avant d'en faire la publication ! » Maintenant que le concile est publié, à qui donner des institutions canoniques ? « Ce n'est pas, sans doute, à l'administrateur de Goux, qui, vers la fin de 1793, s'ingéra dans l'administration par des intrigues, malgré moi, malgré les membres de mon conseil, et à qui j'ai d'autres reproches à faire. Ce n'est pas à l'acéphale de Septmoncel (?). Ce n'est pas au religieux qui est à Molamboz. Ce n'est pas à quelques autres qui ont peut être sollicité une autorisation auprès de mes vicaires, et qui s'en sont allés sans l'avoir obtenue, ou qui ne se sont pas donné la peine de la demander ».

Pour remédier à des maux si graves, « il faudroit se contenter d'ordonner que les curés titulaires non frappés de mort civile et dignes d'exercer le saint ministère iront remplir les fonctions pastorales dans leurs paroisses respectives, ou donneront leur démission trois mois après la clôture du second concile national ; faute de quoi il y sera pourvu canoniquement et sans autres formalités comme à des cures vacantes par abandon ».

L'évèque promit l'institution canonique à tous ceux qui en étaient dignes mais pourvu qu'ils fussent élus. Cette réserve semble avoir visé particulièrement les curés de l'abbaye du Grand-Vaux, de Champvans, de Jouhe, de Vadans et de Vosbles qui n'avaient pas suivi les formes établies par le concile. « Bien assurés d'être élus, ceux-ci demandèrent que l'élection soit différé jusqu'après le prochain concile ». L'évèque fit nommer une commission de trois membres pour dresser, d'après les avis des archiprêtres, la liste des prêtres de leur circonscription qu'ils croiraient dignes de devenir pasteurs. La commission ne recueillit que des renseignements bien incomplets : elle n'obtint qu'une seule indication pour l'archiprêtré de Dole et aucune pour celui d'Arbois !

Quant aux statuts proprement dits, on en rédigea dix-huit *provisoires*; Moïse lui-même insista pour qu'on attendît, avant de conclure, le concile métropolitain et le concile général.

Le promoteur, prenant la parole, déplora l'oisiveté où, vivaient bon nombre de prêtres qui, soumis aux lois, restaient dans l'inaction, « et ne vouloient plus reconnoître leurs brebis depuis qu'on les avoit dépouillées de leur toison ». Il proposa de leur adresser une lettre fraternelle pour les rappeler au devoir. « S'il falloit, dit cette lettre, des instances, des supplications, pour vous ramener à la tête de votre troupeau, ou de tout autre qui vous témoignera sa confiance, nous irions nous prosterner à vos pieds. Mais, loin de nous tout soupçon de refus et de résistance de votre part. Les besoins de l'Eglise vous appellent, vos engagemens vous parlent, votre inaction vous pèse ; vous redoutez le sort du serviteur qui avoit enfoui son talent. Tant de pressans motifs nous donnent la confiance que vous accueillerez favorablement nos invitations, et que vous ferez part de vos dispositions à votre vénérable archiprêtre qui les transmettra au Révérendissime évêque pour que celui-ci transmette par la même voie aux paroisses veuves le tableau édifiant des ouvriers parmi lesquels elles pourront choisir ceux que leurs services passés ou leurs dispositions pour l'avenir rendent dignes de leur confiance ». Mais le promoteur persista à repousser du sanctuaire ceux des prêtres insoumis ou soumis qui avaient déshonoré le sacerdoce.

Puis, il s'adressa aux paroisses veuves, ou réputées telles, et les supplia de mettre fin par un libre choix au deuil dans lequel elles gémissaient. Une lettre leur sera adressée au nom de l'évêque et par l'intermédiaire des archiprêtres : « O, vous tous, chefs de famille surtout, qui aimâtes la religion catholique, apostolique et romaine, et qui l'aimez encore, qui éprouvâtes si souvent les douceurs et les consolations que la fidélité à ses préceptes et la participation à ses sacrements répandent sur les amertumes de cette vie, qui soupirez après le moment où vous pourrez rentrer en possession de ces précieux avantages, hâtez-vous d'appeler à votre tête un ministre du Seigneur, pour diriger dans ses voies cette jeunesse exposée à la merci des passions et des scandales, et à laquelle vous ne laisserez que le vice pour héritage si vous ne vous empressez de lui procurer les moyens indispensables pour être vertueuse ».

Enfin, en vue du prochain concile national, le synode décida « qu'il seroit fait dans chaque paroisse, vers le temps de Pâques, une collecte pour subvenir aux dépenses qu'occasionneroit ce concile, et que le produit en seroit versé entre les mains de l'archidiacre ». Puis, M. Paget, des Nans, fut élu pour représenter le diocèse au concile métropolitain qui devait se réunir prochainement à Besançon.

Et, après deux jours de délibérations, les membres de l'assemblée se séparèrent non sans avoir acclamé l'Eglise universelle, le Pape Pie VII, l'Eglise gallicane, les *évêques réunis*, Moïse, la République, le Premier Consul, les autorités constituées de Salins, chanté le *Te Deum* et s'être donné mutuellement le baiser de paix (1).

Le concile métropolitain, qui se réunit à Besançon du dimanche 31 Août au vendredi 5 Septembre de la même

______

(1) Les *Actes du Synode de Salins* ont été imprimés à Besançon, chez Daclin, en l'an IX ; 1 volume in-12.

année 1800, fut en plus grand la répétition de l'assemblée de Salins (1).

La première séance se tint à 9 heures du matin dans l'église métropolitaine.

Première séance. — Etaient présents : J.-B. Demandre, évêque métropolitain de Besançon ; J.-B. Flavigny, évêque de Vesoul ; F.-X. Moïse, évêque de St-Claude ; Marc-Antoine Berdolet, évêque de Colmar ; Grégoire Bullet, ancien professeur à l'Université de Besançon ; P.-Phil. Millot, ci-devant vicaire épiscopal de Besançon ; et Etienne Roy, archidiacre du même diocèse, fondé de pouvoir des R. R. évêques de Dijon, Langres et St-Dié ; Maurice Vernerey, curé de Luhier, député du synode diocésain de Besançon ; F.-X. Burolin, curé à Régisheim, député de celui de Colmar ; Louis-Marie-Joseph-François, curé d'Auxonne, député de celui de Dijon ; Jean-François-Maurice Arthaud, vicaire épiscopal de Besançon, député de celui de Langres ; P.-J.-B. Pagès, curé de St-Maur, député de celui de St-Claude ; Jean-Victore Belleau, curé à Bruyères, député de celui de St-Dié ; Charles-Antoine Lempereur, curé de Gray, député de celui de Vesoul ; F.-J.-B.-Séb. Chagué, desservant de Massevaux, député du presbytère de Strasbourg, le siège vacant.

On procède à l'élection du bureau.

Demandre est nommé *président,* Flavigny *vice-président,* Vernerey et Paget, *secrétaires.*

Demandre, alors, célèbre la messe solennelle, assisté des autres évêques. Après l'Evangile, il prend la parole pour rappeler l'antiquité et les avantages des conciles, la nécessité de les rétablir au sortir de la persécution

(1) Le 6 août, les *Préposés* du diocèse de St-Claude adressèrent au clergé et aux fidèles une lettre pastorale pour leur annoncer l'élection de Pie VII, au nom de M. de Chabot.

que l'Eglise gallicane vient de subir, et pour demander
aux fidèles présents d'appeler par leurs prières les
bénédictions du ciel sur les travaux de l'Assemblée métropolitaine. Puis, il déclare que le concile est constitué
et propose d'abord d'adresser au nom de l'Assemblée
une lettre à tous les prêtres incommunicants de la métropole; l'Assemblée approuve et l'archidiacre donne
lecture de la lettre qui sera envoyée aux réfractaires
résidants à Besancon. « Constitués aujourd'hui en Assemblée métropolitaine, dit cette circulaire, sous le béné-
fice des lois et dans les formes antiques, notre premier
devoir est de vous en donner avis, parceque le plus
pressant besoin de nos cœurs est de vous posséder au
milieu de nous. Nous vous invitons donc et au besoin
nous vous requérons, au nom de la religion et de la
patrie, à venir partager nos travaux, nous éclairer de
vos lumières, et travailler en commun à relever les
ruines du sanctuaire, à rétablir les mœurs et la discipline, ramener enfin la concorde parmi les citoïens.
Laisserons-nous dire plus longtemps au public que des
prêtres ne savent point s'accorder, qu'ils sont incapa-
bles de faire aucun sacrifice au bien de la patrie, à l'intérêt de la religion ?... Non, rendez-vous à notre invitation, et vous connaîtrez par vous mêmes que nous
n'avons pas une autre foi, une autre croyance que
vous; que nous reconnaissons comme vous tous les
grands caractères de l'unité catholique; que nous pro-
fessons la même communion et le même attachement au
siège apostolique. Tout ce qui a été cru sur la morale
et les dogmes, nous n'avons point cessé de le croire et
de l'enseigner; tout le corps de la religion a été conservé
parmi nous dans son inébranlable majesté. Si nous
sommes divisés sur quelques points de discipline, une
explication franche et amicale doit suffire à ceux qui ne
cherchent que la vérité, la gloire de Dieu et le salut des

âmes. Vous retrouverez d'ailleurs, et toujours, en nous,
cette détermination ferme et constante de faire tous les
sacrifices que le bien de la religion exigera, et qui seront compatibles avec la conscience et l'honneur (1) ».
Puis, le St-Sacrifice achevé, on se retira dans la chapelle
de St-Denis, et on décida que dans les séances suivantes
on travaillerait en commun, sous forme de congrégation
spéciale, le concours de toutes les lumières devant opérer un succès plus heureux et plus prompt.

Deuxième séance. — Lundi. — Après la messe, réunion
dans la chapelle de St-Denis. La séance est consacrée
à rédiger trois décrets contre les usages des fidèles
attachés aux prêtres réfractaires, et les pratiques des
prêtres eux-mêmes. Ces décrets condamnent les prêtres qui réitèrent le baptême (il s'agit probablement du
baptême sous condition) à ceux qui l'ont reçu des prêtres constitutionnels (art. I), ou qui bénissent de nouveau les mariages contractés devant ceux-ci (art. 2),
les laïcs qui usurpent certaines fonctions du ministère
(onction aux malades, bénédictions) réservées exclusive-
ment à ceux qui ont reçu le don de l'Ordre (art. 3); tous
ceux qui affirment que le parjure, la calomnie, le mensonge (restrictions mentales ou attestations fausses
quant à la prestation du serment) sont permis sous prétexte de servir la cause de la religion (art. 4); ceux qui
s'ingèrent sans mission canonique dans l'exercice du
ministère (art. 5). Voici le texte du second décret : « La
promesse de fidélité à la constitution renferme la fidélité
active et passive ; elle exclut essentiellement toutes dispositions et restrictions mentales, contraires à l'esprit
et à la lettre de cette promesse qui doit être regardée
comme équivalente au serment ». Le troisième décret
renouvelle le statut de Salins sur les cas réservés,

(1) Personne ne se rendit à cet appel.

accorde à tout prêtre desservant en titre, le pouvoir
de faire les bénédictions d'objets servant au culte pour
lesquelles l'évêque peut déléguer, et ordonne, « qu'en
égard aux circonstances, nul autre sacrement ne sera
administré que préalablement on ne soit certain que
celui qui le demande a été baptisé, ou qu'on ne lui ait
administré le baptème, après en avoir référé au révérendissime évêque, lorsqu'il sera possible de le faire ».

Troisième séance. — Mardi. — Le concile enjoint, 1° sous les peines de droit, aux archiprêtres des
arrondissements métropolitains de rendre compte à leurs
évêques respectifs si les curés et desservants de leurs
ressorts se conforment aux canons reçus dans l'église
universelle, aux règlements des conciles nationaux et
métropolitains, aux statuts des synodes · diocésains, et
particulièrement aux dispositions du dernier concile
national et de la seconde encyclique relative aux registres de catholicité ; « 2°, déclare que, dès qu'en vertu
d'une mission canonique, un prêtre dessert une paroisse
sous quelque titre que ce soit, seul, l'évêque diocésain
excepté, il peut administrer ou permettre d'administrer
à ses paroissiens, le baptème, la première communion,
la communion pascale, les bénédictions nuptiales et les
derniers sacrements » ; 3°, rappelle vivement au devoir
les confesseurs qui par une lâche complaisance accordent l'absolution sans s'être assurés que le pénitent y
apporte les dispositions requises ; 4°, invite « les pasteurs à procurer de temps à autre à leurs ouailles,
quelques jours de retraite pour rentrer ou s'affermir
dans la voie du salut ».

Quatrième séance. — Mercredi. — Le concile
décrète : 1° « Il est défendu à tout prêtres de donner la
bénédiction nuptiale avant que les formalités prescrites
par les lois civiles aient été remplies. Ceux qui inspi-

rent aux fidèles une conduite différente les privent du sacrement de mariage (1), méritent la qualification de profanateurs des choses saintes, de peste de la société et d'ennemis de la religion. L'enfant né de parents dont le mariage n'a pas été revêtu des formalités de la loi civile ne sera point admis aux ordres sacrés ». 2° « Tout prêtre desservant, à quelque titre que ce soit, est tenu, autant que faire se pourra, d'expliquer chaque dimanche à ses paroissiens l'épître et l'évangile du jour, d'en adapter le contenu à la portée, aux dispositions et aux besoins de ses auditeurs, et de se convaincre qu'il ne pourra marcher ni conduire les autres dans le chemin du salut qu'en suivant les traces de Celui qui est la Voie, la Vérité et la Vie ». Moïse donne ensuite lecture d'une dissertation sur les études cléricales et sur le projet de les renouveler (2). La partie traitant de l'établissement du séminaire fait l'objet d'un scrutin ; ce projet d'établissement obtient l'unanimité des suffrages. L'Assemblée demande l'impression de la dissertation et décide qu'un exemplaire en sera adressé au concile national. Cette dissertation mérite une attention spéciale. Elle fait d'abord l'historique des divers moyens employés par l'Eglise pour perpétuer la chaîne des pasteurs des peuples. Au commencement, J.-C. lui-même instruit ses apôtres ; les apôtres forment eux-mêmes

(1) Les considérants du décret expliquent toute la doctrine du décret lui-même « Le contrat civil du mariage a toujours été, comme tout autre contrat, du ressort de la puissance civile : c'est à elle d'en fixer les conditions, d'en prescrire les formalités et d'instituer les officiers qui en reçoivent la déclaration ; la validité est indépendante de la bénédiction nuptiale. Le contrat civil du mariage est la matière nécessaire du sacrement de mariage, et doit par conséquent la précéder... etc. ».

(2) C'est la dissertation déjà présentée au synode diocésain de Salins. Elle avait pour auteur Vernerey, le curé de Luhier.

les évêques qui doivent présider aux nouvelles églises
et les prêtres qui doivent les assister ; les évêques,
dans la suite, gardent généralement cette tradition, et
jusqu'au VII⁰ siècle, c'est sous leurs yeux et par leurs
soins que sont formés les ministres de la religion. En
même temps, les monastères ouvrent des écoles, et
sous la juridiction de l'évêque dont ils n'étaient point
affranchis, donnent nombre de prêtres et de clercs. Les
études, dans les « séminaires » des cathédrales et des
monastères, étaient florissantes jusqu'au VII⁰ siècle et il
en sortit bon nombre de prêtres vertueux et instruits. Mais
alors commence la décadence, dans les Gaules surtout.

Parmi les évêques, plusieurs sont tirés des nations
barbares, récemment converties ; ils gardent dans leur
saint ministère quelque chose de leurs anciennes habi-
tudes ; tous reçoivent des fiefs ; en qualité de seigneurs,
ils sont obligés de prendre part aux affaires de l'Etat,
et les voilà depuis, chasseurs, guerriers, oublieux de la
formation des clercs, comme de l'instruction des peuples.
Les invasions des barbares détruisent les écoles et
précipitent la ruine des études, malgré les louables
efforts de quelques évêques et de plusieurs conciles
provinciaux. Le xii⁰ siècle jeta pourtant quelque éclat ;
les universités fondèrent des séminaires ; qui ne purent
donner de bons résultats. « Les docteurs, en embrassant
trop de choses, n'étudioient rien exactement ; ils négli-
geoient les points essentiels pour s'occuper longuement de
curieuses inutilités ; sur les objets de la plus haute
importance, ils n'avoient pas même les notions nécessaires pour être en état d'étudier avec fruit ; en voulant
décider ce qu'ils ne savoient pas, ils étoient justement
d'un degré au-dessous de l'ignorance... Des professeurs
si peu instruits et si éloignés de la vraie méthode
d'étudier, étoient cependant appelés docteurs subtils,
docteurs irréfragables, docteurs illuminés, docteurs

résolus, docteurs solennels, docteurs universels, docteurs angéliques, docteurs séraphiques, etc., tant on
s'apercevoit peu des vices essentiels qui régnoient dans
les études dont on paraissoit faire tant de cas. »
L'auteur ne juge pas moins sévèrement, au point de
vue des mœurs, les Universités de ce temps-là: « les
maîtres étaient divisés par la diversité de leurs opinions, par les différents états qu'ils avoient embrassés,
et par la jalousie de ceux qui étoient moins suivis contre
ceux qui l'étoient le plus ; et cette division passoit aux
disciples. Ceux-ci, rassemblés de divers pays, déjà
divisés par la diversité des nations, des langues, des
inclinations, loin de leurs parens, de leurs évêques,
sans respect pour des maîtres à qui ils payoient salaire,
dans l'âge le plus bouillant, étoient tous les jours aux
prises entr'eux et avec les bourgeois. Leurs querelles
commençoient ordinairement au cabaret, à l'occasion du
vin et de la débauche, et s'étendoient ordinairement jusqu'aux meurtres et aux dernières violences ». Au treizième
siècle, pour parer à ces inconvénients, les religieux
fondent des collèges ; les évêques favorisèrent ces fondations, ou les établirent eux-mêmes dans leurs diocèses ;
c'était un progrès ; mais le mal avait poussé de trop
profondes racines pour disparaître. Au seizième siècle
« le clergé en général n'étoit en état ni de convaincre
les hérétiques, ni d'édifier les catholiques. Aussi convient-
on universellement que la morgue, l'ignorance et les
désordres des ecclésiastiques, papes, évêques, prêtres et
moines, ont enlevé plus de peuples à la vraie église que
les sophismes des novateurs ». Le Concile de Trente,
dans sa 23e session porta un décret de Réformation des
séminaires. « Ce projet étoit bon, conforme aux saintes
règles ; malheureusement, en bien des endroits, il
éprouva des obstacles ; il fut mal suivi, et quand on
s'aperçut qu'il n'étoit pas promptement suivi d'un

grand succès, on rejeta sur le plan même des inconvénients qui provenoient de ce qu'on ne s'y étoit pas conformé, ou de la négligence et de l'incapacité des directeurs ; puis enfin on le corrigea et on le dénatura.» Les Jésuites, les Sulpiciens, les Lazaristes, etc., furent les directeurs des séminaires. L'auteur n'en parle qu'avec amertume ; on croirait reconnaître la touche de Moïse dans ce passage : « Au séminaire, le jeune clerc rétrécissoit son génie et ses facultés par l'humiliante nécessité qu'on lui imposoit de se traîner servilement sur les pas d'un directeur, autour d'un cercle de définitions, de questions oiseuses, ridicules, dignes d'un éternel oubli, parce qu'elles ont été fatales à la religion par l'esprit de parti qui les enfanta, et par les rivalités scandaleuses qu'elles occasionnèrent. Osoit-il tenter de soulever le voile mystérieux dont on couvroit la plupart des objets qu'on ne lui présentoit que dans l'éloignement et comme ensevelis sous un fatras d'inutilités ? Il passoit pour un esprit dangereux. On s'irritoit contre un élève assez peu docile pour demander humblement qu'est-ce qu'il y avoit de foi catholique parmi les billevesées scolastiques dont on lui farcissoit la tête ou assez téméraire pour chercher à distinguer ce qu'il étoit obligé de croire sur la parole de Dieu, de ce qu'on lui débitoit de la part de Suarez, de Vasquez, de Bonacina, de Tambourin et de Collet. Son meilleur parti étoit de se taire devant l'oracle, et de jurer stupidement sur la parole et le cahier du professeur. Heureux encore s'il n'y tenoit pas avec autant et peut être plus d'assurance qu'à l'Evangile de J.-C. qu'on ne lui avoit pas donné le loisir de connaître ». Il faut en passer et du plus virulent !

Le temps est venu de relever les ruines du sanctuaire, même il presse ; il faut se mettre à l'œuvre, et promptement. Le concours de tous est nécessaire. Aux curés d'abord de discerner dans leurs paroisses les enfants et les jeunes gens qui présentent des marques de vocation. Ils leur apprendront la langue française, les principes de latinité, le plain chant, les cérémonies de l'Eglise, tout ce que doit savoir un candidat du sacerdoce (1) ; il serait bon que chacun d'eux put exercer quelque profession ou métier honorable, afin que dans la suite « il fut moins à charge aux fidèles et plus occupé chez lui ». A 18 ans, après examen, ces jeunes gens seront reçus au séminaire épiscopal. Le séminaire aura deux professeurs chargé de l'enseignement théologique ; la durée du cours sera *de onze mois*, interrompue seulement par un mois de vacances. Ce cours achevé, les élèves rentreront chez eux, ayant reçu les ordres mineurs ; là, ils catéchiseront, ils étudieront les cérémonies du diacre et du sous-diacre à la messe, celles du baptême solennel, serviront à l'autel, chanteront au lutrin, visiteront les malades avec le pasteur et consacreront le temps libre à répéter la théologie, à lire l'écriture sainte, l'histoire ecclésiastique et les sermonnaires. A 22 ans, ils se présenteront de nouveau au séminaire, y subiront un examen, et seront admis à la retraite préparatoire au sous-diaconat. Retour dans leurs familles ; un an plus tard, ils reviendront pour être revêtu du diaconat. Alors dans leurs paroisses, ils pourront, avec l'assentiment du curé, prêcher et conférer le baptême solennel, en même temps qu'ils s'initieront par l'étude aux diverses fonctions du prêtre. L'année suivante ils se présenteront à l'évêque pour se faire examiner et recevoir le sacerdoce. Alors seulement on les enverra aux pasteurs qui les auront demandés pour les aider dans les fonctions sacerdotales.

Tel est le plan d'éducation cléricale de la Disserta-

(1) C'est ce que fait déjà un curé du Jura, dit la Dissertation.

tion. Deux diocèses se sont réunis déjà pour fonder l'œuvre du séminaire. Peut-être la Hte-Saône voudra se joindre au Doubs et au Jura. En tout cas, bibliothèque suffisante, meubles indispensables, séminaristes, directeurs, professeurs, tout cela est prêt. Il sera facile d'acheter ou de louer une maison que l'on puisse accomoder aux besoins d'un séminaire. Mais il faut se hâter. « On peut encore aujourd'hui se procurer des directeurs pieux, et non seulement éclairés, mais véritablement savants. Ils ne sont pas en très grand nombre. Si on les laisse mourir ou vieillir avant qu'ils se soient formés des successeurs, nous allons retomber dans l'ignorance et dans tous les vices qu'elle entraîne ».

Cinquième séance. — Jeudi. Vernerey donne d'abord lecture d'un plan d'études pour former les aspirants du sacerdoce. (Ce doit être la fin de la dissertation précitée). Puis on vote une capitation de 1 fr. par prêtre afin de venir en aide à la Commission intermédiaire des évêques réunis à Paris. Enfin le concile exprime son regret de voir qu'aucun des prêtres dissidents ne s'est rendu à son appel. Les membres du second ordre nomment alors trois députés au concile national et trois suppléants. Sont élus députés : Charles-Ant. Lempereur, Claude-François-Maurice Vernerey et François-Joseph Paget. Lempereur refusant, on le remplace par François-Xavier Burglin. Les trois suppléants sont : Louis-Marie-Joseph François, Jean-Nicolas Belleau et François-Joseph-Sébastien Chagné.

Sixième séance. — Séance de clôture le 5 septembre. A la messe de clôture, on donne connaissance des travaux du concile aux fidèles convoqués ; *salut,* puis le *Te Deum,* et *acclamations* à l'Eglise, au Pape, à l'Eglise gallicane, au concile métropolitain, aux évêques réunis à Paris, à l'évêque métropolitain, aux prêtres incommuniquants, à la République, au premier Consul, aux défenseurs de la patrie, aux soldats morts pour la défense du pays, aux autorités constituées de Besançon, aux citoyens de cette commune et aux fidèles de la métropole, enfin à toutes les nations. Et l'on se sépare.

On arrivait enfin au Concile national dont tous ces Synodes n'étaient que les préliminaires.

Moïse qui s'y préparait depuis longtemps l'annonça solennellement à ses diocésains dans sa *Lettre pastorale* pour le Carême de 1801, datée de Salins, qui débute et finit par des éloges pompeux aux Consuls qui font tous leurs efforts pour donner aux peuples une paix si désirée, à Pie VII, à Bonaparte qui s'est couvert de gloire en Italie et en Egypte et que la Providence a miraculeusement sauvé de tant de périls.

Puis, venant à l'objet principal de sa lettre, « Nous entrevoyons, dit-il, le moment heureux et prochain où le tribunal de l'Eglise jugera les grandes causes dont il est déjà saisi, réformera les mœurs, vengera la foi, rétablira la discipline de l'Eglise primitive, réunira tous les partis, prendra les moyens généraux pour perpétuer parmi nous le St Ministère et ramènera peut-être au bercail toutes les communions séparées... »

En forme de Mandement, il prescrit un *Te Deum* pour le Dimanche qui suivra la réception de sa lettre, afin de remercier la Providence qui a protégé la vie de *Buonaparte* contre les horribles machinations des ennemis de la patrie, permet d'exposer le St-Sacrement ce jour-là et accorde une indulgence de quarante jours à tous ceux qui, contrits, confessés et communiés, prieront le même jour dans les églises paroissiales ou succursales pour l'heureux succès du Concile national, pour le rétablissement de l'esprit d'union, de charité parmi les chrétiens, pour N. S. Père le Pape et pour le progrès de la foi (1).

La conclusion de la paix entre l'Allemagne et la France, scellée par le traité de Lunéville, excita dans toute la France une grande joie.

Moïse s'associa aux sentiments populaires par une *Lettre circulaire* à son diocèse, la dernière qu'il devait lui adresser. Elle est datée de Salins le 17 mars 1801.

« ... Dites aux prêtres qui ont refusé jusqu'à présent de promettre fidélitité à la Constitution que, telles que soient leurs idées ou leurs vues politiques, ils sont françois et qu'en cette qualité, ils éprouvent sans doute les sentiments qu'inspirent à toute la France et la conservation presque miraculeuse de son premier magistrat et cette suite prodigieuse de victoires qui ont placé la République au-dessus de toutes les autres puissances, et cette paix si désirée qui doit faire le bonheur de toutes les nations. La paix continentale présentera au premier Vicaire de J.-C. l'occasion la plus favorable de remplir un devoir qui lui est impérieusement commandé par la religion : c'est-à-dire de proclamer avec fruit les maximes du Nouveau Testament sur la soumission aux puissances, la fidélité aux gouvernements, l'obligation de servir sa patrie ; sur la nécessité de resserer les liens de l'unité ecclésiastique ; sur le crime de ceux qui les rompent, qui altèrent la pureté de la foi ou qui osent fouler aux pieds les règles de son ancienne discipline. Puisse-t-il parler bientôt le langage de l'Evangile et parler avec cette authenthicité qui ne permet pas de méconnaître sa voix ! » On sent ici

(1) A. Besançon, chez Daclin, in-4°.

Déjà à l'avènement de Pie VII, Moïse lui avait écrit une lettre que nous n'avons plus, pour lui témoigner ses sentiments de déférence et lui marquer qu'il était en sa *communion*. Pie VII ne répondit pas.

percer comme une vague inquiétude au sujet des actes
futurs du Pape. Mais Moïse ne tarde pas à se rassurer :
la paix lui promet « le succès du Concile national...,
les secours spirituels des églises étrangères ; elle fait
disparaître presque tous les obstacles qui s'opposoient
à la célébration d'un Concile général que les canons
obligent de convoquer tous les dix ans et que tous les
vrais fidèles réclament depuis plus de deux siècles ».

En conséquence l'évêque prescrit de célébrer dans
toute l'étendue de son diocèse, le dimanche qui suivra
la lecture de sa lettre, une messe d'actions de grâces
pour la ratification de la paix. L'après-midi, aux vêpres,
un *Te Deum* sera chanté ; on priera les autorités d'y
assister en corps ou individuellement. Le lendemain
un service funèbre sera célébré pour le repos de l'âme
des soldats morts pour la patrie.

Cette *Lettre circulaire* est suivie d'une « Invitation
à nos frères dissidens ». Moïse y proteste contre
l'accusation d'hérésie, revendique la légitimité de son
ministère et la licéité des serments successivement
imposés par la Constitution et prêtés par lui et ses
prêtres. Il presse ensuite les insoumis de se réunir aux
ecclésiastiques soumis aux lois : « Toute l'Europe est
scandalisée de ce que nos plus tendres invitations ont
été accueillies avec dédain... Les Eglises étrangères
sont indignées des impostures que la haine leur avoit
débité contre nous... Des évêques, des prêtres en
J.-C., des facultés de théologie et de droit canon se
sont déjà expliquées catégoriquement, et partout la
calomnie retombe sur les calomniateurs. La génération
présente vous reproche cette haine farouche que vous
avez constamment montrée à notre égard et qui con-
traste si étonnamment avec les maximes du Sauveur
dont vous êtes les ministres. Vos partisans même sont
indignés de ce qu'à nos empressemens les plus affec-

tueux vous opposâtes toujours des cœurs inaccessibles à cette bienveillance universelle qui doit embrasser tous les enfants d'Adam, fussent-ils même dans l'erreur. Et la postérité ! l'impartiale postérité jugera entre vous et nous. Elle dévouera à l'exécration publique les ministres de la charité. Elle ne parlera qu'avec horreur des ministres de paix qui se seront refusés à tout sentiment pacifique. Elle ne verra que des hypocrites et des ennemis de l'Etat dans ceux qui se seront couverts du manteau de la religion pour exciter et perpétuer la discorde entre les enfans d'une même patrie ». Et il finit en invitant les réfractaires à se réunir à son clergé pour remercier le Seigneur qui a tant fait pour les Français et célébrer la mémoire « des héros qui achetèrent la victoire au prix de leur sang ».

Vers la même époque, Moïse écrivant à Grégoire lui disait : « ... J'ai voyagé dans le Doubs, dans la Haute-Saône et dans le Jura. Partout, moi qui ne me mêle guerres des prêtres, j'ai vu les incommuniquans arborer la révolte contre les loix, contre le bon sens et contre les premiers principes de la moralité.

« A Dole, un diseur de bonnes messes, un maître fanatiseur s'avise de marier à tort et à travers en dépit de toutes les loix de l'Etat anciennes et nouvelles ainsi que contre toutes les règles soit canoniques soit évangéliques, pourvu qu'on soit de son parti : mais les mariages ne valent plus rien dès qu'il s'aperçoit qu'on n'est pas attaché à son char... » Il s'agit, ainsi qu'il le dit un peu plus loin, de « Vautrin, cy devant directeur du séminaire de Besançon, puis professeur de théologie au collège de Dole, à charge de dicter les cahiers du séminaire, puis régent de cinquième, puis sous-bibliothécaire réunissant avec son chef la connoissance bibliographique d'environ vingt ouvrages, puis enfin directeur, professeur, procureur, et Michel Morin, de la maison toute aristocratique des Orphelins de Dole... »

« A la Grande-Combe, un nommé Billod, déporté pour la forme et rentré tout de suite, a constamment dit sept ou huit messes par nuit pendant plusieurs années, et il n'a pas déplu à la jeunesse des deux sexes qui étoit bien aise de courir toutes les nuits de granges en granges ».

Cet abbé Billod a des discussions avec l'ancien curé de l'endroit rentré dans sa paroisse, Gaudion, qui « n'est guères plus sorcier. Il a vu quelques cahiers scolastiques... ; mais pour de la théologie, il y est totalement étranger. » Billod, lui, quand il fut ordonné « par Mr Durfort, c'étoit un fruitier qui ne savoit que faire le fromage ». •

« A Montbenoit, un nommé Gauthier se fait donner un fromage par fruitière et revend ses fromages aux cabaretiers avec qui on dit qu'il est de moitié.» Il se fait souscrire des billets pour de fortes sommes par des enfants de famille, etc.

Aux Gras, ce sont les Bobillier, avec qui nous ferons plus loin plus ample connaissance, et d'autres « diseurs de bonnes messes » qui officient « devant un portrait de Louis 16. Mais personne ne dit rien, car le maire y assiste. Au reste on fait bien de ne rien dire, car si on les mettoit de mauvaise humeur, ils ne se contenteroient pas de canoniser Louis 16, ils canoniseroient encore sa chaste épouse ». (1).

Cette lettre est d'un autre ton, d'une autre encre, peut-on dire, que la précédente, mais ce sont bien les mêmes sentiments, les mêmes pensées qui se tradui-

____

(1) Lettre du 22 mai 1801 à Grégoire, communiquée par M. Gazier. Pour la première fois, au moins quant aux lettres qui nous restent, Moïse reprend le cachet dont il se servait en 1791. Voir la note 1 de la page 83.

sent sous la forme solennelle de l'acte public et sous la forme familière et violente de l'épitre à un ami.

Trois mois après, l'Evêque du Jura se trouvait à Paris pour la tenue du Concile tant attendu et si solennellement annoncé.

Il était accompagné de l'abbé Paget, curé de Nans-sous-Garde-Bois, délégué par le Concile Métropolitain de Besançon, qui se logea 182, rue Bailleul, près le Louvre, tandis que Moïse descendait au Pavillon du Midi, au Louvre (1).

Il y eut une série de réunions préliminaires au Concile. La première se tint le 23 juin. Les évêques de Rodez et de Troyes, avec celui du Jura, sont nommés de la Commission de vérification des pouvoirs. A celle du 28, Moïse fait adopter cette mesure cérémonielle que les Evangiles seront à la messe présentés à baiser ouverts aux évêques et fermés aux simples prêtres !

Vint enfin le jour de la première séance. C'était le 29 juin. Un quart d'heure avant l'heure indiquée, c'est-à-dire à 9 heures moins un quart, les évêques et les prêtres, *pères* du Concile, se réunirent au bas chœur de Notre-Dame et se revêtirent, les évêques du surplis, du camail et de l'étole, les prêtres du surplis et de l'étole seulement ; puis, précédés de la croix et des acolythes, ils se rendirent processionnellement au chœur, « en gardant de justes distances », par le bas côté qui avoisine la chapelle de la Ste-Vierge, pour entrer par la porte principale, le président fermant la marche.

Ce président était Claude Le Coz, évêque d'Ille-et-Vilaine et futur archevêque de Besançon.

Il y avait neuf métropolitains, trente-trois évêques, huit ecclésiastiques fondés de pouvoirs, cinquante-trois

(1) *Noms et adresses des Pères du Concile national,* Paris, 1801.

prêtres et deux délégués du Piémont et du Pays de
Gênes. Une grande affluence de fidèles ou de curieux
remplissait la basilique.

Après le chant du *Veni creator*, Grégoire, évêque de
Loir-et-Cher, prononça un long discours d'ouverture.

Il n'entre pas dans le cadre de cette biographie de
refaire, une fois de plus, l'histoire déjà faite de ce Concile (1). Nous ne pouvons que signaler la part qu'y
eut Moïse et qui est d'ailleurs assez considérable. Il
prit notamment la parole à la seconde séance qui se tint
dans la chapelle de la Ste-Vierge, en l'église St-Sulpice.

L'Evêque du Jura s'éleva avec vigueur contre le
droit que prétendaient les envoyés des Métropoles,
simples prêtres, d'avoir voix délibérative aux réunions
conciliaires. Il avança que le représentant d'une église
particulière, c'est l'évêque et qu'il ne peut pas plus y
avoir deux représentants d'une même église à un concile qu'il ne peut y avoir deux évêques sur un même
siège : qu'un concile est la représentation des églises
d'une province, d'une nation ou de toute la catholicité,
selon qu'il est métropolitain, national ou œcuménique ;
qu'il y a donc loin de là à une assemblée du clergé où
la représentation des ordres qui le composent doit
avoir lieu : que les soixante-douze disciples n'étoient
pas prêtres, quand ils furent envoyés, et que leur
mission étoit bornée pour le temps, pour les lieux,
pour les personnes et pour les choses, bien différente en
cela de celle des prêtres ; que de seize à dix-huit cents conciles dont on a les Actes, on ne voit des signatures de
quelques prêtres que dans *vingt-cinq* seulement :

(1) Voir notamment les *Actes du second Concile national de
France, tenu l'an 1801 de J.-C. (an 9 de la République françoise)*,
Paris, à l'imprimerie chrétienne, rue des Bernardins, an X, 3
vol. in-8°.

encore ces ecclésiastiques signataires étaient-ils « ou
des légats du St-Siège, ou fondés de pouvoir de la part
des évêques, ou députés des églises veuves, ou appelés
pour concourir au jugement de leurs pairs dans des
causes personnelles, ou enfin des hommes d'une doctrine
rare, qui avoient rendu de grands services et à qui on
permettoit de délibérer et de signer parce qu'ils avoient
été spécialement convoqués ». Il résout les objections
tirées des conciles de Jérusalem, où les anciens étaient
probablement, dit-il, tous des évêques ; et de ceux de
Constance et de Bâle, dans lesquels on votait par
nation, etc. S'adressant directement aux prêtres de quelques arrondissements métropolitains et à tous ensuite
d'une manière générale, il leur dit qu'ils n'ont rien de
commun avec les abbés, les généraux d'ordre, etc.,
que l'antiquité qu'ils réclament avec tant de confiance
ne leur est pas favorable et qu'ils ne peuvent s'appuyer
que sur celle qui ne remonte pas au-delà de 1797, faisant
allusion au premier Concile national, composé de deux
tiers de prêtres contre un tiers d'évêques, synode taxé de
presbytérien, et qui ne fut, d'après lui, un Concile, que
parce qu'il s'y trouva plus d'évêques qu'on n'avait osé
l'espérer, et qu'ils se réunirent souvent seuls dans des
assemblées où plusieurs points importants furent décidés.
Le tout était assez vif de ton et mêlé de reproches. Il
n'eut d'ailleurs pas gain de cause absolument. Sur la
réclamation de plusieurs prêtres, on décida de surseoir
à prononcer et on laissa ensuite dormir la question.

Le 5 Août, à la suite des discussions et des résolutions
tenues et prises les jours précédents, on arrêta la liste
des dix-huit orateurs qui devaient défendre dans des
conférences publiques et contradictoires les principes de
l'église constitutionnelle.

Le 1er Septembre, ces dix-huit champions et parmi
eux, Moïse, se rendirent à Notre-Dame, assistèrent à la

messe et attendirent jusqu'à onze heures les contradic-
teurs qui ne se présentèrent pas. De même, le soir à six
heures et ainsi les deux jours suivants. Le 3 Septembre
enfin, devant la foule assemblée, Belmas, évèque de
l'Aude, clôtura par un discours l'inutile épreuve.

Mais dès le 13 août, alors que le Concile était en pleine
activité, l'assemblée avait eu la nouvelle officielle que les
négociations entre le St-Siège et le Premier-Consul
étaient terminées, et que des mesures étaient prises
dans le nouveau Concordat pour ramener effectivement
la paix en France. Il allait donc falloir se séparer. On
décida de tenir la dernière réunion, le dimanche 16. En
attendant, les Pères du Concile se préoccupaient de la
situation nouvelle qui leur était faite. On parlait de
démissions qui seraient exigées.... Moïse au milieu du
trouble prit la parole, le 14, pour lire sur ce sujet un
mémoire très long que peut-être il avait préparé de
longue main et adapté en quelques heures aux circonstances présentes.

Il y examinait : 1° si, dans l'hypothèse proposée, les
évèques constitutionnels, exerçant actuellement leurs
fonctions devaient donner leur démission ; 2° supposé
que cet acte fut jugé nécessaire, à quels caractères il
devait être marqué, et quelles qualités principales il
devait avoir ; 3° dans la même supposition, en quelles
mains cette démission devait être donnée.

Mais avant que d'en venir à la discussion de ces
questions importantes, Moïse demanda qu'on lui permit
de traiter avec quelque étendue, un seul article, sur
lequel il prévoyait que ses collègues et lui pourraient
être obligés de prendre bientôt un parti d'où dépendrait
la *gloire immortelle* ou l'*éternelle ignominie* de l'Eglise
gallicane.

« Jésus-Christ, continue-t-il, en envoyant son ambassade à tous les peuples et à tous les siècles, ne l'au-

torise pas à exiger de qui que ce fut d'autres devoirs
que ceux dont lui-même avoit prescrit l'observation :
mais en établissant l'Eglise, il lui donna le droit et lui
imposa l'obligation de prendre en masse, ou par représentans, les moyens d'exécution nécessaires pour procurer, de la part de ses membres, l'accomplissement
exact des lois évangéliques, avec ordre de punir de
peines purement spirituelles, et d'exclure même de son
sein ceux qui refuseroient de s'y soumettre. Ainsi con-
sacra-t-il le pouvoir qu'a toute société de statuer ce
qu'elle juge nécessaire pour atteindre son but, se conserver, prévenir la confusion et se garantir du désordre,
en évitant toutefois ce qui peut troubler l'ordre
public ».

L'Eglise forme donc, d'après lui, une république dans
le sein de laquelle nul n'occupe le premier rang ou
d'autres dignités éminentes, si elle-même ne distribue
en *masse*, ou par ses *représentants*, ce rang et ces
dignités supérieures. Le Pape n'est, selon qu'il l'appelle, que le *Premier des Pontifes* ou le *Premier vicaire
de Jésus-Christ.*

« .... Pendant douze ou treize siècles, les papes,
lors de leur élection, juroient d'observer toutes les
règles ecclésiastiques contenues dans les conciles universellement reçus, et de ne pas souffrir qu'il y fut porté
la moindre atteinte... Pendant une longue suite de
siècles, les premiers vicaires du Sauveur déclarèrent
constamment, authentiquement, que, loin d'avoir la
funeste autorité de violer ou de détruire les canons, ils
étoient obligés à s'y conformer avec exactitude, et à les
faire revivre si on avoit cessé de les respecter... Régulièrement parlant, l'Eglise doit être gouvernée, non par
par la volonté arbitraire de son premier ministre, ni
par des décrétales vraies ou fausses, moins encore par
des spéculations diplomatiques (des concordats) ; mais

uniquement en conformité des canons consacrés par le
respect de tout l'univers catholique, et *des lois émanées
de la puissance protectrice* » (1).

Cependant, il peut y avoir des circonstances si
fâcheuses qu'elles commandent qu'on suspende pour un
temps, le plus court possible, l'exécution des canons
antiques, et qu'on y substitue des remèdes passagers,
capables de sauver la religion en danger. Il ne faut donc
pas « se laisser aller avec trop de chaleur aux impres-
sions défavorables qu'inspire nécessairement ce qu'on
appelle un *Concordat*. Si jusqu'à présent aucun n'a pu
soutenir les regards de la justice et de la piété ; si ceux
de Venise et de la Germanie sont condamnables à plusieurs égards ; si celui de Léon X et de François Ier doit
être marqué du sceau d'une éternelle réprobation, s'en
suit-il qu'il ne puisse pas en exister un seul vraiment
utile, vraiment salutaire, ou si vous le voulez, moins
funeste que les déchiremens et les calamités qui nous
accablent ? Un concordat est une brèche faite à la discipline sainte, un acte d'oppression exercée sur l'Eglise
ou un contrat monstrueux pour lequel il [le Pape] traite
d'elle, pour elle et sans elle. Pourquoi faut-il que Rome
n'accorde jamais des secours charitables aux grandes
églises sans stipuler la violation de quelques-uns des
saints décrets, et leur fait-elle presque toujours acheter
la justice par des complaisances pour ses prétentions
que toute l'antiquité désavoue ? »

Mais, « quand on est au fond d'un puits, il faut saisir
la chaîne qu'on descend pour nous en tirer : il n'est
plus question si elle pourra nous blesser ; il est question
de savoir si l'on veut périr. »

Sans doute, le Pape se réservera le droit de nommer

(1) Ces mots ne sont pas soulignés dans l'original, mais seulement ici pour les mettre en valeur.

aux évêchés. Mais après avoir reçu de lui ces *institutions* inutiles, qu'on peut regarder comme des lettres de communion très précieuses, les évêques de France pourront encore s'adresser au Métropolitain ou à son premier suffragant pour obtenir la confirmation canonique...

« A plus forte raison il faut se mettre en garde contre les dangers d'un Concordat, particulièrement contre celui de voir la volonté du pape substituée à la lettre et à l'esprit des saints canons. Il faut se mettre en garde et contre les clauses même d'un Concordat et contre l'intention perfide avec laquelle la cour romaine, cette cour qui ne recule jamais, pourroit entreprendre de les faire agréer... On doit se défier de ses paroles astucieuses, et de son silence affecté, des restrictions et surtout des équivoques dont elle sait user avec tant d'avantage pour déguiser ses prétentions quand elle est foible, et pour les faire valoir hautement quand elle a repris cette force absolue ou relative que l'intrigue et les malheurs publics ne lui donnent que trop souvent.

« De tous les concordats connus, celui dont on parle maintenant en France, est le seul qui puisse n'être pas rejeté par des évêques pénétrés de la sainteté de leurs devoirs, pourvu toutefois qu'il ne détruise pas les droits des fidèles [de nommer aux évêchés et aux cures] et qu'il n'exige [des prélats] rien de contraire à la vérité, à la justice ou même à l'honneur de l'épiscopat. Il est le seul qui ne soit pas entaché du vice de la simonie ; le seul que des circonstances impérieuses puissent forcer de souffrir, du moins si l'on a pris les précautions que nous venons d'indiquer... »

Après ce long préambule, vient l'éxamen de la première question sur les démissions.

Supposant que le nouvel ordre de choses ne dépendra pas ou ne dépendra que faiblement de l'acceptation des constitutionnels, Moïse décide que la démission des évêques est, dans toutes les hypothèses possibles, un acte dont ils ne peuvent se dispenser sans trahir la plus juste des causes, sans se déshonorer et flétrir leur épiscopat. Suivant lui le titre qu'ils ont comme évêques constitutionnels est plus honorable que celui qu'on pourra leur donner ; il ne faut donc pas avoir l'air de le méconnaître, de le regarder d'un œil d'indifférence et à plus forte raison, laisser à penser qu'il était nul. En conséquence, il est nécessaire de se démettre, quand même le pape s'y opposerait.

Cependant il y aurait un cas ou la démission deviendrait inutile, ce serait celui où le Premier Pontife et le Gouvernement français, voulant opérer un changement général, opération que les circonstances inouïes jusque-là peuvent commander, supprimeraient tous les sièges pour créer à l'instant le petit nombre de ceux qui doivent exister sur le sol de France, car on ne se démet pas de ce qui n'existe plus.

Sur la deuxième question, la démission « doit présenter un caractère de spontanéité dans son principe, de dignité dans ses motifs, de justice et de zèle dans ses conditions, d'uniformité dans ses clauses et de simultanéité dans son exécution... Cet acte généreux, nous l'avons offert dans plusieurs circonstances... Mais s'il étoit ordonné, il perdroit tout son mérite... il seroit honteux pour nous, déshonorant pour nos églises, il ne pourroit nous être enjoint que dans des vues perfides et pour nous empêcher de le réaliser... Un tel ordre, à supposer qu'il ne renfermât pas une monstrueuse vexation, laisseroit soupçonner au moins quelque doute sur la légitimité de l'épiscopat françois... Si donc le Pontife de Rome déclaroit nos sièges vacants, nous lui dirions qu'il n'en a pas le droit... Et forcés d'opter entre la doctrine chrétienne et les attentats

d'une cour corrompue, nous saurions refuser hautement
et remplir nos devoirs. Si dans sa bulle il insinuoit le
moindre doute sur la légitimité de notre épiscopat, cette
bulle seroit déclarée criminelle... ; s'il se taisoit sur
ce point important, sa bulle seroit renvoyée comme
insuffisante... ; dans tous les cas, elle ne sera acceptée
que par voie de jugement ; et ne pourra être publiée....
que d'après l'adhésion constatée des évêques... Si le
pape, après avoir reconnu sans équivoque, la canonicité de notre épiscopat et de toutes les fonctions que
nous avons exercées, nous invitoit, au nom de la paix,
à nous retirer...., nous nous rendrions avec transport
aux charitables avis de notre frère aîné. » Il en dit autant d'une invitation officielle et honorable du gouvernement français, pourvu que les nouvelles nominations
fussent sur le point d'être annoncées et que les nouvelles
institutions soient prêtes.

Quant aux motifs qui méritent de présider aux démissions, il doivent être le désir de resserrer les liens de
l'unité et de la charité ; de pacifier des troubles prétendus religieux, d'assurer la tranquillité intérieure des
divers membres de l'état, de n'avoir plus pour les catholiques qu'un troupeau et qu'un pasteur, comme il n'y
a dans la République qu'une première magistrature et
qu'une société civile.

Mais celles-ci ne pourront être données que pour valoir
au moment où les sièges seront remplis, afin que les
églises ne restent pas veuves. Et pour respecter la volonté des électeurs qui l'avaient choisi, l'évêque démissionnaire adressera une lettre d'adieu à son troupeau
en lui déclarant qu'il ne l'a quitté qu'extérieurement et
non pas de cœur.

Les prélats garderont l'uniformité dans leur démarche : « une formule convenue par tous les évêques, et
déposée aux archives pour en faire usage en temps

opportun, contiendra la déclaration simple, mais énergique, des sentiments invariables de tous les prélats françois, ou l'expression de leur dernier testament ».

Ils y mettront enfin de la simultanéité. Oui, « il faut que le même jour éclaire ce noble dévouement de tout l'épiscopat françois, et force ses détracteurs eux-mêmes à vénérer ses vertus sublimes, ou du moins à rougir de l'avoir calomnié ».

Abordant la dernière question, Moïse ne veut pas que les évêques remettent leur démission entre les mains du pape qui ne les a jamais institués et qui n'en a jamais eu le droit, ni non plus qu'ils la transmettent au gouvernement, « puissance... séculière qui n'a pour objet que de procurer aux citoyens le bonheur de ce monde et n'a, par là même, aucune relation avec des offices tout spirituels. » Ils la remettront, les métropolitains entre les mains de leurs premiers suffragants, tous les suffragants entre les mains de leur métropolitain.

Il proteste enfin de la canonicité des titres qui vont être déposés, de la légitimité des serments faits, des droits de l'église gallicane et de la vérité des principes qu'ensemble les évêques ont professé.

Il était nécessaire d'analyser avec quelque étendue cet important discours, car il condense et met en lumière tous les traits épars de la physionomie morale et religieuse de l'évêque du Jura. Rien ne peut mieux le faire connaître. C'est lui tout entier, avec sa fougue, son obstination, son éloquence âpre et nourrie d'érudition.

On sait le reste.

Après un dernier discours de Lecoz, et les acclamations d'usage, le Conseil national se sépara, le dimanche 16 août, les vêpres chantées.

Le lendemain un service fut célébré à Notre-Dame pour les évêques et les prêtres décédés depuis le dernier concile et les Pères allèrent, les uns après les autres, à la *grande sacristie* pour signer la minute des actes.

La plupart reprirent presque aussitôt le chemin de leurs diocèses. Quelques-uns restèrent à Paris avec Lecoz pour suivre de plus près les événements, et pour tenir à Notre-Dame la réunion contradictoire dont nous avons parlé précédemment. Moïse était de ces derniers.

Le 7 Septembre 1801, il écrivait à Grégoire, alors à St-Laurent, par Chevreuse :

« Cher et aimable collègue,

« Caprara étoit le 22 à Mâcon. On lui tient prêt 32 chevaux à chaque poste. Il foit douze lieues par jour. Il doit-être ici le 4ᵐᵉ ou au plus tard le 5ᵐᵉ jour complémentaire. Voilà ce qu'on croit sçavoir par une lettre adressée de Mâcon à l'Evêque de Lyon et par d'autres renseignemens venus de plus près.

« Il faut, je crois, que vous partiés de suite. Vos amis ne supportent votre absence que par la pensée que le séjour de la campagne est nécessaire à votre santé et à votre tranquilité. Les gens sages, les gens d'honneur ne font rien et ne peuvent rien faire ici. Il y a de petits esprits et des cœurs plus petits encor. Ces gens-là s'agitent, intriguent, s'avilissent et ne paroissent songer qu'à un vil interret, quand il s'agit uniquement de J.-C. et de son Eglise. Comme ils cherchent chacun *quæ sua sunt*, ils se rencontrent mutuellement, dit-on, dans le chemin de la bassesse qu'ils prennent pour la route de la fortune, et ils se divisent entre eux. La trahison et l'ingratitude se montrent à découvert dans quelques-uns, se cachent chez quelques autres sous le masque de l'hypocrisie et du mensonge. Dans cet état de choses l'assemblée centrale n'existe plus...

« Le breton par excellence (1) a fait son instruction ;
elle s'imprime. On m'assure qu'il n'a eu aucun égard
aux fortes observations qu'on lui avoit faites...

« Je craignois cy-devant d'être assi à côté d'un B...,
aujourd'hui je craindrois aussi d'être à côté de plusieurs
autres individus que je croïois estimables et droits.

« Heureusement ils travaillent à ce que je n'aie plus
cela à craindre. Dieu veuille qu'ils réussissent à ce
dernier objet. Mais ils pourroient aussi réussir à se
faire mépriser et à se faire rejetter par les efforts mêmes
qu'ils font pour parvenir. C'est du moins l'effet que doivent produire leurs mouvemens si ceux de qui la chose
dépend veulent le bien et ont le sens commun. Dans le
cas contraire tout iroit si mal qu'on pourroit dire :
heureux qui ne se trouve pas dans cette cohue ! Même
dans l'hypothèse de la parfaite composition du nouveau
corps, l'emploi sera cent fois plus difficile à exercer qu'il
n'étoit auparavant ; que sera-ce donc s'il est mal
composé !

« Un quidam, un S... (1), est allé voir plusieurs fois
B... (2), et en a si peu de honte qu'il le dit lui-même.
Je ne parle pas des menées d'un certain parti, cela va
sans dire.

« Venés vite. Je me reproche presque de ne vous
avoir pas écrit plus tôt. Venés vite ; il faut que nous
causions ensemble et avec D... (3) et D... et plusieurs
autres.

« Je vous embrasse de toute mon âme. Embrassés le
respectable, le noble Degola (4) et le brave Grappin.

(1) Cl. Lecoz, évêque d'Ille-et-Vilaine.
(2) Bonaparte.
(3) Desbois.
(4) Le délégué du clergé d'Italie au Concile de 1801.

Venés vous en tous ensemble, il est bon qu'il y ait le
plus qu'on pourra de braves gens par ici... » (1).

Le 20 Vendémiaire an X (12 octobre 1801), impuissant
à diriger la marche des choses, réduit à la subir, il
joignit sa démission à celle de ce même Grégoire, dont
il était, on le voit, devenu l'ami (2). Puis, il déposa,
ainsi que trois de ses collègues, chez un notaire de
Paris, une protestation anticipée contre les atteintes
qu'on pourrait porter dans la suite aux libertés de
l'église gallicane (3), rentra aux Gras et termina ainsi

(1) Lettre communiquée par M. Gazier. Elle est adressée « au
citoïen Grégoire, chez madame Després à St-Lambert, par Chevreuse (Seine-et-Oise) ».

(2) En 1801, probablement pendant la durée du Concile ou peu
après, il publia dans les *Annales de la Religion* (tome 14), un
plaidoyer en faveur de la conduite de Grégoire à la Convention,
plaidoyer qui pourrait bien être de Grégoire lui-même et que
Moïse n'aurait fait que signer. Il y cite le passage du discours
où Grégoire, repoussant la peine de mort pour Louis XVI, demande qu'on le laisse vivre « afin que l'horreur de ses forfaits
l'assiège sans cesse et le poursuive dans le silence de la solitude ».

(3) Dom Grappin, *op. cit.* Puis il ajoute : « M. Moïse s'étoit
même proposé, lorsqu'on eut publié le Concordat de 1801, de
ne pas accepter de nomination si le chef du Gouvernement le
désignoit pour remplir un des soixante sièges qui devoient
subsister : du moins on a trouvé dans ses manuscrits le projet
d'une lettre à Bonaparte, portant refus de sa nomination s'il
étoit inscrit sur la liste des évêques élus. »

En 1798, il écrivait à Desbois: « Je ne suis pas du bois dont
on fait les législateurs et je n'ai ni le goût ni le talent de figurer
dans les assemblées. Il est vrai, malgré mes efforts, j'aurois été
nommé à la Convention, si la Providence ne m'eut pas tiré
d'embarras en permettant que des quidams emploïassent la
violence pour faire tomber le choix sur un autre. Mais aujour-
d'hui je ne risque plus rien ; on ne songe certainement pas à
moi... ». Lettre du 14 Germinal, an VI ; *Vid. sup.*

Un peu plus tard, le 11 Juin 1806, s'adressant à Grégoire, il
lui disait : « Trois jours après vous avoir écrit, je vis sur les

la période active et publique d'une vie déjà longue,
qui ne touchait pourtant pas encore à son terme.

feuilles publiques un bon nombre de nominations. Je compris
parfaitement que cela n'étoit pas fait pour moi et que vous ne
pouviés rien à cet égard. D'ailleurs j'aime la paix et la bonne
compagnie ; d'où il suit que je n'aurois pas dû accepter si la
chose m'eut été offerte... ». Lettre communiquée par M. Gazier.

VII. — Retraite de Moïse aux Gras, puis à Morteau ; sa mort en 1813.

La nouvelle répartition des sièges épiscopaux faite en vertu du Concordat avait amené la disparition de celui de St-Claude dont le territoire se trouvait partagé entre le diocèse de Besançon et l'Archidiocèse de Lyon. Il ne devait être rétabli que plus tard.

M. de Chabot avait de son côté envoyé sa démission au souverain Pontife (1).

Le nouvel évêque nommé par le Premier Consul et accepté par le Pape fut Claude Lecoz. Ce Prélat était né en 1740, au diocèse de Quimper ; il avait été professeur de rhétorique au Collège Louis-le-Grand, et ensuite principal de celui de Quimper. Ayant adopté les principes de la Constitution civile du Clergé, il fut élu membre de l'Assemblée Législative en 1791. On a vu plus haut quelque chose de son rôle, si connu par ailleurs, aux Conciles nationaux de 1797 et de 1801. Il devait mourir au mois d'avril 1815, à Villevieux, dans le Jura, au cours d'une tournée de Confirmation (2).

Les relations qu'il avait eues avec Moïse n'avaient jamais été bien cordiales ; Moïse n'aimait pas le « breton », comme il appelait Lecoz. Cependant, il accompagna le nouvel archevêque lorsque celui-ci

(1) Il mourut à Paris le 28 Avril 1819, après avoir été évêque de Mende de 1802 à 1806 et chanoine de St-Denis depuis cette époque. Il ne revint jamais dans son ancien diocèse de Saint-Claude.

(2) Voir : A. ROUSSEL. *Un évêque assermenté : Cl. Lecoz, évêque d'Ile-et-Vilaine.* Paris Lethielleux, in-8°, 1898.

fit son entrée à Besançon : « M. Lecoz, écrit Roy à
Seguin, arrive décidément samedi 2 prairial (25 Mai
1802) ; il part demain accompagné des citoyens Demandre, Moïse et Reymond... (1) ».

Puis il fut nommé comme Seguin, chanoine d'honneur de la nouvelle métropole. Il se trouvait ainsi sur
le même rang que M. de Rans, évêque de Rhozy qui
avait administré le diocèse précédemment, que l'abbé
Babey avec qui il avait été jadis en relations et huit
autres ecclésiastiques de marque, également insermentés (2).

Du chapitre proprement dit faisaient partie Bullet,
Grappin, Bollot, Duchesne, tous constitutionnels et
quatre insermentés.

L'abbé Millot devenait vicaire général avec l'abbé
Durand et l'autre abbé Babey que Moïse avait également connu jadis à l'Université de Besançon.

Demandre, ex-évêque, devenait curé de la Madeleine;
aux Gras était nommé Nicod, ex-assermenté qui rem-
plaçait Boillon, l'ami de Moïse, envoyé à Gilley ; à
Morteau, Delamarche, non assermenté, succédait à

(1) Lettre du 16 Mai 1802.

(2) Le préfet du Doubs paraît avoir été assez peu favorable à
Moïse. Il avait été dressé par les soins de l'administration un
*Tableau des prêtres résidant dans le département aux mois de
Fructidor et Thermidor, an IX.* Moïse y était signalé en ces termes :
« Moyse, aux Gras, évêque actuel du Jura, très instruit, très
moral. » A quoi le Préfet avait ajouté de sa main : « *peu de
confiance, tête ardente.* ARCHIVES DÉPARTEMENTALES DU JURA, fonds
non classé de la Révolution.

On peut relever encore dans ce tableau les mentions suivantes :

« Demandre (J.-B.), à Besançon, ancien curé, ex-législateur,
évêque actuel, d'une conduite exemplaire, très instruit et estimé
généralement. — Boillon, curé actuel des Gras, très estimé,
très moral, ami particulier de l'évêque du Jura. — Martin, à
Morteau, propre à une cure ; (*à éloigner*, note du Préfet). »

Martin replacé simple succursaliste à Lac-ou-Villers. Colisson et Répécaud restaient à Salins.

Moïse devait jouir dorénavant d'une pension de 3.600 francs que lui servait l'Etat.

Il ne semble pas qu'il ait fait un long séjour à Besançon, mais qu'il se soit retiré presque aussitôt aux Gras, où sa famille continuait d'habiter et où elle possédait deux maisons.

Il y resta trois ou quatre ans, exerçant autour de lui une influence assez considérable : « Lorsqu'il quitta les Gras, toutes les familles, sauf deux, avaient embrassé la cause de la Révolution et du Constitutionnalisme, et cela ne fait de doute pour personne que l'influence de l'ancien évêque n'ait été la cause principale d'un mouvement d'opinion aussi général, dont les conséquences se sont prolongées jusqu'à nos jours. Au sein de sa famille, il se montra constamment très respectueux des sentiments de sa belle-sœur restée attachée aux anciennes traditions politiques et religieuses, laquelle ne se gênait pas, d'ailleurs, pour dire à l'occasion que l'attitude de son frère l'Evêque ne porterait pas bonheur à sa famille. Peu communicatif par caractère, l'Evêque se livra seul, pendant longtemps, et sans dire ses intentions à personne, à un travail bizarre : il creusait le sol d'une des maisons qu'occupait sa famille. On prétendait, et on prétend encore, qu'il cherchait à établir, on ne sait dans quel but, un passage souterrain sous la route pour réunir les deux habitations (1) ». Ce qu'il n'a pas dit à ses parents, il l'a écrit à ses amis Grégoire et Desbois.

« ..... Malgré ma paresse et des empêchemens de plus d'un genre, *manibus meis laboravi et laborabo*. Quelques vieilles paperasses que j'ai trouvées par

____

(1) Notes manuscrites de M. le Curé de Morteau.

hazard m'ont presque donné la certitude qu'il y avoit, ou du moins qu'il y avoit eu des voûtes très vastes dans le patrimoine possédé par mes ancêtres depuis près de 300 ans... » On y aurait caché autrefois des manuscrits : « d'autres paperasses m'ont donné une grande probabilité qu'on y avoit déposé les manuscrits de Bérose, de Mégasthène, de Métasthène, de Celse, de Julien, un manuscrit de Tacite qui n'est pas entier, mais où se trouve ce qui manque dans nos imprimés, un manuscrit de l'ancienne Vulgate latine, d'autres manuscrits hébreux, grecs, arabes, relatifs à l'Ecriture sainte ou concernant la médecine, les arts, les sciences, et même le Grand-œuvre, d'ancien titres, d'anciennes chartres, etc... »

Il suppose que les habitants de l'endroit ont dû construire des cachettes, loin de toute autre habitation, sur la montagne pour éviter les inondations, à l'instar de celles dont l'historien Josèphe parle et qui étaient sous le temple de Jérusalem. « Enfin je me suis servi d'un moïen qui n'est pas sûr, mais qui ne trompe pas toujours et que je ne me doutois pas d'avoir sous la main, mais dont je vous parlerai plus amplement quand j'aurai le plaisir de vous voir et de faire des expériences avec vous. Alors j'ai mis la main à l'œuvre dans ma vieille et ancienne maison du patrimoine de mes pères ; j'ai trouvé jusqu'à présent des indices et des probabilités de l'existence de ces voûtes, mais je n'ai point encor réussi ni à les percer, ni à en découvrir quelque entrée. Il n'y a cependant rien encor de désespéré à cet égard. Voici où j'en suis... (1) ».

Il ne devait jamais aboutir et ne tarda pas d'ailleurs à se décourager.

(1) Lettre du 14 août 1804 et aussi une autre non datée, mais de la même époque, toutes deux communiquées par M. Gazier.

Le travail intellectuel lui était plus difficile, bien que ses amis l'y aient encouragé très fort, comme on voit par ses réponses :

« Que faites vous ? voilà votre question, mon digne ami ; j'ai honte d'y répondre, mais cela ne m'empêchera pas de dire la vérité : je ne fais rien, je suis si paresseux et je me laisse aller à mon penchant. Il est vray, mes livres et mes papiers sont en caisse depuis 1794 parce que je ne suis pas logé de manière à les ranger, il est vray que j'ai le projet d'acheter une maison à Morteau ou à Poligny pour pouvoir ranger ma bibliothèque et enfin me mettre à travailler. Mais je ne trouve pas jusqu'à présent ce qui me convient ou du moins on ne veut pas encore le vendre à ce moment. Je suis quelquefois tenté d'aller fixer mon domicile à Paris pour être près de vous ; mais ma bibliothèque, je ne pourrois pas l'y faire conduire, et sans bibliothèque je suis comme un bûcheron qui n'a point de hache... » Les bibliothèques publiques ne lui sont, dit-il, d'aucun secours pour les livres qu'il faut consulter continuellement et font perdre trop de temps pour les autres. Il projette cependant de faire imprimer sa dissertation, lue au Concile, sur le mariage et à donner un traité sur les fausses décrétales, et d'autres choses encore, mais quand il aura ses livres (1).

La réconciliation des partis fût célébrée aux Gras, comme ailleurs, avec une grande solennité, mais l'évêque s'abstint d'y paraître ; et son absence fut d'autant plus remarquée qu'il fut, dit-on, le seul ecclésiastique de toute la région à n'y pas venir.

« Il n'avait, il est vrai, qu'une médiocre estime, à cause de son incapacité théologique, pour l'abbé Nicod, son curé, bien que celui-ci fut un ancien assermenté et

______

(1) Lettre *jam.*, *cit.*, du 14 août 1804.

tellement ancré dans ses opinions qu'à sa mort, M. le
Curé de Morteau, sollicité de présider les obsèques, mit
comme condition à son consentement qu'elles auraient
lieu le dimanche suivant après vêpres et presque sans
cérémonie. Les paroissiens, du reste, refusèrent de se
soumettre à cette injonction, et pour rendre très solennelles les funérailles de leur curé, firent appel à tous
les prêtres de la région, connus pour avoir autrefois
prêté le serment constitutionnel. On n'est pas très sûr
que Moïse présida cette réunion et cette cérémonie,
mais cela parait fort probable.

« Rarement, il montait en chaire. Pourtant on cite de
lui un sermon qu'il fit sur l'Eglise, d'après ses idées bien
connues (1) ».

Il participait pourtant à la célébration du culte.

« Tout est parfaitement tranquile dans la paroisse
que j'habite, écrit-il à Grégoire, il n'y reste plus trace
de division ; on a pas pu se servir du jubilé pour
remettre le désordre : nous avons un bon curé constitutionnel et nous avons fait entre nous deux les exercices du Jubilé. » (2).

En 1802, bien que la réconciliation des partis fut
complète et que tout fut tranquille, même à son dire,
il faillit être victime dans son propre pays, d'une ten-
tative d'empoisonnement. Dom Grappin en parle : deux
fois « des hommes aveuglés par le fanatisme attentè-
rent sourdement à sa vie. Il les connut et cependant
leurs terribles machinations n'ont été sçeues que du
vertueux Pontife qu'ils avoient choisi pour victime et
qui a emporté son secret dans le tombeau. »

« Le dernier de ces attentats étoit bien fait pour

(1) Notes manuscrites de M. le Curé de Morteau.
(2) Lettre non datée, écrite probablement en 1804, communiquée par M. Gazier.

abréger ses jours. Aussi depuis dix ans, M. Moïse n'a-t-il fait que languir... » (1).

Grégoire est plus explicite : « .... N'a-t-on pas tenté d'empoisonner dans le vin destiné au sacrifice le savant Moïse, ancien évêque de St-Claude, retiré près de Morteau ? » (2).

Peut-être ne faut-il voir dans ces accidents, si leur forme extérieure est réelle, non pas des tentatives criminelles, mais les premières atteintes du mal qui un peu plus tard l'emporta soudain.

Quoiqu'il en soit, il est moins discret que ses biographes et il a parlé, à diverses reprises, dans ses lettres, de « ce criminel attentat ». Il en nomme même l'auteur : l'abbé Bobillier, prêtre insermenté, retiré quelque temps au Gras, puis replacé plus tard dans le clergé du diocèse, et dont nous avons parlé plus haut.

« Ce qu'on vous a mandé relativement à moi est très vray. Je me suis garanti des suites de ce qu'on m'avoit fait avaler : car je suis un peu médecin, quand il ne s'agit que de moi, mais j'ai souffert plus d'une année » (3).

« Vous vous rappelés qu'un *saint* avoit mis en 1802 de l'arsenic, puis du sublimé corrosif dans mon calice. Eh bien, le frère de ce *saint*, qui étoit plus que soupsonné pour lors d'avoir fourni le poison pour cette bonne œuvre, vient selon toute apparence d'en donner dans le déjeuner d'une famille de sept personnes qui en ont été à l'extrémité... » (4).

(1) La Chronique du Clergé (1821) dit six ans.

(2) *Mémoires*, publiés par H. Carnot, Paris, Dupont, 1839, en deux volumes in-8º. Voir au Tome II, page 399.

(3) Lettre à Grégoire, datée de 1802 et communiquée par M. Gazier ; à plusieurs reprises, Moïse, dans d'autres lettres du même dépôt, fait allusion à son empoisonnement et au « boccon italien ».

(4) Lettre du 11 juin 1806, probablement adressée à Grégoire.

« Malgré ma jambe empoisonnée et très empoisonnée, malgré les boutons qui ont poussé par tout le
corps, malgré les grandes taches, rouges, noires, vio-
lettes etc. qui couvrent encor des parties considérables
de mon pauvre cadavre, et d'où sort une humeur très
âcre, je compte vous aller voir sous peu parce que je
compte que la Providence va faire passer tout cela, que
mon tempérament prendra le dessus et qu'on pourroit
bien n'avoir réussi qu'à me donner une forte médecine,
salutaire peut-être à quelques égards, quoique je la
juge peu propre à purifier le sang. Mais on n'en n'aura
pas moins gagné les indulgences, si la bonne volonté
suffit pour les mériter. On a fait le possible. Ce n'est
pas la faute du quidam si la drogue italique étoit en
trop petite quantité ou trop éventée. C'est encore moins
sa faute si je n'ai pris ni l'arsenic ni le sublimé corrosif, et il ne faut pas s'en prendre au saint s'il n'a pas
fait complètement son miracle, ni au prophète s'il n'a
pas parfaitement justifié sa prophétie. On a fait de
l'empoisonneur un curé et un très bon curé ; il étoit
déjà saint, il va faire des saints, et c'est bien loin, et je
suis très content... » (1).

Echappé à cette maladie, d'où qu'elle vint, il continua
plusieurs années de mener au Gras la même existence
simple et occupée.

Le costume qu'il portait alors ne le distinguait pas
de celui de ses compatriotes. Et souvent, dit-on, il a
joui de la surprise des étrangers étonnés de trouver un
paysan qui parlait avec une facilité et un choix d'expres-
sions que ne donne pas toujours l'éducation la plus
cultivée.

(1) Lettre à Grappin, chanoine et secrétaire de Lecoz, en date
du 3 juin, probablement de 1802 ; elle débute par ces mots :
« Mon cher confrère en canonicat », et elle est signée
« † F. X. Moïse, év. démiss. de St-Claude ».

En 1806, il quitta le Rozet pour Morteau où il venait d'acheter la maison qu'il convoitait depuis longtemps.

Celle-ci existe encore, au n° 26 de la rue de la Chaussée, près de l'Eglise paroissiale, dans le vieux Morteau. C'est un bâtiment long, entre cour et jardin, à un seul étage au-dessus d'un rez-de-chaussée, percés l'un et l'autre de sept fenêtres de façade ; le tout bien construit en pierre et gardant presque intact son premier aspect de maison bâtie à la fin du XVIII° siècle.

Derrière, s'étend un petit jardin, avec des dépendances où se trouvait au premier étage un oratoire petit, simple, sans ornements, sous un plafond en bois. Ce bâtiment a péri dans un incendie en 1901 ; on l'appelait encore la *Chapelle*. C'était, en effet, celle de l'ex-évêque du Jura, qui n'avait pas mis de luxe à son installation.

Il avait payé le tout 15.000 fr., avec deux pièces de terre aux environs, à Charles-Marie Boiston (1). Son premier acte de propriétaire fut un procès. L'étage de la maison était loué à Claude-François Gaudion, ancien notaire et avocat, qui prétendait n'en sortir qu'au 25 mars 1807. Mais l'évêque avait besoin d'une chambre pour installer sa bibliothèque et son appartement. Il rédigea, pour faire valoir ses droits, un long et vigoureux mémoire juridique de vingt-six pages, où il se qualifie lui-même de « Révérendissime personne François-Xavier Moïse, évêque démissionnaire de Saint-Claude, chanoine honoraire de Besançon (2) ».

Son caractère difficile et sa manie processive sont encore presque proverbiales à Morteau. Il vivait peu avec ses voisins et avait fait construire un mur élevé autour de son jardin pour se soustraire à leurs regards.

(1) Minutes du notaire Monnin, à Morteau.
(2) Papiers de la famille Klein.

Une partie de ses comptes personnels a survécu. On y trouve des mentions qui éclairent de quelque jour sa vie privée. Par exemple celles-ci :

« 31 May 1807. Payé à Guillier, dix sols pour avoir oté la boue de devant la maison et jardin... et planté les mas de la Fête-Dieu.

« id. Payé une livre deux sols pour achat de 22 mas.

« 2 janvier 1809. Payé à M. Laroche, marchand à Pontarlier 12 livres, 10 sols pour une carotte de tabac.

« 10 juillet 1809. 3 livres 8 sols pour une livre de tabac ».

Il se le faisait apporter de Pontarlier par un commissionnaire chargé de prendre en même temps le *certificat de vie* qui lui était nécessaire pour toucher sa pension.

Au mois de novembre il achetait « un cochon » ; il avait une vache dans son étable ; il se préoccupait de récolter son foin ; bref il vivait comme un bon propriétaire. Le détail de la vente de ses meubles, faite après son décès, nous en dira plus long encore.

En 1807, il payait 48 livres environ de contribution foncière, 30 livres de personnelle et mobilière, et 20 de portes et fenêtres, ce qui suppose une certaine fortune.

Dans l'été de 1807, il avait fait réparer sa maison, « laver et peindre » plusieurs chambres qui existent encore telles aujourd'hui qu'alors ou à peu près.

Il avait amené avec lui de Saint-Claude, ou acheté depuis, une certaine quantité de meubles, de tableaux, d'ornements d'église, de tapisseries et surtout une bibliothèque importante.

« Il vivoit au sein d'une bibliothèque nombreuse et bien choisie qui faisoit ses délices, lorsqu'il fut déchargé des soins et des travaux inséparables de l'épiscopat quand on veut, comme il le fit, en remplir tous les de-

voirs. Jaloux de répandre les lumières autant qu'il
étoit avide d'en acquérir, il avoit conçu le généreux
projet de faire don de cette précieuse collection de
livres rares à l'académie universitaire de Besançon,
si on y eut établi avant sa mort une faculté de Théologie. Il eut ainsi concouru, en rendant communs à tous
les membres de cet aréopage distingué les bons ouvrages qu'il avoit recueillis, à former des savans dans
toutes les branches des sciences humaines, mais surtout des théologiens et des canonistes (1) ».

A sa mort, elle fut achetée par Labbey de Billy et
mêlée à celle de cet érudit, dont une partie est entrée
dans le fonds de la Bibliothèque publique de Besançon,
et le reste dispersé.

Il fit don, de son vivant, à Demandre, son ami, de
deux ouvrages manuscrits « très étudiés et très éten-
dus. L'un a pour titre : *Dissertation historique, cri-
tique, théologique et polémique sur la Vulgate et sur
le genre de respect qui lui est dû.* Dans l'autre manuscrit, M. Moïse traite du mariage et foudroye l'ignorance qui le fait dépendre de la seule bénédiction du
prêtre et ceux qui ont profané le sacrement de mariage en l'administrant à des fidèles avant que le ministre de la loi ait prononcé leur union (2) ». On garde à
la Bibliothèque de Besançon quatre cahiers in-4° écrits
de sa main et intitulés : *Réponse aux objections de
M. L. E. D. B, sur la promesse de fidélité à la*

(1 et 2) Dom Grappin, *op. cit.* Il parle encore d'une dissertation de 40 pages, très savante, sur l'*Origine des fausses décrétales,* imprimée dans le tome 5, page 285, de la Chronique religieuse et de plusieurs morceaux intéressants sur la discipline
de l'Eglise, les libertés de l'Eglise gallicane, etc. Ces derniers ouvrages sont à la Bibliothèque de Besançon. au n° 643
des *Manuscrits,* folios 294 et 305.

Constitution (1). Après les discours de Moïse sur ce sujet, ils sont pour nous sans grand intérêt.

Il s'était remis au travail et, dans plusieurs lettres à Grégoire, il parle de son projet d'aller à Paris : « Occupez-vous, lui dit-il, à me faire ouvrir les bibliothèques, car j'irai les mains pleines de notes ».

Il ne reste plus dans sa maison que quelques tableaux sans valeur et une très belle console Louis XV.

Ses ornements sacerdotaux, pour la plupart, entre autres une aube et un rochet de grand prix au point d'Alençon, sont devenus la propriété de l'église paroissiale de Morteau, qui possède aussi sa croix de procession en cuivre et sa crosse épiscopale, haute de deux mètres, très lourde, en cuivre argenté et qui est faite d'une queue de dauphin enroulée sur elle-même, d'un joli travail.

Quant aux tapisseries, elles ont été dispersées comme le reste du mobilier ; une seule est encore connue : elle se trouve à Besançon (2).

A Morteau, ainsi qu'au Gras, l'ancien évêque du Jura fut d'une grande correction, « d'une parfaite dignité de vie » (3).

Il sortait assez rarement dans les rues et encore plus rarement au dehors. Cependant, une de ses lettres parle d'un séjour de trois semaines qu'il vient de faire à Besançon. Sa mise était soignée. On ne le rencontrait jamais qu'en culotte et en souliers à boucles, avec des bas violets et un chapeau haut de forme (4).

(1) N° 1082, des *Manuscrits*, fonds en cours de classement nouveau.

(2) Chez M. Bretillot, banquier.

(3) Notes manuscrites de M. le curé de Morteau.

(4) Je n'ai pu retrouver aucun portrait de Moïse, ni dans le Jura, ni dans le Doubs, ni à la Bibliothèque Nationale (*Département des Estampes*). Je crois cependant qu'il se fit peindre et

Comme au Gras encore, il était l'ami de ce qui restait du corps des prêtres constitutionnels plus ou moins soumis. « Il étoit leur ami, dit Grappin. Il n'étoit pas rare de le trouver environné, chez lui, de ces hommes de bien qui venoient prendre des avis et lui soumettre leurs doutes. M. Moïse eut constamment pour eux, comme pour les indigens, les entrailles d'un père tendre ; mais il vouloit que ses aumônes ne fussent connues que de Dieu. Il menaçoit même ceux qui avoient eu part à ses bienfaits, de ne pas les leur continuer, s'ils ne les ensevelissoient dans le plus profond silence, qu'ils n'ont rompu qu'après sa mort.

« Déjà avant la tenue des deux conciles nationaux, il avoit fait beaucoup de démarches pour la réunion, qu'il croyoit possible, de l'église protestante de Genève à l'église romaine. Il continua dans sa retraite les mêmes efforts pour ramener au sein de l'église les communes suisses voisines de Morteau.... Ses conversations avec les ministres protestans, le respect que leur avoient inspiré sa science et ses vertus et la force de ses raisonnemens dans les discussions donnoient lieu d'espérer que, si M. Moïse eut vécu plus longtemps, il seroit parvenu à dissiper les nuages qui cachoient la vérité à plusieurs chefs spirituels de nos frères errans. (1) »

peut-être pourrait-on voir une allusion à ce tableau dans sa lettre du 6 décembre 1791 (page 116). On dit qu'il était de haute taille, le visage coloré, les traits plutôt durs, et le regard extrêmement vif.

(1) C'était aussi le sentiment de Demandre qui dit une fois à un ministre calviniste : « un jour nous nous tiendrons tous la la main pour nous embrasser. » *Op. cit.*, p. 331.

En 1801, Moïse écrivait à Grégoire : « Comme le citoyen Vernerey devoit venir me voir dans 8 ou 10 jours, j'attendis pour lui proposer de venir avec moi à Genève et d'y rester si l'on voïoit que l'on peut opérer le grand bien dont vous vouliés bien

Quant à l'abbé Delamarche, curé de Morteau, il n'eut jamais avec lui que des relations purement officielles. De part et d'autre, il y avait défiance. Celui-ci, qui n'avait jamais été assermenté ne voulait céder à personne des anciens « schismatiques », témoin l'incident suivant survenu à l'occasion d'une cérémonie de Confirmation à Morteau.

M. Delamarche avait adressé par un commissionnaire à M. Pourchet, curé de Montbenoit, un billet d'invitation ainsi conçu : « Demain, je reçois Yodot (traduction en patois du mot *Claude*) Lecoz, Mandrin (sobriquet de Demandre, ancien évêque de Besançon) et Sifflet (surnom donné à Moïse, ancien évêque de St-Claude où l'on fabrique, entre autres objets, des sifflets en buis). Venez si cela vous fait plaisir. »

L'archevêque qui arrivait de Montbenoit à Morteau rencontra le messager, qui, se figurant sans doute que le curé de Montbenoit était au nombre des personnes qui entouraient le prélat, remit à celui-ci le billet en question. Lecture prise de cette invitation, Lecoz ne laissa rien paraître de ses sentiments et ne dit rien à son entourage ni pendant le trajet, ni durant la cérémonie. Mais celle-ci achevée il ordonna au cocher, qui l'attendait avec sa voiture à la porte de l'Eglise, de le conduire à la maison de l'Evêque du Jura. Ce qu'entendant, M. Delamarche qui ignorait la bévue de son commission-

me charger... Nous comptions rétablir le culte catholique dans la ville qui depuis plus de deux siècles est le centre de terreur et l'adversaire le plus déclaré de Rome. Vernerey ébranlé me demanda quinze jours de réflexions. Malheureusement ses réflexions ont abouti à me déclarer que décidément il ne se fixerait pas à Genève et qu'il ne viendrait pas même avec moi pour s'assurer de l'état des choses ». Lettre *jam. cit.* de 1801.

C'était, on le voit, plutôt pour convertir les protestants que pour se *protestantiser*, comme on l'a accusé d'avoir voulu faire.

naire dit à haute voix : « Monseigneur, je décline toute responsabilité au sujet de l'effet que produira dans la population votre démarche, qui sera, aux yeux de tous un véritable scandale. Votre place est au presbytère. » L'histoire dit bien que Lecoz céda sur le moment, mais elle ne rapporte pas ce qu'il fit ensuite.

Moïse ne faisait pas difficulté de plaisanter le curé de Morteau qu'il appelait « un quidam de la marche, je ne sçait si c'est de la marche trévisane, de la marche d'Ancône, de la marche de Brandebourg ou de la marche d'Anjou... » (1).

Il raconte aussi à son ami Grappin, qu'il est allé « de tems en tems à la grand'messe dans son costume, au risque de faire enrager ou même de mettre le diable au corps du *saint* (Delamarche). Par exemple, quand il est seul au chœur, le vicaire ne vient pas donner l'eau bénite au clergé, et l'évêque n'en dort pas moins bien. Depuis le commencement du Carême, il n'y va pas souvent ; c'est que le boccon de l'italien Bobillier recommence à faire sentir ses effets dans une jambe qui fait peur... ».

Puis il lui narre avec force sous-entendus, dans la même lettre, une histoire un peu croustillante dont le principal héros est une jeune servante d'auberge, de 22 ans, surnommée *Bijoux*, à qui il serait survenue une « hydropisie dont la guérison doit arriver tout à coup dans un tems donné... ; sur la piété, la sainteté de laquelle le *saint* ne tarissoit pas... » « On a fait, dit-il, des Noëls (sur cette aventure)... ; ils sont mal faits, mais ils prouvent que le saint, tout saint qu'il est, n'est pas aimé... » (2).

La sympathie, on le voit, n'était pas grande entre lui

(1 et 2) Lettre à Grégoire, non datée, probablement de 1806 ou 1807, communiqué par M. Gazier.

et son curé. Elle n'existait pas davantage entre lui et Lecoz.

Il n'aimait pas déjà ce dernier lorsqu'il était son collègue comme évêque de l'église constitutionnelle : on se souvient peut-être de la façon dont il parlait du *Breton*. S'il sut garder vis-à-vis de lui, dans quelques circonstances, les formes extérieures du respect, il prenait sa revanche en particulier.

« Aujourd'hui, écrit-il à Grégoire, je me contenterai de vous dire que nous ne nous sommes pas trompés dans le jugement que nous avons porté sur l'homme que l'on appelle dans le païs *Claude le mal venu*. Des tartufferies, l'esprit du plus vil et plus bas interret, des dispenses accordées pour six francs la pièce à l'effet de pouvoir donner la bénédiction nuptiale aux époux parens au quatrième, troisième et second degré, des circonscriptions faites à la grosse hàche, à l'aveugle, et en dépit du bon sens, des choix révoltans, des sujets constitutionnels du premier mérite mis à l'écart, d'autres qu'on avoit bien fait connoitre comme tout à fait indignes très bien placés ; de l'autre part, une foule de sujets connus comme scandaleux et souverainement ignorans, capables de faire de faux billets à leur profit etc., etc., placés à tour de bras ; les uns et les autres munis d'institutions portans qu'on les a examinés et trouvés capables, quoiqu'on n'en ait pas examiné un seul, qu'on s'est bien assuré de la pureté de leurs mœurs, quoiqu'on ne s'en soit pas assuré pour personne, et qu'il y en eut plusieurs dont les scandales étoient parvenus avec leurs preuves, etc.; une facilité singulière à se laisser mener, surtout par les dames du bon parti et une propension à ne s'entêter que contre la raison et le bon sens. Des Instructions vendues à 15 sols et qui ne valent 15 deniers, où l'on martyrise la logique, où l'Écriture mise à toutes les sauces se trouve toujours appliquée à contre sens etc. ; voilà l'aspect sous lequel les gens sensés voient ce qui se passe. Ils observent des aneries de tout genre, une fureur de parler de tout avec une ignorance absolue des canons, de la positive et de toute vraie théologie. On assure que les délations faites par les plus mauvais sujets du *bon parti* pleuvent contre les meilleurs sujets du mauvais parti, sont accueillies, le vénérable Paget en est peut-être un exemple, du moins si ce qu'on m'écrit est vrai (1). Quand on a demandé à Claude ce qu'il vouloit pour augmentation de traitement, il avoit une belle occasion d'obtenir ce qu'il auroit voulu pour le Séminaire dont le gouvernement ne s'étoit pas encore chargé pour lors, c'étoit de dire qu'il sauroit se passer avec peu et vivre en apôtre, mais que pour perpétuer, pour former les ministres sacrés il falloit un séminaire, etc., qu'il n'avoit pour lui pas besoin d'autre logement, qu'il seroit le premier directeur, mais qu'il falloit assurer le traitement des autres directeurs. Il auroit obtenu 20.000 fr. annuellement ; au lieu de cela, il a demandé 15.000 fr. pour lui-même, il en a obtenu six mille. Aujourd'hui, il demande à tour de bras, il fait un appel aux femmes, aux filles pieuses et personne ne répond. Il dit qu'il faudra fournir pour faire faire les études à ceux qui ont de la vocation et qui n'ont point de fortune, sans se souvenir que ceux qui n'ont pas un fond rapportant 300 fr. ne peuvent être ordonnés ; et puis on rit. Chose singulière ! il y a des endroits où tout va encore plus mal » (2).

Ailleurs, il raconte que Lecoz, lui ayant écrit, avait adressé sa lettre à l'*évêque divisionnaire du Jura*, au lieu de *démissionnaire*. « ... Elle eut été renvoyée de

(1) Curé constitutionnel de Nans-sous-Garde-Bois, non replacé après le Concordat.

(1) Lettre à Grégoire, non datée, probablement de 1803. Communiquée par M. Gazier.

suite, si je m'étois apperçu à temps du mot *division-naire*; et ce pour apprendre à Monseigneur qu'il n'y a point d'évêque divisionnaire; que loin de fomenter, j'ai toujours tâché de prévenir ou d'éteindre les divisions; que j'ai été évêque de St-Claude comme il a été évêque de Rennes, et que des faits ainsi que des raisons graves prouvent que j'avois été appelé à la métropole de Besançon un peu plus canoniquement que lui, avant lui, sans intrigue comme sans bassesse de ma part; enfin que j'avois refusé la place qu'il a sollicitée, quoiqu'il ait imprimé avec sa *franchise bretonne* qu'il y avoit été élevé malgré lui...

« En thèse générale, si quelqu'un sans affectation, sans contester le titre, oublie seulement de me le donner, je n'y fais pas plus d'attention qu'au nombre de feuilles qui tombent en automne. Mais si d'ignorans imbécilles affectent de ne pas me donner un titre qu'on ne peut me refuser sans m'outrager et sans méconnoître les canons reçus de toute l'Eglise, je crois que le caractère dont je suis revêtu et le devoir de la correction fraternelle m'imposent l'obligation de réprimer autant que je le puis ces sortes d'excès qui me font d'ailleurs hausser les épaules...

« Quant à Mgr Cl. Lecoz, vulgairement appelé *Cl. le mal venu*, il est tel que nous l'avions jugé; joignant à une dévotion plus que minutieuse et extérieure, une conscience assez robuste pour établir des pasteurs reconnus comme empoisonneurs..., se morfondant pour plaire à un parti qui le déteste..., remplissant son chapitre comme Noé remplit l'arche..., composant son séminaire d'énergumènes..., s'avançant en étourdi, reculant en sot...; il semble ne se démener que pour montrer qu'il est incapable de gouverner... » (2).

(2) Lettre à Grégoire, datée de Morteau, le 27 Octobre 1808, et signée : « l'ancien évêque de St-Claude, F.-X. Moïse ». Dans

Par contre, Moïse avait conservé des relations assez suivies et affectueuses avec Demandre qui lui faisait quelquefois passer le montant trimestriel de sa pension (1). Grégoire écrivant à Lecoz le 10 février 1808, dit : « Je l'embrasse cordialement [Grappin] ainsi que nos vénérables collègues Royer, Demandre, Moïse et l'archevêque de Besançon (2). » Puis s'adressant à Grappin « ..... Avez-vous des nouvelles de ce brave et savant Moïse que je chéris ? Embrassez-le pour moi... (3) ».

Ainsi passaient une à une les années, un peu toutes semblables entre elles et sans évènements notables. Avec elles aussi passait la vie. L'évêque démissionnaire du Jura devenait vieux et se préoccupait des approches de sa fin.

En 1810, la mort lui enleva « une sœur tendrement chérie. Je la recommande à vos prières, écrit-il à à Grégoire ; c'étoit une excellente chrétienne et une véritable patriote ; mais celui qui juge les justices mêmes trouve peut-être bien des défauts dans la vertu qui nous parroit la plus pure.....

« Autre chose, je pense à faire au plus tôt mon testament. J'y veux laisser un témoignage authentique de mon inviolable attachement à la vérité sur les questions

cette même lettre, il parle de plusieurs de ses anciens collègues qu'il soupçonne d'avoir du « penchant à baiser la mule du pape » ; de Caprara qu'il appelle la *Chèvre rare*, et de Répécaud qui ne sera jamais, d'après lui, « qu'une grenouille gonflée de vent et un intriguant sans mérite ».

(1) Comptes des dépenses journalières de Moïse, (papiers de la famille Klein).

(2) Bibliothèque de Besançon, n° 624 des *Manuscrits*.

(3) *Ibidem*, n° 641. Lettre du 18 octobre 1803. Voir aussi celles du 13 mars 1806, où se retrouve la même formule, et celle du 14 juin 1813, qui parle de la notice nécrologique que vient d'écrire Grappin sur Moïse.

qui ont eu et qui ont encor l'air de diviser le clergé
françois. Mon ami Grégoire a fait aussi cet acte de
dernière volonté et il n'a pas manqué de s'expliquer sur
le même objet. Voudroit-il m'envoïer l'extrait de son
testament sur ce point ? Il m'épargneroit du travail, et
puis j'aimerois à me rapprocher de mon ami dans cet
acte important... » (1).

De son côté, Grappin dit « qu'il voyoit la mort
s'approcher avec la tranquilité que donne une conscience
pure. Déjà, il avoit fait préparer sa tombe et témoigné
le désir d'être inhumé dans le cimetière de la paroisse
où il avoit pris naissance, prévoyant que de l'esprit de
parti pourroient naître des scandales dans celle où il
avoit pris son dernier domicile » (2). Il est possible,
bien que rien ne le prouve, qu'il ait choisi la place de
sa tombe au cimetière des Gras, mais sans plus. Surpris
par la mort, il n'a pas laissé de testament.

Quoiqu'il en soit, le dimanche 7 Février 1813, au
matin, sa nièce, qui tenait son ménage et habitait avec
lui, en entrant dans la chambre du rez-de-chaussée au
coin sud de la maison, chambre occupée aujourd'hui par
un atelier, trouva, dans le lit aux tentures rouges, le
vieil évêque foudroyé par l'apoplexie.

(1) Lettre à « Monsieur Grégoire, membre du Sénat conservateur, commandant de la Légion d'honneur, etc., etc., en son
hôtel, rue du Pot de Fer, n° 22, à Paris », datée du 3 janvier 1810,
et communiquée par M. Gazier.
Cette lettre, ainsi que plusieurs autres de cette époque, est
cachetée d'un sceau de cire rouge portant un cartouche ovale
sur une croix épiscopale, avec en sautoir un rameau d'olivier,
une pique avec un bonnet phrygien ; sur le cartouche ces mots
F.-X. Moïse ; en exergue : Foi, Charité.

(2) Parlant de Demandre, dans une lettre de 1809 à Grégoire,
il dit : « S'il vient à mourir, il n'auroit chez vous, comme M. Royer,
de l'eau bénite qu'à lèche-doigt ; ici il n'en auroit point du tout
non plus que moi ; ce qui nous empêche pas de dormir sur l'une
et l'autre oreille ».

Les obsèques eurent lieu le mardi 9 Février. « Deux prêtres seulement assistèrent à son convoi funèbre avec l'estimable curé des Gras, encore étoient-ils d'un canton voisin. La population entière, quoique divisée d'opinion, suppléa ceux qui avoient oublié leur devoir, la charité et toutes les convenances », dit encore son biographe.

De fait, ses compatriotes vinrent au devant de sa dépouille mortelle jusqu'à la limite de la paroisse. Le corps pendant tout le trajet et toute la cérémonie religieuse était à demi soulevé de la bière pour être rendu visible.

L'acte de décès ne fait mention d'aucun détail particulier :

« Le 9 Février 1813, en présence des citoyens Pierre-François et François-Xavier Moïse, moi soussigné, après en avoir obtenu la permission de l'autorité, ai donné la sépulture ecclésiastique à M. François-Xavier Moïse, évêque démissionnaire de St-Claude, oncle des deux témoins, ayant été selon son intention amené de Morteau aux Gras, lieu de sa naissance, dans le canton de Morteau, archevêché de Besançon, lequel est décédé à l'âge d'environ 70 ans et assisté des sacrements de l'Eglise ».

« Pierre-François Moïse, F.-X. Moïse, Nicod, curé » (1).

Sa tombe se trouve près de la porte latérale de l'église du village. Elle est dominée par une petite croix de fer portant en sautoir une crosse et une autre croix épiscopale. La pierre est très simple : on y voit, gravées au trait, une mitre, une crosse et une croix à double croisillon et cette inscription, pleine d'inexactitudes, ce qui montre que si les héritiers de l'évêque du Jura tenaient à perpétuer

(1) Registres paroissiaux des Gras.

sa mémoire, ils ne connaissaient que vaguement sa
carrière :

SOUS CETTE PIERRE EST INHUMÉ FRANÇOIS
XAVIER MOYSE NÉ AU ROZET LE 12 DÉCEMBRE 1742
PRÊTRE EN 1766 DOCTEUR EN THÉOLOGIE AU COLLÈGE DE
DOLE EN 1771 ÉVÊQUE DE SAINT-CLAUDE EN 1790
CHANOINE HONORAIRE DE LA MÉTROPOLE DE BESANÇON
OÙ IL ENSEIGNA L'HISTOIRE SACRÉE LES LANGUES
GRECQUE HÉBRAÏQUE ET SYRIAQUE
DÉCÉDÉ A MORTEAU LE 7 FÉVRIER 1813
QU'IL REPOSE EN PAIX
CE MONUMENT A ÉTÉ ÉRIGÉ PAR
CLAUDE FRANÇOIS MOYSE
FRÈRE DU DÉFUNT.

Dom Grappin lui avait composé une épitaphe beaucoup plus solennelle, guère plus exacte, et dont il regrette
qu'on n'ait pas fait usage :

« Hoc sub lapide — conduntur exuviæ mortales —
R. R. in Christo patris — Francisci Xavierii Moïse —
Olim episcopi San-Claudiensis — qui historiæ sacræ —
græcæ et habraicæ linguarum — Theologiæ quam diù
edocuit — et juris canoni peritissimus — Romani pon-
tificis — et ecclesiæ gallicanæ jurium — pari animo —
verbo et scriptis — accerrimus fuit defensor — Pietate
in Deum — scientia zelo — in omnes beneficentia insi-
gnis — religionis fulcrum — et patriæ decus — annos
natus septuaginta — obiit septimâ februarii 1813 —
Requiescat in pace » (1).

Cet humble monument donna lieu, vers 1825, à la
dernière manifestation faite dans le pays par le clergé
et les fidèles du culte constitutionnel. A cette époque,
des Jésuites vinrent prêcher une mission aux Gras
(M. Nicod était mort). Dans la nuit qui précéda l'ouver-

____

(1) Dom Grappin, *op. cit.*

ture des exercices, la pierre tombale de l'Evêque
Moïse fut, en signe de protestation, couverte de fleurs (1).

Et depuis, l'évêque du Jura dort son sommeil dans la
vallée où il était né et avait grandi, qu'il avait longtemps quittée, mais qu'il aimait toujours. Le vent,
qui l'avait bercé, tour à tour chante ou hurle dans les
branches des sapins éternels ; les pas des fidèles, le
dimanche, frôlent, au long du sentier, sa pierre tumulaire
sans gloire ; ils pourraient lui rythmer la fuite du temps,
comme lui aussi pourrait entendre les voix rudes chan-
ter, derrière le mur de l'église — celle de son baptême
et de ses funérailles — le vieux *credo* catholique...
A quelques pas de lui, dans la même paix, repose un
des derniers curés de la paroisse, qui n'a pas voulu qu'on
mit sa tombe tout à côté de celle du « constitutionnel »...

D'autres orages les feront-ils tressaillir tous deux au
souvenir rajeuni des jours d'autrefois ? Ce sera le cas,
pour s'instruire, de reprendre un à un les détails de cette
vie, dont le compte après tout s'est soldé par néant, et
de redire, en attendant le calme espéré, ce vers de Vir-
gile, poète que Moïse aimait à citer :

O passi graviora, dabit deus his quoque finem (2).

(1) M. l'abbé Vernerey, originaire des Gras, m'a rapporté que
la pierre usée de ce tombeau avait été remplacée, vers 1875, par
la famille Moïse. On a sans doute reproduit l'ancienne épitaphe.
Même, à son souvenir, cette restauration causa quelque émotion
parmi le clergé local qui ne crut cependant devoir ni protester,
ni l'empêcher.

Dans les papiers de la famille Klein, on garde une récla-
mation de l'instituteur et chantre des Gras, à Claude-François
Moïse, pour « huit messes qu'il avoit chantées pour l'âme de
M. l'Evêque, votre frère, qui est de deux francs » (29 Août 1815).

(2) *Enéïde*, I., 199.

VIII. — Appendice.

Le 5 Décembre 1820, par le ministère de M⁰ Singier, notaire royal à Morteau, on vendit aux enchères les meubles de Claude-François Moyse, au profit de ses héritiers, Alexis-Ferréol, François-Xavier, Pierre-François, et leur sœur Marie-Bernardine, également cultivatrice au Rozet, et Marie-Sylvie Moyse, leur sœur, femme d'Etienne-François Roussel, maréchal à Beurre (1).

Claude-François Moyse était le frère de l'Evêque et son héritier, qui vint habiter sa maison de Morteau après son décès. La vente produisit 3.104 francs 30 centimes. Elle ne comprend pas sans doute la totalité des meubles de l'Evêque, car beaucoup qui devaient exister n'y figurent pas. Peut-être, le premier héritier en avait-il disposé dans les sept années qu'il les posséda. Cependant une certaine quantité de mentions fournies par cette vente sont assez curieuses pour être rapportées ici. Peut-être permettront-elles d'identifier quelques objets et de rendre, à ceux-là, au moins, un état-civil et quelque valeur historique. On y voit donc figurer :

« Une aube garnie, à M. le curé de Morteau, pour 36 fr.

« Un rochet garni, à M. le curé de Morteau, pour 18 fr.

(1) L'acte de cette vente est dans les papiers de la famille Klein.

Il y a encore, comme parents rapprochés de Moïse, outre les Klein, de Morteau, Mlles Valengin, mariées l'une à M. Vermot, l'autre à M. Fournier, aux Fins, près de Morteau. Une fille de M. Klein a épousé le notaire Lemoine, de Morteau.

« Une aube unie, à M. le curé de Morteau, pour 12 fr.

« Une chasuble assortie en velours cramoisy, galons d'argent, à M. Cuénot, curé de la Combe, pour 36 fr. 50 cent.

« Une vieille chasuble, à M. François-Marie Cupillard, percepteur, pour 6 fr. 25.

« Un camail en soie violet, à Pierre--François Moyse, pour 6 fr.

« Une chappe en soie brodée, or et argent, à Ferréol Moyse, pour 285 fr.

« Une robe de chambre en soie bleue, à fleurs, doublée en molleton, à Ferjeux Roussel, des Gras, pour 21 fr. 25.

« Deux culottes en soie, à Michel Jacquot, pour 6 fr. trois quarts.

« Une bouteille côtée, à mettre le tabac, à M. Feney, pour 4 fr. 75.

« Un écritoire en marbre rouge, à M. le curé de Morteau, pour 3 fr. 75.

« Un herbier, à Jeanne-Marie Balanche, pour 10 fr.

« Quatre thèses de philosophie, à Ferréol Moyse, pour 1 fr. 25.

« Un parapluie vert à Bernardine Moyse, pour 20 fr.

« Le cabriolet, à Ferréol Moyse, pour 95 fr.

« Dix-sept paires de rideaux de fenêtres en coton blanc, à divers, pour 183 fr. 50.

« Quatre fauteuils en velours d'Utrecht cramoisi, à Bernardine Moyse, pour 101 fr.

« Deux fauteuils en damas cramoisi, à François-Alexis Singier, pour 57 fr.

« Un autre fauteuil cramoisi, plus grand, à Bernardine Moyse, pour 24 fr.

« Un fauteuil en damas rouge à J. Baron, des Gras, pour 20 fr. 50.

« Un autre fauteuil en damas rouge, à bras, à Ferréol Moyse-Philibert, pour 26 fr.

« Un autre fauteuil en damas rouge, à M. le curé des Gras, pour 24 fr. 50.

« Trois autres fauteuils, à divers, pour 61 fr. 50.

« Un autre fauteuil en damas, plus grand, à Claude-Ferdinand Valengin, pour 21 fr.

« Un fauteuil en damas rouge, à M. Henriet, instituteur à Renaud-du-Mont, pour 22 fr. 50.

« Un fauteuil en damas rouge, grand, à M. François-Marie Cupillard, percepteur, pour 25 fr.

« Un canapé ou sopha rouge avec trois fauteuils en damas rouge, à M. Pierre-Joseph Bidat, pour 139 fr.

« Une petite toilette en peau de chamois, à Gruet, pour 1 fr.

« Le bois de lit et les rideaux rouges à la chambre du coin en bas, délivré à M. Bouveret, de Pontarlier, pour 63 fr.

« Un ciel de lit avec les rideaux en étoffe verte, à Bernardine Moyse, pour 6 fr. 25.

« Des rideaux et tour de lit, en rayé bleu et rouge, à Ferréol Moyse, pour 40 fr.

« Un lit en damas cramoisi, assorti du ciel, quatre pans de rideaux et courte-pointe, à François-Xavier Moyse, pour 112 fr.

« Deux courte-pointes de lit en damas cramoisi, plusieurs tables, etc., etc. ».

Et enfin :

« Deux gravures à cadres noirs, à Jeanne-Marie Balanche, pour 2 fr.

« Quatre autres tableaux, représentant des paysages, à Jeanne-Marie Balanche, pour 6 fr. 50.

« Un autre petit tableau en cuivre, à la même, pour 2 fr. et demi.

« Quatre gravures d'histoire sainte, à cadres dorés, à
Bernardine Moyse, pour 20 fr.

« Trois autres gravures plus grandes à cadres dorés,
à mademoiselle Rosine Cupillard, pour 8 fr.

« Trois autres gravures représentant l'histoire de
Joseph, à cadres verts, à M. l'officier Girard, pour
7 fr.

« Deux gravures à cadres dorés, à M. Pency, pour
8 fr.

« Un cadre de l'almanach perpétuel, à M. Girod, pour
3 fr.

« Troix autres cadres, à mademoiselle Garnache, des
Gras, pour 6 fr. et demi.

« Deux autres gravures, à cadres verts, à M. l'officier Girard, pour 4 fr. 60.

« Un autre cadre, petit, à Pierrette Renaud, avec un
sur carton pour 1 fr. »

IX. — Additions et corrections.

Ce travail était à peu près achevé d'imprimer lorsque M. GAZIER eut la bonté de me communiquer plusieurs lettres inédites de Moïse à ses collègues Grégoire, Saurine et Desbois.

L'une d'entre elles, datée du 26 Germinal, an III, et une autre du 15 Nivose, an IV, complètent le chapitre V de ce travail. Le lecteur voudra bien les trouver ici, au moins quant à ce qu'elles ont de plus intéressant.

Je profite de l'occasion pour indiquer aussi, parmi d'autres moins indispensables, un certain nombre de corrections qui enlèveront quelques imperfections aux pages qui précèdent.

Page 9, ligne 20. — Lire : et dans sa lettre aux électeurs...

Page 10, ligne 3. — Mettre un point après Séminaire, et lire ensuite : Il les retrouvera...

Page 14. — Mettre l'indication de la note 3, à la ligne précédente, après Gilbert.

Page 24, ligne 6. — Lire : peut-être, au lieu de : même.

Page 25, lignes 15 et 28. — Lire : Demontrond, au lieu de de Montrond ; de même à la page 41, ligne 6.

Encore page 25, ligne 19. — Supprimer : seuls.

Page 33, ligne 11. — Mettre : le, à la place de : les.

Page 39, ligne 9. — Lire : Pierre-Gabriel Ebrard.

Page 48, ligne 27. — Lire : Vaulchier, au lieu de : Vaucher.

Page 55, ligne 15. — Ajouter après M. Emery : supérieur de St-Sulpice ; et ligne 16, après maître des cérémonies, ajouter : du Séminaire.

Page 77, ligne 29. — Lire : autres, insermentés, restaient...

Page 83, ligne 31. — Ajouter après servi : durant ses premières années d'épiscopat.

Page 84, ligne 8. — Lire : directoire, au lieu de : directeur.

Page 96, ligne 30. — Lire : patristique, au lieu de : patriotique.

Page 111, ligne 10. — Remplacer : transport, par : dépôt.

Pages 140, ligne 35. — Compléter ainsi la note : ... sur un cartouche sommé d'une croix, entouré d'un rameau d'olivier et d'une pique surmontée d'un bonnet phrygien, avec en exergue : Religion catholique, apostolique et romaine, Evêché du Jura.

Page 142, ligne 34. — Substituer : dirimans à dérivans.

Page 166. — Mettre en note : Moïse avait envoyé à Desbois, pour les *Annales ecclésiastiques*, par l'entremise de Grégoire, un *précis* de son arrestation et de sa captivité et un « narré » de ses démêlés avec la municipalité de Lons-le-Saunier en Juillet 1796 ; ces pièces se sont perdues et n'ont jamais été publiées. (Lettres communiquées par M. Gazier, du 26 Novembre 1796 et une autre sans date, mais un peu postérieure).

Page 167, ligne 5. — Ajouter : on avait mis comme condition à son élargissement qu'il ne rentrerait pas dans le Jura ; et ligne 6, lire : il devait y être du reste plus en sûreté...

On peut ici intercaler la première des lettres dont il est question plus haut. Elle est adressée « au citoïen Grégoire, député à la Convention nationale et membre du comité d'instruction publique ».

« Citoïen évêque,

« Elargi à charge de ne pas rentrer dans le Jura, je n'ai pu jusqu'à présent retourner dans mon église qui me réclame, et je n'ai d'espérance de pouvoir me rendre à ses vœux, que depuis que je sçais par le citoïen

Répécaud que vous voulés bien vous intéresser pour
faire rendre le pasteur à ses ouailles. Je rentrerai dans
mes fonctions dès que j'en aurai la liberté. En attendant
je prens la part la plus vive aux affaires de notre
sainte Religion. Je tâche de contribuer au rétablissement du culte dans plusieurs paroisses du diocèse de
Doux ; je dessert la paroisse de mon origine ; j'ai fait
la bénédiction des saintes Huiles, etc., etc.; et en bénis-
sant Dieu de vous avoir conservé au milieu des orages
pour la restauration du lieu saint, j'ai toujours espéré
qu'il béniroit vos travaux. Si mes prières sont exau-
cées, vos succès seront encore plus complets. Peut-être
la persécution, en signalant les prophètes du vrai Dieu
de ceux de Baal, les véritables chrétiens et les hippo-
crites, fera revivre les beaux jours du christianisme,
jours heureux où l'Eglise ne renfermoit que de dignes
ministres, des fidèles de cœur, d'esprit, de conduite, et
des pénitens sincères ; jours religieux où notre sainte
religion étoit honorée par les mœurs de ceux qui en
faisoient profession et par une discipline dont je vois
avec satisfaction les restes précieux dans les projets
que vous avés formés.

« J'admire votre lettre enciclique ; je déclare que
votre profession de foi est la mienne ; j'admets les
règlements provisoires de discipline qui me paroissent
marqués au coin de la sagesse et parfaitement adaptés
aux circonstances. Je vous soumettrai cependant quelques réflexions... »

Suit une assez longue discussion à propos du divorce.
Grégoire ne l'admettait pas. Moïse désirait qu'on fît
une distinction en faveur des mariages invalides de leur
nature mais reconnus tels après la bénédiction nuptiale
reçue et que d'après lui on pouvait rompre en ayant
recours au seul divorce civil et légal.

Il demande aussi qu'on soit moins sévère à l'endroit

de certains ecclésiastiques « qui après s'être exposés a la mort et à la rage des tyrans plutôt que de donner leurs lettres ou que de cesser leurs fonctions... » ont préféré être incarcérés que de céder, et qui néanmoins « pendant leur détention ont cru devoir donner leur démission de leurs places dont ils ne pouvoient plus remplir les obligations, et donner par là la possibilité de substituer au titulaire incarcéré un autre ecclésiastique qui put soigner l'église de Dieu ».

Ils n'ont pas commis de faute ; même, de leur conduite, il résulte quelqu'avantage : « tel, qui sans sa démission auroit été assassiné avant le 9 Thermidor, a été conservé jusqu'à ce terme et peut aujourd'hui servir utilement l'église ».

C'est un peu un plaidoyer *pro domo*.

Il termine enfin en écrivant : « Je vous embrasse cordialement, en N. S. J.-Christ, ainsi que tous les évêques qui ont signé. Je suis très fâché de ne pas voir la signature de l'évêque du Doux avec les vôtres. J'ignore pourquoi il n'a pas signé. Mais s'il abbandonne son diocèse, je ne l'abbandonnerai pas que cette église soit pourvue d'un pasteur. Salut et fraternité.

« † F.-X. Moïse, évêque. »

26 Germinal, an III (15 Avril 1775).

La seconde lettre, complète la page 172. Elle est du 14 Nivose, an IV (4 janvier 1796), et adressée au « citoïen Grégoire, membre de l'Assemblée législative, à Paris. » Elle précise que c'est la garde nationale sédentaire des Gras qui, en poursuivant trois émigrés qui ont réussi à passer en Suisse, a trouvé les papiers révélateurs du complot, c'est-à-dire un passeport des autorités anglaises recommandant aux autorités helvétiques le chevalier Tinseau d'Amoudans, au service de S. M. Britannique ; « ce Tinseau est émigré et fils d'un

Conseiller au Parlement de Besançon » ; une instruction
pour tenter de mettre aux mains des royalistes « la
citadelle de Besançon, les forts de Salins, le château de
Blamont, les villes de Béfort et d'Auxonne, les maga-
sins de guerre et de bouche qui sont dans nos contrées
et les domaines nationaux... » ; et deux autres papiers
de moindre importance, le tout dans une lettre ouverte
à l'adresse du chevalier Tinseau.

Il termine en disant : « Si le tems vous permet de me
faire réponse, je vous prie de l'adresser à Laurent
Garnache-Chagré, le jeune, au Roset... » ; ce qui ten-
drait à faire croire qu'il n'était pas très sûr de la poste
de son propre pays quant à ses correspondances. Et il
signe : « ✝ F.-X. Moïse, évèque du diocèse du Jura ».

Page 172, ligne 6. — Remplacer : dans l'ordre des évène-
nements, par : vers le même temps.

Page 210, ligne 35. — Lire : Desbois, au lieu de : Dubois.

Page 231. — Ajouter cette note : *Les Actes du Concile
métropolitain de Besançon* ont été imprimés à Besançon,
chez Daclin, an IX, en 1 vol. in-8, de 112 pages.

Enfin, ajouter à la page 248, ce billet qui achève de
peindre non seulement l'état d'esprit où se trouvait Moïse à
cette époque, mais semble un résumé de toutes ses opinions,
de toute son action et de tous les traits de son caractère :

« Au citoïen Grégoire, membre du Sénat, rue Saint-
Dominique, à Paris.

« Le bruit se répand aujourd'hui, même dans les
dernières classes de la société, même parmi les indif-
férens, que l'église de Notre-Dame sera fermée trois
jours, que le cardinal légat rebénira une église, qui
après la prophanation a déjà été rebénie, dans laquelle
le sang de J.-Ch. coule sur nos autels depuis longtems
et qui a été le lieu des séances publiques de deux conciles.

« C'est s'attribuer en France des fonctions qui appartiennent aux Ordinaires, c'est nous déclarer que notre église est immédiatement sous la jurisdiction du pape ; c'est insulter au gouvernement et aux règles ecclésiastiques que nous appellons les libertés de l'église gallicane ; c'est condamner ceux à qui on ne peut reprocher que d'avoir été soumis aux lois de leur patrie ; c'est déclarer que les chrétiens et les prêtres sont coupables d'être fidèles à l'état dont ils sont membres s'il ne plaît au pape d'y consentir ; c'est établir par le fait les prétentions de Grégoire VII et la monarchie ou du moins la suzeraineté universelle du pape ; c'est venir jeter de nouveaux troubles dans l'église de France qu'on fait semblant de pacifier ; c'est arguer de nullité ou d'incanonicité les fonctions exercées conformément aux canons ; c'est anathématiser ceux qui n'ont pas laissé périr l'exercice de la religion et qui n'ont pas transporté la majesté du culte dans les chambres à coucher et dans les écuries, etc., etc.

« Il seroit à souhaiter que le ministre de la police et le chef du gouvernement fussent prévenus à tems pour prévenir ces attentats qui doivent avoir lieu, dit-on, dans la semaine.

« Au cas où l'autorité civile vint à souffrir cette infamie, il faudroit avoir des protestations vigoureuses toutes prettes. Nous les devrions à l'honneur de la religion, à la vérité, aux maximes du christianisme et à l'indépendance de la république.

« Voïés ce qu'il y a à faire.

« F.-X.

(Sans date ; communiquée par M. Gazier.)

TABLE DES MATIÈRES

LONS-LE-SAUNIER. — IMPRIMERIE ET LITHOGRAPHIE L. DECLUME.

www.ingramcontent.com/pod-product-compliance
Lightning Source LLC
LaVergne TN
LVHW021540170726
843501LV00004B/1132